学校课程发展
精品丛书

丛书主编

舒小红　杨四耕

主编

舒小红

学校文化与课程变革

华东师范大学出版社

· 上海 ·

图书在版编目（CIP）数据

学校文化与课程变革/舒小红主编. —上海：华
东师范大学出版社,2020
（学校课程发展精品丛书）
ISBN 978 - 7 - 5760 - 0544 - 8

Ⅰ.①学… Ⅱ.①舒… Ⅲ.①中小学－校园文化－关
系－课程改革－研究 Ⅳ.①G637②G632.3

中国版本图书馆 CIP 数据核字(2020)第 164625 号

学校课程发展精品丛书

学校文化与课程变革

丛书主编　舒小红　杨四耕
主　　编　舒小红
责任编辑　刘　佳
项目编辑　林青荻
特约审读　张予澍
责任校对　吕安轩　时东明
装帧设计　高静芳

出版发行　华东师范大学出版社
社　　址　上海市中山北路 3663 号　邮编 200062
网　　址　www.ecnupress.com.cn
电　　话　021 - 60821666　行政传真 021 - 62572105
客服电话　021 - 62865537　门市(邮购)电话 021 - 62869887
地　　址　上海市中山北路 3663 号华东师范大学校内先锋路口
网　　店　http://hdsdcbs.tmall.com/

印 刷 者　上海华顿书刊印刷有限公司
开　　本　787×1092　16 开
印　　张　21.25
字　　数　317 千字
版　　次　2021 年 2 月第 1 版
印　　次　2021 年 2 月第 1 次
书　　号　ISBN 978 - 7 - 5760 - 0544 - 8
定　　价　62.00 元

出 版 人　王　焰

丛书总序

　　区域课程改革既受国家课程改革政策影响,又与学校课程变革主体意愿相关。无论是国家课程改革的落地,还是学校课程变革的统领,都和区域这个中间环节密不可分。就区域课程改革推进模式而言,主要有"自上而下"的空降模式、"自下而上"的草根模式和"平行主体"的分布模式等三种。从宏观角度看,自上而下的课程变革层级设计是最有效的;从微观角度看,自下而上的课程变革主体参与是最重要的;从文化角度看,平行主体的课程变革激励分享是最有意义的。面对各种课程变革模式,如何取长补短是区域课程改革的路径选择和实践智慧。

　　美国当代教育改革家约翰・I.古德莱德(John I. Goodlad)和克莱因(M. Frances Klein)、肯尼思・A.泰伊(Kenneth A. Tye)提出"课程层级论"思想,他们将课程分为五个层级:(1)理想的课程,由研究机构、学术团体和课程专家倡导的、以纯粹形式呈现的课程形态。这类课程是否产生实际影响,主要看它是否为官方所采纳;(2)正式的课程,是获得州和地方学校委员会同意,由学校和教师采用的课程,也就是列入学校课程表的课程;(3)领悟的课程,指头脑中领悟的、理解的课程,被官方采纳的正式的课程会以学科形式呈现,经教师理解和领悟进入实施状态;(4)实施的课程,教师根据具体的教育情境,对"领悟的课程"作出调整使之成为"实施的课程",进入课堂教学;(5)体验的课程,这是学生实际体验到的课程,尽管经历了同样的课程与学习,但不同学生会获得不同的学习体验,该层次的课程是对整个课程组织流转的最终检验和落实。①

　　在古德莱德看来,上述五个课程层级,每个课程层级都必须进行三个方面的探究:一是实质性探究,包含对课程目标、学科内容以及教材等课程实体要素的本质和价值研究;二是社会性探究,包括对人类发展过程的研究,通过"政治—社会"研

---

① John I. Goodlad and Associates (eds.). Curriculum Inquiry: the study of curriculum practice[M]. New York: McGraw Hill, 1979: 344-350.

究看到利益倾向及其因果关联;三是专业性探究,主要从"技术—专业"角度考察个体或群体对课程的设计、维护和评价,进而改进、推动或者更新课程。[①] 前两个方面主要探究课程的价值与原理,后一个方面主要探究课程的技术与实践。古德莱德认为每个层级的课程都必须对其本质与价值、政治与社会、技术与专业进行细节性地审视和实践化处理,才能真正促使课程一层一层地垂直落地。

古德莱德"课程层级论"揭示了课程从理论形态到实践形态的运动过程,使人们对课程概念的理解从静态角度转换到动态角度,真正把课程看成是层次化、系统化和生态化的复杂系统,使我们既看到课程的宏观系统,又看到课程的微观层面;既关注原理的探究,又关注实践的落实,对课程从哪里来,要到哪里去,从时间流上考察清楚了。

按照古德莱德"课程层级论"思想,课程改革从区域布局到学生学习整个自上而下的"课程链"有五个层级:(1) 区域层面,代表国家,推行"理想的课程";(2) 学校层面,基于本校,规划"正式的课程";(3) 科组层面,立足学科,设计"理解的课程";(4) 教师层面,深耕课堂,创生"实施的课程";(5) 学生层面,聚焦学习,获得"经验的课程"。每个课程层级内部有一个"势能储层"。按照《简明不列颠百科全书》的解释:势能是由系统各部分的相对位置所决定的储能,势能是系统的特性而不是单个物体或质点的性质。[②] 势能是个状态量,是相互作用的物体所共有的。我们用"势能储层"这个概念来表达在一个课程层级内的若干要素之间的相互作用情况,每个课程层级就是一个"势能储层",该层级内部各要素,如资源、环境、主体等相互作用,产生一定的"能量",进而推动着课程变革进一步落地,形成区域课程改革的瀑布模型(见图 1)。

1. 区域层面:代表国家,推行"理想的课程"

区域层面如何以国家课程政策为依据,以学科课程标准为基础,整合性地推进"理想的课程"落地? 课程是最重要的改革载体,区域课程改革必须立足实际,基于"五育并举"的要求,把对学校发展、教师发展以及学生发展产生影响的各种因素及

① (瑞典) 胡森,(德) 波斯尔斯韦特.教育大百科全书　第 7 卷[M].重庆:西南师范大学出版社,2006:109.
② 姜椿芳.简明不列颠百科全书　第 7 卷[M].北京:中国大百科全书出版社,1986:323.

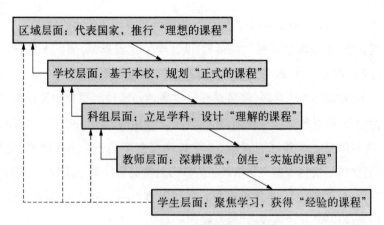

图 1 区域课程改革的瀑布模型图

资源进行整合考虑,建构系统的区域课程变革框架。南昌市东湖区组织各层面专家学者以及校长头脑风暴,广泛听取意见,对区域课程改革进行了梳理和归纳,通过充分调查研究,出台了《南昌市东湖区教育科技体育局关于提升中小学课程品质的指导意见》。这是一份"理想的课程"如何落地的宣言书,该指导意见从意义、目标、重点工作和保障措施四个方面为区域课程改革提供操作性指导意见,其目标在于"实践导向、精细设计,以点带面、聚焦特色,整合力量、共同发展",优化工作机制,整合教研、科研、培训、督导等方面的力量,培育一批有推广价值的课程改革经验,促进区域课程品质整体提升;重点工作聚焦在完善课程体系,加强课程建设,改进课程实施,促进课堂转型,构建多元评价体系等方面;本着"先行试点、积极探索、逐步推广、全面推进"的要求,积极稳妥地推进中小学课程改革,提升学校课程品质。应该说,通过区域课程改革政策设计,系统规划了区域课程改革,提高了区域课程改革的理解力和设计力。

2. 学校层面:基于本校,规划"正式的课程"

学校层面如何立足本校实际,推进课程深度变革呢?这一课程层级可以研制学校整体课程规划为抓手,规划"正式的课程",进而提升学校课程领导力。南昌市东湖区每所学校均以校长为核心组建学校课程领导小组。学校课程领导小组牵头研制学校整体课程规划,建立与学校内涵发展相匹配的课程体系,提升学校课程品质。学校整体课程规划关注以下七个关键问题:(1)分析学校课程情境,明确学校课程变革的家底;(2) 确定学校课程哲学,把握学校课程变革的价值取向;(3) 厘定学校课程目标,引领学校课程方向;(4) 设计学校课程框架,建构学校课程体系;(5) 布局学校课程实施,转变课程育人方式;(6) 改进学校课程评价,提升学校课程品质;(7) 探索学校课程管理,保障课程扎实落地。学校根据自身实际情况,以内涵发展为中心,通过整体课程规划,优化学校课程结构,设计适合学生发展的课程体系,有逻辑地推进学校课程变革。[①] 学校课程变革是一个不断研究、深化的过程,学校整体课程规划本质上是以校长为核心的领导团队关于课程的价值判断力、目标厘定力、框架建构力、实施推动力和管理保障力的探索过程,是课程领导团队通过研究系统规划"正式的课程"的过程。

3. 科组层面:立足学科,设计"理解的课程"

学校是有明确职能分工的科层组织,学科教研组是其中最重要的业务组织。学科教研组层面如何立足学科,设计"理解的课程",便是这一课程层级需要思考的问题。在南昌市东湖区,我们推进学校学科教研组研制学科课程群建设方案,促进教师理解课程的真谛,进入课程领域,发现课程的意义。立足学校与学科实际,学科课程群建设方案主要从以下六个维度进行设计:(1) 确定学科课程哲学,把握学科课程价值观;(2) 厘定学科课程目标,细化学科核心素养要求;(3) 设计学科课程框架,活化学科课程内容;(4) 布局学科课程实施,转变学科学习方式;(5) 改进学科课程评价,提升学科课程品质;(6) 探索学科课程管理,保障学科课程落实。实践证明,学科是中小学教师的专业家园,学科教研组组长是学科课程建设的带头人,是学科课程的主要决策者。通过学科课程群建设方案的设计,带领学科教师走进课程世界,在课程实践中不断建构分享型组织文化,是一所学校课程变革的一个重要维度。

4. 教师层面:深耕课堂,创生"实施的课程"

教师即课程,教师的课程理解决定着教师的教学行为。教师创生课程是专业自主权发挥的体现,是个性化教学生成的重要标志。有学者认为"教师即课程"有两个内涵:其一,教师是课程的内在要素,是课程的有机组成部分;其二,教师是课

---

① 杨四耕.学校课程变革的逻辑与深度[J].中小学教育(人大复印资料),2016(7):45-47.

程的创造者,创造课程是教师的责任。① 立足课堂教学,教师创生着最现实、最富
有实践感的课程,也就是"实施的课程",其中包含师生关系在内的隐性课程、学科
知识的经验再现课程以及拓展延伸的生成课程等表现形态。在南昌市东湖区,我
们倡导教师从四个方面激活课程:一是培育课程敏感,让教师在课堂教学中,富有
学科育人意识,有迅速捕捉课程资源的机智,充分发展课程的意义;二是提出教学
主张,让教师把握学科本质,深化课程理解,对学科课程的理解,在一定意义上就是
对学科本质的探寻;三是立足儿童成长,让课堂洋溢生命感,让课程成为给予儿童
最重要的礼物,成为支持学生的创造和生长的资源;四是激活课程创生,在鲜活的
教育情境中创生课程,践行"教师即课程"的美好追求。从静态知识观到生成课程
观,从知识的预设到课程的创生,教师在课堂教学中充分发挥课程实施的主体创造
性,实现对课程的情景性理解和把握,全面增值课程的育人价值,这就是"深耕课
堂"的意涵,这就创生了"实施的课程"。

5. 学生层面:聚焦学习,获得"经验的课程"

　　"经验的课程"是学生实际体验到的课程,是儿童经验的改组和改造,是课程运
行的最终归宿和效果落实。为了丰富学生的学习经历,促进儿童获得有价值的"经
验的课程",在南昌市东湖区,我们强调以下四点。其一,准确把握学科知识的育人
价值。学科知识是系统化的人类经验,有其特别的价值。我们倡导以生动的事实
与学科知识有机结合的"课程微处理",让儿童从经验中学习,"行动就变成尝试,变
成一次寻找世界真相的实验;而承受的结果就变成教训——发现事物之间的联
结"。② 其二,实现学科知识和学生经验的全面联结。课程既包括静态的知识体
系,也包括动态的学习过程,知识体系和经验世界共同构成了课程的风景,促进二
者的融通是经验增值的途径。没有学生的经验活动过程,学科知识只是"死的符
号",是没有意义的。其三,寻找课程内容与学生经验的最佳结合点。学科知识中
的概念归纳、逻辑推理、事理演绎,都必须以学生的生活经验为基点,使学科知识贴
近儿童的生活体验,让知识逻辑变为学生可感的经验表达,促使琐碎的经验事实不

① 陈丽华.教师即课程:蕴涵与形式[J].课程·教材·教法,2010(6):10.
② (美) 约翰·杜威.民主主义与教育[M].王承绪,译.北京:人民教育出版社,1990:149.

断地向系统的知识逻辑发展。其四,引导学生进行真实的经验探索和评述。经验是具体的尝试过程,学生不能在被动静听中获得经验,只有在亲自"做"的过程中才能发展出真实的经验。教学要为学生提供经验探索的环境,引导学生主动尝试、积极求索,在发现问题和解决问题中获得经验,表述和评价经验的形成过程和成果。

综上所述,区域课程改革是镶嵌于上述五个"课程层级"中的若干不同主体、不同事件和活动构成的系统运作过程,由上至下构成了一个瀑布式课程推进模型。瀑布给人雄伟、壮观的印象,大家可以想象一下这样的画面:瀑布的上方有个储水池,溪流源源不断地往储水池注水,当池面水位达到一定高度,就会在水池边沿溢出,形成壮观的瀑布场景。溪水倾泻到瀑布底端后,又流进了一个储水池,当水面达到一定高度后又会溢出流入下一个水池,如此一层层往下流动,形成连续的瀑布场景。区域课程变革过程也像这样一个瀑布流,在每个"课程层级"都需要经历"储能"的过程,就像溪水流入每一个储水池,都需要时间积累和事件增值,当水位达到一定高度才发生溢出效应。

事实上,区域课程改革是通过设计一系列阶段性项目任务而展开的,从问题界定到需求分析,从项目确定到策略选择,从项目推进到评估反馈,每一个阶段的项目任务都有明确的内容,都会产生瀑布效应。课程改革项目进程从一个阶段"流动"到下一个阶段,逐步落实与推进,并溅起无数"浪花",形成整体"水幕"的过程,我们可以称之为瀑布式课程改革过程。[①] 从深层次看,瀑布式课程改革是课程政策由外部向内部、由宏观向微观、由理念构建向实践创新转换的关键所在,整个过程包含界定问题、需求定位、项目聚焦、策略选择、触点变革、项目推广、评估反馈等阶段。通过瀑布式推进,区域课程改革氛围可以浓郁起来,课程改革项目可以落地有声。

杨四耕

2020 年 6 月 18 日于上海市教育科学研究院

---

① 杨四耕.区域课程改革的瀑布式推进[N].中国教师报,2017 - 8 - 16(13).

目 录

第一章｜**时代精神与课程逻辑**　　　　　　　　　　　　　　　　／001

课程是传承时代精神的载体,是塑造时代精神的武器。将时代精神与学校课程相结合,为学生了解和感悟时代精神提供机会,使时代精神在接受和内化中得以生长,最终通过塑造社会的每一个成员来改变时代风貌,这便是学校课程变革的逻辑。

第二章｜**哲学思潮与课程变革**　　　　　　　　　　　　　　　　／025

教育脱胎于哲学,其发展前进的每一步都铭刻有哲学的烙痕,并深受哲学思想的影响。基于哲学立场来进行课程变革,能充分体现课程目标的生成性、课程内容的开放性、课程结构的整合性和课程实施的创造性,也更有利于学生成长和学校发展。

第三章 | **育人目标与课程体系**

教育的根本目标是培根铸魂。课程作为实现教育目标的中介,其本质就是提升人的精神境界和实现人的生命价值。因此,学校课程建设应该以育人目标为聚焦点并遵循育人目标的导引,通过创生和联结等方式来建构学校课程体系,使学校课程建设不断走向深处。

➡ **文化坐标　南昌市滨江学校**

第四章 | **办学愿景与课程实施**

办学愿景是学校对教育核心价值的自主诠释,是促进学校自身发展的"精神坐标"。从这个意义上说,办学愿景是对课程实践过程的引导和"监控"。因此,学校要善于借助办学愿景的影响力来激发师生的活力和动力,让课程在办学愿景这只"看不见的手"的牵引下顺利实施。

➡ **文化坐标　南昌市青桥学校**

第五章 ｜ **办学理念与课程文化**

办学理念是学校价值取向的精炼表达,也是课程文化的内涵提纯,更是办学行为的"座右铭"。以办学理念连接学校课程文化,可以凸显教育的核心价值追求,使办学理念由近及远、由虚到实,充分发挥功能,真正落地生根。这是办学理念的生命力所在,也是课程文化的终极追求。

第六章 ｜ **学校建筑与课程哲学**

学校建筑与生命成长有着天然的关联。但就教育现状而言,建筑只是一个抽象概念,其教育意义在学生身上并未得到体现。要改变当前"无建筑"的现状,就需要从课程层面来强化整体教育思维,充分挖掘建筑的丰富内涵,以此来确立课程哲学和建构课程体系,从而最大程度地发挥出学校建筑的育人功能。

第七章 ｜ **学校特色与课程开发**

课程是学校教育的心脏,有什么样的课程就有什么样的学校教育。只有构建符合学校特色的课程,才能走出特色办学之路。因此,学校要坚持正确的课程立场,以课程开发来强化学校特色,使学校始终保持生长发展的状态,同时为学生的个性化发展提供更多更好的平台。可以说,没有特色课程做支撑,学校就不会有真正的特色。

第八章│**文化样态与课程图景**

"诗"有着丰富的文化蕴含,是一种非常有感染力的文化样态。课程作为文化样态的承载者和传播者,离不开文化样态的关照和滋养。课程的破与立、增与减、收与放、整与合,其实都是在特定的文化样态中得以实现。可以说,有怎样的文化样态就有怎样的学校课程图景。

前言

文化与课程

　　文化是课程之魂,学校要培育什么样的文化就需要有与其相匹配的课程。同时,课程对师生的价值取向与行为习惯有着重要的影响,所以课程又是形成学校文化的关键因素。可见,文化与课程之间存在着相生相伴、协同发展的关系,呈现出互为动力的双向运动过程。

　　学校文化与课程变革作为教育发展进程中最主要的一对矛盾,也必然存在着对立统一的辩证关系。纵观诸多学校文化与课程变革之现实,我们发现:如果把学校发展理解成一个由齿轮构成的机械装置,那么学校文化和课程变革则会像齿轮一样咬合着并像齿轮传动一样进行着互动,以此推动自身的变化和发展。所以通俗地讲,学校文化与课程变革之关系其实就是"齿轮"关系。具体表现为:

　　文化规约课程,课程强化文化,这是文化与课程的第一层互动关系。一方面,文化是课程变革的背景,是课程政策和课程制度的"土壤"。课程变革能否顺利推行,关键是看这"土壤"能否为课程变革提供合适的生长环境。所以,从某种意义上来讲,课程变革其实就是文化变革。文化决定了课程的终极品质,抛开文化,课程就成了无源之水、无本之木。**另一方面,**从本质上来说,课程是一种特定的文化形式,它是学校基于一定的社会观、知识观、学生观等做出的价值选择。通过课程可以向人们传输新的思想和观念,以取代陈旧的观念,从而使文化生命得以延续和发展。因此,课程负有传递文化和促进文化变革的使命。

　　文化助推课程,课程浓郁文化,这是文化与课程的第二层互动关系。具体来说体现在三个方面:**一是学校文化为课程建设指明方向。**学校文化是教育价值理念的体现,在无形中影响着师生们的价值观念以及行为方式。因此,课程建设的参与者是哪些人,参与者在建设过程中发出怎样的声音,参与者将采取怎样的行动,等等,都是由学校文化来决定的。课程需要在学校文化的指引下才能成为一个完整的体系,并朝着正确的方向发展。**二是学校文化为课程建设充实内容。**课程建设是一项复杂的系统工程。要想使课程实施过程能够枝繁叶茂、有血有肉,就必须扎根学校文化的"土壤",从中汲取充足的"养分",使每一门课程都流淌着学校文化的"血液",这样的课程才有深度和厚度。**三是学校文化使课程建设独具特色。**学校太多的历史传承很可能会导致课程体系过于庞大,反而使课程失去了方向,没有了学校自身的特点。因此,只有牢牢把握学校文化这一核心元素才能建构出特色课程,以满足学生个性化发展的需求。

总之,学校课程变革绝不能离开文化场域而独立成篇,同时它往往又是一项改革倒逼一项改革,一项改革推动一项改革,一环紧扣一环,一步紧跟一步,显现出鲜明的综合特征。因此,必须找准课程变革的出发点和着力点,最大程度地凝聚文化共识和调动一切积极因素,有的放矢,环环相扣,使课程变革得以真正实现。基于此,学校应当高度注重文化与课程之间的关系,并通过有效的方式来促进学校文化与课程变革之间的深度共鸣和积极互动。学校文化与课程建设应该是相辅相成的,我们认为主要有以下路径可以促进两者的建构与完善。

一、植入时代精神,丰富课程内涵

时代精神是一个时代人们精神风貌和优良品格的反映,也是引领时代潮流的普遍精神实质。时代精神在随着时间推移而不断推陈出新的同时,对教育也会提出新的要求,成为课程变革的重要动力和重要内容。因此,一所学校的课程一定是与主流价值观相符的,同时要以时代精神为大背景,从中吸收关键要素来内化为课程内容,以培养具有"家国情怀、身心健康、实践创新"核心素养的新时代少年。

将时代精神植入课程会极大地丰富课程内涵,使学生以更积极主动的方式成长为具有时代风范的国家栋梁。南昌市城北学校的"满天星"课程正是受到时代精神的影响和启发而形成的。课程以"在这里,遇见最闪亮的自己"为理念,结合学校师资情况及学生需求,从横向和纵向两个维度设计了多样化的课程形态:横向六个课程,即"尔雅星"课程、"尚艺星"课程、"敏健星"课程、"晴朗星"课程、"弘美星"课程、"惟思星"课程;纵向九个年级设置了基础课程和特色课程,其中特色课程包括必修模块、自主模块和展能模块。同时采取行走学习、搜索学习、聚焦学习、操作学习、群聊学习等开放式的学习方式,以培养学生的自主探索和创新精神。这些多样化的课程形态有利于发展孩子的潜能,让每一个孩子能遇见最闪亮的自己,成为"致雅尚艺、心朗体魄、能创善合"的熠熠生辉之"星娃"。这不仅充分体现了时代精神的内涵,而且也对时代诉求做出了积极的回应。我们相信,从时代精神中汲取力量所形成的"满天星"课程依托丰富的课程形态,终将让每一位学生找到自己的星芒,并在师生的彼此照亮中成为一颗光芒四射的未来星。

二、引入哲学思潮,凸显课程价值

任何一种真正的哲学理论都是人类认识史的结晶和智慧思想的成果。哲学思潮以其面向现实生活,不断向人们敞开自身的批判性、反思性和革命性的思维方式,逐渐成为课程变革的焦点和热点。在课程变革中引入哲学思潮的最终目的就是使课程能够真正成为开发生命潜能并具有生命意义的一种强大力量。

引入哲学思潮不仅为课程建设开辟新的视域,而且可以将课程价值充分凸显出来。南昌市阳明学校的"致良知"课程就是哲学思潮和课程实践相结合的智慧产物。该校的名字源于明朝著名的政治家、哲学家、教育家王阳明的名字。王阳明先生认为,一切事物及其规律都包括在"致良知"之中,"故良知之外,别无知矣"。学校汲取王阳明思想之精华,并依托自身深厚的文化底蕴形成了"致良知"课程,旨在通过学习圣贤遗留下来的精神财富来不断练"心",擦去"心"之尘埃,以达到唤醒本心的目的。如今,"让每一个孩子的心灵澄明敞亮""致良知、得秀气、秉精要"等富有哲思的课程理念和观点已成为阳明师生努力奋进的内驱力,同时也为学校课程变革和内涵发展奠定了文化基础。可见,将哲学思潮引入课程能够治疗精神荒芜,唤醒人性的真善美,并将师生导向自由、自信而又崇高的人生境界。这便是课程价值的充分体现。

三、遵循育人目标,导引课程建构

育人的终极目标是培根铸魂,而课程本质上就是用来解决培养什么样的人的问题,这两者的价值取向其实是一致的。因此,学校应该用育人目标来导引课程体系的建构,同时依托课程实施来实现育人目标,从而使师生和学校得到长足发展和内涵提升。

课程体系建设需要结合育人目标,并将纷繁复杂的课程进行结构化调整,才能有效整合,走向科学合理。南昌市滨江学校遵循"培养'温润如水、从善如流、灵动如泉'的滨江少年"这一育人目标,结合"泽被未来"的办学理念,将 12 门国家基础课程及 2 门地方课程整合为四大类课程:"浸润"课程,即语言文化类课程;"智润"课程,即科学逻辑类课程;"丰润"课程,即体育艺术类课程;"温润"课程,即社会主题类课程。其中不仅有国家基础课程,还有以学校特色学科、传统项目、德育活动为延伸的多元学科内容,从而形成了多样化、特色化、动态化、开放化的"润之韵"课程体系,使不同基础、不同兴趣、不同发展方向的学生都能获得自己的发展。同时,学校还依托"润泽课堂""润典学科""润趣社团""润田节目"和"润心主题"等实施路径,使课程建设的时空不断延伸和扩大,让每一个生命在课程的滋润下得以愉快生长和充分发展,以实现"让每一个孩子成为充满爱与智慧的小水滴"的美好愿景。在育人目标的导引下,"润之韵"课程正"润物细无声"般地走进孩子们的心灵,不断助推师生的成长。

四、塑造办学愿景,推动课程实施

塑造办学愿景是学校课程建设的首要任务,办学愿景为学校的未来发展提供了轮廓和方向。因此,学校在进行课程变革的时候,一定要有自己鲜明的、富有鼓励性的愿景,并通过发挥愿景的作用来激发师生参与课程变革的积极性,使他们在一种合作、和谐的氛围中释放能量去取得欲求的结果。这也正是学校课程建设的核心所在。

学校愿景所具有的强大影响力可以为课程的顺利实施保驾护航。南昌市青桥学校基于多年的棋文化积淀,根据"教育本质就是生命教育"这一思想要义,确定了"办一所让生命成长精彩纷呈的学校"的办学愿景。在愿景的激励、鼓舞、感召和引领下,学校为学生的生命成长搭建了多元化、可选择、有层次、能融通的"立交桥"课程,使全体师生的内生动力得以充分释放,发展潜能被真正激活。我们欣喜地看到,办学愿景犹如一盏明灯照亮了课程的实施之路,使学生的智慧得以启迪,悟性得以提升,灵性得以滋养,从而找到适合自己的发展方向,顺利抵达成功的人生桥。

五、凝练办学理念,引领课程文化

从本质上讲,办学理念是一种形而上的观念,它看不见、摸不着,但却无时无刻不在校长、教师、学生身上显现,无时无刻不在潜移默化地影响着校长的思维和师生的行为。课程文化理念顶层设计就是对"为什么要办学校""办什么样的学校""怎样的学校才是高品质的学校"等诸多根本问题的系统性回答。因此,以办学理念连接课程文化可以凸显教育的核心价值追求,使办学理念由近及远、由虚到实,发挥功能,这是办学理念的生命力所在,也是课程文化的追求。

办学理念是促进学校课程文化发展的基础和源泉。南昌市右营街小学是一所省级"绿色学校",近年来,学校通过不断深挖绿色内涵,将绿色教育从原有的环境保护教育升级为可持续发展的生态教育。基于此,学校提出了"生态教育"哲学,将办学理念凝练为"在这里,踏着生命的节律前行。培养出头脑健康、身手灵活、自信平和的现代公民"。这一具象化、视觉化的办学理念促进学校树立了全新的课程文化观,并推动着学校课程文化的不断发展。如学校确立了"把绿色种子播撒到儿童的心灵"的课程理念,设置了"小学者"课程、"小博士"课程、"小健将"课程、"小明星"课程等模块,将培养目标"ECOG"(即活力、能力、乐观、魅力)细化成低、中、高年级的分年段课程目标,还制定了全新的课程实施方案和课程管理体系,等等,这些都是学校课程文化不断丰富发展和开拓创新的充分体现。

六、挖掘建筑内涵,提炼课程哲学

提炼学校课程哲学的过程是聚焦、扬弃的过程,更是研究、构建的过程。

学校作为生命成长的重要场所,其建筑空间自然也承载着育人使命,因此可以通过挖掘学校建筑内涵来寻求关于课程哲学的个性化表达,使其成为一种宝贵的课程资源。

南昌市育新学校从三幢教学楼呈"品"字造型的建筑特点中得到启发和灵感,挖掘了"品"字的丰富意涵,如品格、品行、品质、品位等,再加上对设计师梁思成先生的敬仰,便由此确立了"尚品教育"这一哲学,意为崇尚品位的教育。学校还形成了符合自身实际的"尚品"课程,鲜明地体现了"课程即发展方向、课程即文化内核、课程即品性陶冶、课程即行为铸造、课程即生命旅程"的课程观点,使"培养品格高尚、品行端正、品质不凡、品位出众的育新学子"这一育人目标得以落实。可见,学校建筑不只是一道美丽的风景,还是学校打造高品位教育的重要课程资源。总之,把有形的空间特点巧妙地融入无形的课程哲学之中,既可以让空间设计更契合课程建设的需要,也可以让课程哲学充分彰显出学校建筑所蕴含的育人价值。

七、依托学校特色,助推课程开发

学校特色是课程开发的动力来源和努力方向,而课程开发则是彰显学校特色的重要路径和关键抓手。因此,学校可以根据自身的办学特色来进行课程开发,以此唤醒学校教育的激情,形成独特的教育个性,成为令人向往的有思想、有精神、有文化的好学校。

依托学校特色进行课程开发有利于培养有特长的学生和有特点的教师,使学校始终保持生长发展的前行状态。南昌市爱国路小学秉持"关注每个孩子的发展,让每个孩子快乐成长"的育人思想和"今天,你微笑了吗"的办学理念,紧紧依托"微笑教育"这一特色,在立足学校实际和学生发展要求的基础上开发了独具特色的课程——"SMILE"课程,即"微笑"课程,五个字母分别对应着五大课程领域,其中"S"课程(society)为自我与社会类、"M"课程(movement)为体育与艺术类、"I"课程(ideas)为逻辑与思维类、"L"课程(language)为语言与交流类、"E"课程(exploration)为科学与探索类。"微笑"课程不仅让学生收获了知识,而且培养了他们健康阳光的心态,使他们今后在物欲横流的时代中能以平静的心情和坚定的意志来微笑面对一切。可见,爱国路小学的"微笑"课程不仅充分彰显和有力强化了学校特色,为学校的发展注入了不竭动力,还促进了学生全面而富有个性的发展,使学校走出了一条建设"微笑服务型学校"的特色发展之路。

八、发展文化样态,描绘课程图景

教育的起点和终点都是人,而培育真正的"人"的过程不仅体现在"育分"观念的转变上,还表现在课程图景的不断发展中。课程既是文化样态的承载者和传播者,同时又离不开文化样态的关照和滋养。课程的破与立、增与减、收与放、整与合其实都是在特定的文化样态中实现的。可以说,有怎样的文化样态,就有怎样的课程图景。因此,通过发展文化样态可以为学校课程发展找准切入口和突破口,同时还可以使中华优秀传统文化得以传承和发展。

孔子是我国古代伟大的教育家、思想家,儒家学派的创始人,曾倡言:"小子何莫学夫《诗》?《诗》可以兴,可以观,可以群,可以怨。迩之事父,远之事君。多识于鸟兽草木之名。"这个观点开创了中国教育的基本理念——以诗育人,其实质是弘扬中华民族优秀传统文化,努力追求真、善、美合一的境界。南昌市向荣小学在多年"诗文化"传统的基础上,不断丰富和创新诗文化的内涵,提出了"诗蕴教育"哲学和"在儿童的心田里作诗"的课程理念,形成了由"诗语坊""诗艺廊""诗创谷""诗慧泉""诗德园"和"诗韵峰"所构成的"涓流式"课程体系,以培养蕴真、蕴善、蕴美的"诗蕴少年"。看!师生们在唐宋诗词谱就的音律里翩然起舞,在诗词接龙的游戏中品味经典余韵,在经典对诵的氛围中升华校园诗情……"涓流式"课程体系展现了一幅蕴含"诗意"且多姿多彩的课程图景,而且更重要的是在学生的心灵种下了一颗亲近"诗蕴"、感受"诗蕴"的种子,让学生的未来不仅有梦,还有"诗和远方"!

综上所述,从学校文化视角来推进课程变革,更具有系统性、统整性和合理性,也更能满足学生发展和学校创新的需求。课程体系并不是一成不变的,需要学校文化不断地为其注入新鲜血液,这样才能使课程永葆青春,充满活力。学校一定要弘扬优秀文化,促进课程体系的创新、发展和传承,构建起一个完整、多元、弹性的课程结构体系,从而更好地完成立德树人根本任务。

当然,基于学校文化的课程改革将是一个长期的过程。课程实施给学校文化带来了巨大的冲击,并促使学校形成一种新的文化。但是文化的变革意味着人们传统观念的更新和行为方式的转变,这不是在短时间内可以完成的,而是一个长期渐进的过程。课程改革作为促进文化变革的主要力量,需要学校乃至整个教育系统转变教育观念与教育行为,需要人们在新旧文化的碰撞中逐渐确立新的观念,并将新的观念逐步转化为具体行为。这必将是一个漫长的过程,因此必须给课程变革以充足的时间。

第一章

时代精神与
课程逻辑

课程是传承时代精神的载体,是塑造时代精神的武器。将时代精神与学校课程相结合,为学生了解和感悟时代精神提供机会,使时代精神在接受和内化中得以生长,最终通过塑造社会的每一个成员来改变时代风貌,这便是学校课程变革的逻辑。

时代精神是民族的共同意志和思想状态的集中体现,具有鲜明的特征和丰富的内涵。它与教育密切相关,决定了我们要培养什么样的人和能够培养什么样的人。要掌握未来就必须清楚脚下的路况,最重要的是还必须清楚前进的方向,而这个"方向"就是从"时代精神"中提炼出来的核心成分。可以肯定的是,教育必然会受到时代精神的影响,但教育不能成为按照订单生产的"加工厂",而是要反过来塑造时代精神。

南昌市城北学校营造"煜文化"校园,引导师生汇亮"星"灯,聚"煜"之芒。"煜",取自于《太玄·元告》之"日以煜乎昼,月以煜乎夜",移位学校即"教以煜乎心,文以煜乎魂",意为学校教育照亮每一个孩子的心灵,校园文化照亮每一个孩子的灵魂,照亮他们的生命成长之路。由此提出"星教育"教育哲学,确立"每一个孩子都是一颗闪亮的星"的办学理念。"满天星"课程作为学校传承和发扬时代精神的重要载体,让每一个孩子在成长历程中都能找到自己的价值,在教师的唤醒点亮中不断激发内燃力量,绽放出独特的光芒。

➡ 文化坐标　南昌市城北学校

南昌市城北学校位于赣水以南,洪城之北。于民国二十六年(1937)由海外华侨投资兴建,坐落于下沙窝,称省立城北小学。1950 年迁至阳明路 71 号,1975 年增设初部,成为九年一贯制学校,更名为南昌市城北学校,至今有着 80 多年的光荣历史。目前,学校校园面积为 5 264 平方米,在校学生 1 200 余人,教职员工 85人,其中中小学高级教师 20 余人,市学科带头人 2 人,市级骨干教师 3 人。近年来,学校被评为"全国中小学信息技术创新应用示范学校先进单位",并被多次评为"南昌市教育信息化应用先进学校",先后获得"江西省现代教育技术示范学校""南昌市终身教育先进单位""南昌市文明单位""南昌市心理健康教育示范校""南昌市家庭教育先进单位"等荣誉称号,还参与了教育部I-K12项目——与安义东阳希望小学的结对心理帮扶项目。通过课题引领和专题培训,教师已具备良好的课程素养,研发并实施了多类校本课程,取得了一定的科研成果。

第一节　让每一个孩子绽放光彩

多年来,学校秉承"弘道济世为本,明德至善为宗"的建校精神,以"毅志融慧,格物致知"为核心价值观,实施"启智求真,熠辉和美"的办学精神,更新"厚德睿智,臻美健朗"的校训,明确了"让每一颗星绽放光芒"的办学宗旨。基于上述文化考量和办学传承,学校确立了"星教育"之哲学,让每一个孩子都遇见最闪亮的自己,让每个孩子都绽放光彩。

一、学校教育哲学: 星教育

所谓"星教育",就是以"星"手段培育"星"人的教育,是学校推进素质教育的个性化探索之路。"星教育"是深刻的教育,是智慧的教育,是闪光的教育,是博雅的教育,是温暖的教育。

——**"星教育"是深刻的教育。**"星教育"旨在为孩子的未来奠基,采用合理的方式,直抵心灵教育,激发其生命动力,唤醒孩子内在能量与人格理想,关注他们无限深远的明天。("星教育"对终极目标的体现)

——**"星教育"是智慧的教育。**"星教育"遵循孩子的成长规律,教育以育人为使命,"星智老教师"育人识才,协助、帮助和认可孩子每一次点滴精进,聚成震憾心智的影响力。("星教育"对教师群体的体现)

——**"星教育"是闪光的教育。**"星教育"尊重每一位孩子的独特个体,站在多元化的角度点亮孩子的灵动潜力。让孩子在丰富有益的课程中链接自我,释放溢彩的闪亮个性。("星教育"对课程设置的体现)

——**"星教育"是博雅的教育。**"星教育"致力中华精粹文化传承,学校因博雅而令人向往,教师因博雅而受人尊敬,学生因博雅而更加灿烂,最终将他们引向真、

善、美的大雅之路。("星教育"对实践实施的体现)

　　——"星教育"是温暖的教育。"星教育"注重心与心的对话,洋溢民主自由,是一种师生彼此点亮,共生相长的良性教育生态,互相陆续点亮,传递生命与生命的温暖。("星教育"对教育环境的体现)

　　我们的教育信条

　　我们坚信,

　　每个孩子都是发光体;

　　我们坚信,

　　每一位教师都是点灯人;

　　我们坚信,

　　学校是启迪智慧、点亮心灵的地方;

　　我们坚信,

　　让每一个孩子绽放光彩是最舒展的姿态;

　　我们坚信,

　　照亮每一个孩子的心灵是教育的神圣使命;

　　我们坚信,

　　让每一个孩子遇见最闪亮的自己是教育最美的图景。

　　根据学校教育哲学,学校提出了"每一个孩子都是一颗闪亮的星"的办学理念,让每一位学生在学校都能得到成长,并在此过程中找到自己的星芒。

二、学校课程理念: 在这里,遇见最闪亮的自己

　　根据"星教育"的教育哲学,学校提出"弘德启智,适性立人,点亮繁星煜煜"的办学口号,确定了课程理念"在这里,遇见最闪亮的自己",即在城北校园里,把学生放在课程的中央,让课程与他们的生命成长紧密相连。教师是学科的建构者和课程的生成者。学校课程的内涵是让每一个孩子在成长历程中都能找到自己的价值,在教师唤醒点亮的课程中都能激发内燃力量,绽放独特的光芒,折射温暖,彼此聚光,树煜人之辉,助漫天星光。我们认为:

——课程即生命场域。每一个孩子都是一颗星,在教师的诠释中汲取能量,在"满天星"课程中逐渐成长,找到自己的生命价值。教师也在这生命的场域里构建新型师生关系和课程关系,师生、生生之间彼此照耀,彼此点亮,共同成长,彰显活力。

——课程即文化相遇。重塑空间价值观念,提升教师课程领导力。把学校的文化内涵、办学特色、课程理念以及学生的多元学习需求等无形的教育理念体现在有形的课程空间中,让文化资源丰富易得,让课程氛围与学校文化相遇。

——课程即精彩绽放。教师采用多样的、活跃的学习方式保持学生学习的兴味盎然,让学生在聚焦、拓展、展示的丰富课程里,丰富经历,增强见识,体味成长的精彩,使师生的精神体验得以绽放。

——课程即个性张扬。每一个学生都是一个独特的生命体,适性课程尊重个体生命,认可、认知每个学生的个体特征,尊重他们的选择与体验,重视非智能因素对学生成长的影响,并通过多元评价引导学生个性发展、认知自我。

基于课程理念,学校提出了"满天星"课程的课程模式。"满天星"课程重视生命彼此间的点亮,以学生成长所需为基础,同时结合校园文化内力,不断挖掘课程资源,跨界构建课程体系,开设丰富多样的特色课程,满足了学生的独特性和差异性学习需求。教师引导学生运用行走学习、搜索学习、聚焦学习、操作学习、群聊学习等开放式的学习方式,重视学生的个性特长,培养他们的主动探索精神和创造精神。通过多元评价标准,尊重孩子们在课程实践中的主体性,尊重孩子们的个性和自由,让孩子们在成长过程中不断被唤醒与点亮,最终煜熠生光。

第二节　在这里,遇见最闪亮的自己

"满天星"课程是学生在星驰俊彩的课程中发现自我、完善自我的过程,课程理念确立为"在这里,遇见最闪亮的自己"。

一、学校育人目标

基于"在这里,遇见最闪亮的自己"的课程追求,"星教育"旨在培养"致雅尚艺、心朗体魄、能创善合"的煜熠生辉之星娃群体。其内涵如下:

致雅尚艺,让孩子们乐学善学,浸润于中国传统文化中,畅游书海,涵养气质,积淀艺术文化底蕴,提升美学修养,成长为闪耀着"优雅之光"的"雅艺星娃"。

心朗体魄,让孩子们有自我生命价值追求,有规范的日常行为,有健康的身心和情志,有不怕挫折的勇气和进取心,成长为闪耀着"健康之光"的"活力星娃"。

能创善合,让孩子有尊重劳动、敢于创新、勇于实践的精神,有团结合作的意识,重视各种体验,寻求一切能够解决问题的可能性,成长为闪耀着"创新之光"的"智多星娃"。

二、学校课程目标

学校以"星教育"的育人目标细化为不同年级的课程目标,以期在具体的课程实施中将每一个孩子培养成能绽放出"致雅尚艺""心朗体魄""能创善合"光芒的城北星娃群体。(见表 1-1)

表 1-1 南昌市城北学校"满天星"课程分年段课程目标表

育人目标	分年段课程目标					
	低年级	中年级	高年级	初一年级	初二年级	初三年级
致雅尚艺(雅艺星娃)	初步体验学习的快乐,热爱学习,热爱中国传统文化。养成良好的学习规范和习惯,对学习有兴趣,乐于积极投入其中。	喜爱学习,主动求知,主动选择自己的兴趣爱好,喜欢学校开设的课程。乐于在学习中拓展自我,不断丰富有益的积累。	保持浓厚的学习兴趣,培养不怕困难的学习品质。提高自己的审美能力,孕育博雅尚美的气质。	学会独立学习,认真参与各类课程,充分发挥自主性。积累知识,流畅表达,初步具备一定的思辨能力。	培养集体荣誉感和责任感,初步具备自我人生规划意识。积极关注学校的各类课程,能依据自己的兴趣特点有效地选择课程展开学习。能流利地表达自己的观点。	在课程学习中能充分体现出自主性。敢于大胆探究,拥有思辨能力,大胆陈述自己的个人见解。

续　表

育人目标	分年段课程目标					
	低年级	中年级	高年级	初一年级	初二年级	初三年级
心朗体魄(活力星娃)	初步认识自己的生命，懂得大自然各种生命的存在，愿意热爱、珍惜生命，建立安全意识，学会保护自己的生命。了解运动的重要性，乐于参与并学会安全地进行体育运动。	学会认识自我，尊重生命的独特性。学会维护自己的心理健康，培养自信心，懂得自尊自爱。具有关注身体和健康的意识，具有积极参加体育活动的态度和行为。培养会宽容、愿分享、善感恩、乐助人的良好品质。	建立正确的生命价值观，对生命价值的实现充满期待。学会调节自己的情绪，学会换位思考，有正确的荣辱观。培养积极面对生活的勇气。用科学的方法积极参与体育活动，养成健康文明的行为习惯和生活方式。	能正确对待青春期的各种问题，培养抗挫能力，培养规则与法律意识。建立民族自信，热爱、尊重自然，具有全球意识与开放的心态。科学地掌握必要的体育基本技能，提升肢体协调性，增强身体素质，增强意志力。	树立人生理想信念，树立积极乐观的人生观、价值观和世界观，确立远大的志向。培养坚韧不拔、百折不挠的优秀意志品质。	建立积极主动的为自己的人生梦想去努力的意识。拥有良好的集体荣誉感和责任感，积极参与到社会历练中并快速适应，在不断展示自己的同时提升自我活动能力。
能创善合(智多星娃)	学会基础礼仪，讲文明，懂礼貌，学会关心集体、助人为乐，懂得与同伴友好相处，能与同伴共同游戏、活动并分享。掌握必要的生活技能，培养自理能力。学会使用简单的工具。关心自己生活的环境，初步建立环境保护意识。	具有动手操作能力，掌握一定的劳动技能；学会必要的生活技能，树立"我会自己做"的自信心。培养吃苦耐劳的品质，尊重劳动，热爱劳动，具有积极的劳动态度和良好的劳动习惯。	敢于质疑，积极动手实践，能采用自主学习的方法，从学习中发现问题并设法解决问题。积极参与各类劳动与社会实践，并具有改进和创新劳动方式、提高劳动效率的意识。善于发现和提出问题，有解决问题的兴趣和热情。	在群体社交过程中，秉持欣赏他人、与人为善、平等尊重的态度。培养团队精神、协作精神，培养集体主义精神和勇敢顽强的意志，提高团结合作意识。	重视与他人互助的情感体验，乐于为集体、社区、学校做力所能及的事情，建立不计较个人得失的价值观。积极开拓眼界，加强实践体验，积极参与各种创新活动，在活动中不断提升自己的创新意识和创新能力。	坚持自己的见解，乐于分享观点。拥有较高的创新素质，能将自己的创新思维、创新能力运用到学习、生活的方方面面。

第三节　让每个孩子找到自己的星芒

　　学校是群星闪耀的聚光场,在这里,每一个孩子都是发光体,都是一颗光芒四射的未来星。我们努力把每一颗星培养成为"致雅尚艺、心朗体魄、能创善合"的熠熠生辉之"星娃"。

一、学校课程逻辑(见图 1-1)

教育哲学:星教育
⇩
办学理念:每一个孩子都是一颗闪亮的星
⇩
课程理念:在这里,遇见最闪亮的自己
⇩
课程模式:"满天星"课程
⇩
课程类别:"尔雅星"课程　"尚艺星"课程　"敏健星"课程
　　　　　"晴朗星"课程　"弘美星"课程　"惟思星"课程
⇩
课程设置:星智课堂　星新学科　星乐社团
　　　　　星美之旅　星光剧场　星雅校园
⇩
育人目标:致雅尚艺　心朗体魄　能创善合

图 1-1　南昌市城北学校"满天星"课程逻辑图

二、学校课程结构

　　围绕学校育人目标,以国家教育政策为背景,面向全体学生兴趣的需要,以学校核心价值取向"毅志融慧,格物致知"为目标,结合学校师资及学科特点,确定了六大课程:"尔雅星"课程、"尚艺星"课程、"敏健星"课程、"晴朗星"课程、"弘美星"课程、

"惟思星"课程。整个课程的推进以多元智能理论为基础,尊重学生的整体发展,关注学生的个体特质;在亲师善合中,学生既体验成长又悦己纳人、照亮彼此;通过家校共建拓宽学生成长的渠道,尊重家长,保持平等和谐的家校关系;最终形成学生自新自信、笃学励志,教师立德立能、博爱善施,家长尊重孩子、信任教师的良好图景。(见图1-2)

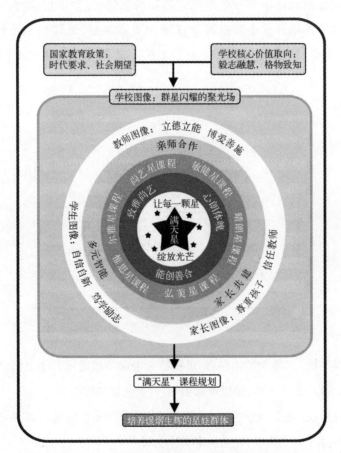

图1-2　南昌市城北学校"满天星"课程结构图

三、学校课程设置

(一) 课程设置说明

　　每一个学生的潜能都需要被发现、开化和提升,走出自己的幸福成长之路,寻找到自己的生命价值。"满天星"课程根据课程的目标性、整体性、开放性和多样性原则,设置了各种内容、各种类型、各种形态的课程,使课程体系达到整体优化的效果。为在课程中寻觅学生潜能开发与个性成长的最佳结合点,学校构建了"满天星"课程类别:横向六个课程培养"致雅尚艺、心朗体魄、能创善合"的星娃;纵向九年学习分为基础课程和特色课程(必修模块、自主模块、展能模块),其中基础课程主要指国家课程和地方课程,是课程学习的主体,以课堂学习为主,精心实施,重在高效,夯实发展根基。特色课程具体见图1-3。

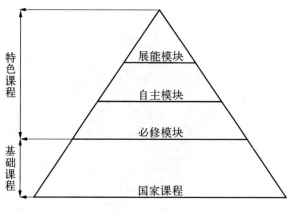

图1-3 南昌市城北学校"满天星"课程设置关系图

1. 必修模块:主要为校本课程,是在综合考虑学校发展和学生需求的基础上设置的课程,面向全体学生,通过教师引领,开展主题项目学习。

2. 自主模块:更关注学生的个性化发展,开发学生的潜能。该模块依托学校各类社团,让学生自主选择,促进学生个体发展。

3. 展能模块:是以活动统整为实施方式的课程,将学习内容与生活、与社会发展相联系,强调民主性、开放性和体验性。

(二) 课程设置框架

除国家基础课程外,学校对"满天星"课程的其他内容进行系统构建:"尔雅星"

课程即为星传承和星剧场,包含学校一至七年级的"中国传统文化"校本课程和俊彩大擂台;"尚艺星"课程即为星跃动、星艺社和星剧场,包含艺术与审美(口风琴课程)、艺术类社团和星光大舞台;"敏健星"课程即为星跃动、星艺社和星赛事,包含体育与运动(篮球、乒乓球课程)、体育类社团;"晴朗星"课程即为星育心和星怡社,包含低段"阳光心房"、高段"快乐心园"、初中"扬帆心海"校本课程,七彩阳光心理社、怡然心理社、心旅驿站;"弘美星"课程即为星节日、星养成和星之旅,包含道德讲堂、安全教育、节日活动、团队教育、家长讲堂及轮训之旅、研学之旅、承爱之旅等;"惟思星"课程即为星空间、星创社和星赛事,包含"STEM"课程和多类别"科技小达人"社团。(见表 1-2 至表 1-4)

表 1-2　南昌市城北学校必修模块课程表

特色课程	课程名称	年　级	学　期	课程名称及内容
"尔雅星"课程	星传承	一年级	全学年	民俗文化
		二年级	全学年	体育文化
		三年级	全学年	雅韵文化
		四年级	全学年	手工文化
		五年级	全学年	诗歌文化
		六年级	全学年	戏曲文化
		七年级	全学年	编织文化
"尚艺星"课程		全体	全学年	律动口风琴
"敏健星"课程	星跃动	全体	全学年	七彩广播操
		一至三年级	全学年	乒乓球
		四至九年级	全学年	篮球
"晴朗星"课程	星育心	低段	全学年	阳光心房
		高段	全学年	快乐心园
		初中	全学年	扬帆心海
"弘美星"课程	星节日	全体	全学年	佳节纪念日
		全体	全学年	主题宣讲日
		全体	全学年	家长社科日

续 表

特色课程	课程名称	年 级	学 期	课程名称及内容
"弘美星"课程	星养成	全体	全学年	法制国防安全教育
		全体	全学年	道德讲堂
		全体	全学年	团队教育
"惟思星"课程	星空间	四、五年级	全学年	"STEM"课程

表1-3 南昌市城北学校自主模块课程表

特色课程	课程名称	年 级	学 期	课程名称及内容
"尚艺星"课程	星艺社	一年级	上学期	多彩画笔社——线描
			下学期	多彩画笔社——水粉
		二年级	上学期	美姿舞蹈社——技功练习
			下学期	美姿舞蹈计——编排舞蹈
		三年级	上学期	百灵合唱社——唱功练习
			下学期	百灵合唱社——曲目演绎
		四年级	上学期	天籁古筝社——演奏练习
			下学期	天籁古筝社——曲目演绎
		五年级	上学期	国粹京剧社——基础知识
			下学期	国粹京剧社——唱腔练习
		六年级	上学期	七巧编织社——编制技法
			下学期	七巧编织社——作品编织
"敏健星"课程		低年级	全学年	旋转乒乓
		全体	全学年	兵棋天下
		高年级	全学年	聚星篮球
		全体	全学年	阳光田径
"晴朗星"课程	星怡社	全体	全学年	七彩阳光心理社
		个体	全学年	怡然心理社
		亲子	全学年	心旅驿站

续　表

特色课程	课程名称	年　级	学　期	课程名称及内容
"弘美星"课程	星之旅	全体	全学年	研学实践
		全体	全学年	轮训活动
"惟思星"课程	星创社	五、六年级	全学年	头脑奥林匹克社团
		四至九年级	全学年	模型社
		四至九年级	全学年	机器人
		四至六年级	全学年	3D 打印

表 1-4　南昌市城北学校展能模块课程表

特色课程	课程名称	年　级	学　期	课程名称及内容
"尚艺星"课程	星剧场	全体	全学年	星光大舞台
"尔雅星"课程			全学年	俊彩大擂台
"敏健星"课程	星赛事	五、六年级	全学年	球类赛
		三至六年级	全学年	操类赛
		一至六年级	全学年	棋类赛
		三至六年级	全学年	径类赛
"惟思星"课程		全体	全学年	科技创新赛
		四至八年级	全学年	模型建模赛
		四至八年级	全学年	机器人赛
		四至八年级	全学年	3D 打印赛
		四至八年级	全学年	纸飞机赛
		四、五年级	全学年	"OM"赛
"晴朗星"课程	星爱心	三至六年级	全学年	结队帮扶
		三至六年级	全学年	社区活动
"弘美星"课程		三至六年级	全学年	承爱志愿者

第四节　照亮每一个孩子的心灵

　　学校课程实施重视关联性和整合性的原则,以各学科的独立为前提,对课程内容进行多维多向的组织。学校按照课程要素之间的内在联系,注重课程内部的广度及深度,加强各学科之间、课程内容和个人学习需求之间、课程内容和校外经验之间的广泛联系。"满天星"课程通过"射线式"整合,以学科知识为原点,根据学科知识的内在逻辑联系来进行多维拓展与延伸,为学生提供丰富的活动体验和展能平台,让学生在闪光的群星课程之旅中,尽可能地回到完整的课程景图中,以此照亮每一个孩子的心灵。

一、建构"星智课堂",落实学科基础课程

(一)"星智课堂"的内涵与操作

　　杜威说:"作为教师,他考虑的是怎么使教材变成经验的一部分;他自己的教材知识怎样可以帮助解释儿童的需要和行动,并确定儿童应处的环境,以便使他的成长获得适当的指导。"在基础型课程是国家课程的前提下,"星智课堂"的实践操作需经过全体教师的共同努力完成国家课程班本化。国家课程标准给学校与教师留下了较大的挖掘空间,因此要根据学生的实际情况对国家课程进行班本化实施,即本着调试的实施取向细化课程目标,开发课程资源,调整教学内容,选择教学方法,优化教学过程,健全教学评价。全体学生必须掌握基础性知识与基木技能,并形成正确的学习态度和积极向上的价值观。

(二)"星智课堂"的评价标准(见表1-5)

表1-5　南昌市城北学校"星智课堂"的评价标准表

课程名称			教 师		
一级目标	二级目标	评 价 标 准	标准分	自我评价	学校评价
课程目标 (10分)	准确	是否符合学校的总体目标	4分		
	完整	三维目标是否完整	3分		

续　表

课程名称			教　师	
课程目标 （10分）	现实	是否符合学生的实际、学校的实际、社会的实际	3分	
课程内容 （30分）	科学	是否符合科学规律	10分	
	吸引	是否对学生有吸引力	5分	
	价值	是否有学习、探究的价值	10分	
	实际	是否符合学生的身心发展特点	5分	
课程实施 （40分）	学生参与	是否能积极组织学生参与	20分	
	教师指导	是否对学生进行有效指导	20分	
课程绩效 （20分）	学生	学习兴趣、综合能力是否提高	10分	
	教师	课程开发与实施的能力是否提高	10分	
总体描述	教师			
	学校			
自我评价总分：　　　学校评价总分：　　　　　日期：				

二、建设"星新学科"，落实学科拓展课程

（一）"星新学科"的建设路径

以课堂延伸为主线的"星育心""星跃动""星传承""星空间"课程，以校本教材为教学载体，由教师引领，多采用主题项目学习的方式。

1. **"星育心"学科课程。**《心育》校本教材分设初中《扬帆心海》、中段《快乐心园》、低段《阳光心房》，以课题研究为依托，每学期8课时，结合学生各年龄段的特点，低段以"聆听屋""畅言吧""欢乐船""碰碰车"四个环节，中段以"浅阅轻读""心灵方舟""活动驿站""快乐指南""放飞心灵"五个环节，高段以"聆听心语""心路灯塔""阳光体验1""阳光体验2""心灵氧吧""感悟分享"六个环节进行。

2. **"星跃动"学科课程。**《乒乓球》校本教材针对的是低中段学生，让学生了解

乒乓球的发展历史及部分基本理论。该教材重点对乒乓球的基本技术进行分步指导,特别针对多样训练方式,有效引导学生科学地进行技能训练。《篮球》校本教材针对的是中高段学生,让学生了解学校篮球赛事的风采,感受篮球运动的独特魅力。该教材介绍了篮球的发展历史、篮球的特点、运动意义等常识,并以图文并茂的形式从基本动作、快攻、防守等方面介绍了技术及战术知识,同时增设了趣味篮球活动案例,让学生对篮球更加着迷。这两项校本课程结合体育课开设,每学期低中段 16 课时,高段 8 课时。

3. "星传承"学科课程。《中国传统文化》分一至七年级七个系列,每个系列各 12 个主题,课程涵盖民俗、体育、雅韵、手工、诗歌、戏曲、编织,每学期中小学 18 课时。课程教材在教师反复实践的基础上不断完善,进行过再次课程修订,形成以活动导航—合作研讨—主题探究—交流展示四条路径为主线的课程实施环节。"亲近传统文化 感知节气之美"系列线上线下主题活动,通过雅艺星娃书节气、绘图景;活力星娃聊节气、话养生;智多星娃探习俗、施妙招;星智教师赏诗词、书美文等多种方式,树立学生尊重自然、顺应自然的理念。

4. "星空间"学科课程。主要指四至六年级的必修普及"STEM"课程。STEM 教育整合了科学(science)、技术(technology)、工程学(engineering)、数学(mathematics)等学科知识,通过多学科文化及内涵的融合,重点培养学生的科学素养、创新思维及创新实践能力;通过 STEM 专题活动形式,向学生提出生活情境中的问题,引导学生设计创造自己的方案,并在活动过程中选择材料,讨论设计,制作并测试原型,修改设计,共同完成任务。在提高学生解决实际问题的能力的同时,让学生学会沟通交流,展示创造力,充分体验动手的快乐。

(二)"星新学科"的评价要求

依据"星新学科"的内涵,形成评价标准。(见表 1-6、表 1-7)

1. 有独特的学科理念。要提炼和形成独特的学科理念,进而形成学科特色。

2. 有丰富的课程内容。课程内容要满足学生的学习兴趣,充实学生的学习生活,拓展学生的学习体验。

3. 有高质量的课堂教学。要有正确的教学目标、多样的课堂活动、扎实的活动体验、深度的课后反思。

表1-6　南昌市城北学校"星新学科"评价量化表(教师)

学科名称				
主讲者			助教者	
实施对象			课时总数	
评价项目	评　价　要　求		评价分数	
学科目标 (20分)	目标明确、清晰		7分	
	知识目标、能力目标和情感目标		6分	
	考虑到学力分层,贯彻因材施教的原则		7分	
关注学科 (30分)	内容组织得好,层次分明,教材框架清晰		10分	
	内容科学、启发性强,突出能力		10分	
	内容中新科技、新观点、新教学思想含量高		10分	
关注学生 (30分)	关注学生体能和心智的成长		10分	
	培养学生具备一定的问题解决能力、情绪管理能力、创新应对能力		10分	
	培养扎实的基本技能和动手操作能力		10分	
有效评价 (20分)	评价可操作性强,方法科学,具有激励性和制约作用		20分	
评价结论	课程领导小组签字:			
建议	课程指导专家签字:			

表1-7　南昌市城北学校"星新学科"评价量化表(学生)

评价项目	具　体　内　容	评价等级			自　评
		A	B	C	
情感态度	积极参与学科活动,自觉遵守纪律				
	善于观察,主动提出问题、建议				
	不怕困难,勇于克服				小组评价
合作交流	主动配合同学,相互合作				
	乐于帮助同学,资源共享				
	认真倾听同学的观点和意见,大胆发表个人意见				

续　表

评价项目	具　体　内　容	评价等级			家长评价
		A	B	C	
合作交流	对班级和小组的学习做出贡献				
学习技能	善于发现问题、提出问题,活动方案构思新颖				
	会用多种方法搜集、处理信息				
	实践方法、方式多样				
实践活动	积极动脑、动口、动手参与				教师评价
	会与别人交往				
	活动有新意,能将多元化的兴趣拓展到其他学科				
	能将所学知识与实际相联系				
成果展示	小课题、调查报告等				
	标本、竞赛、汇报、图片、视频				
	成果及获奖情况				

三、建设"星乐社团",落实兴趣爱好课程

(一)"星乐社团"的主要类型

"星乐社团"通过"星艺社""星怡社""星创社",给学有所长的学生创造更多的学习机会,挖掘他们的学习潜能,关注他们的综合学力发展,使其个性闪亮、智慧闪光。

1.**"星艺社"社团。**以美育和体育两大类为主,如美术、合唱、篮球等社团。

2.**"星怡社"社团。**七彩阳光心理社、怡然心理社两个心理社团,围绕"入学适应""积极沟通""责任伴我行""迎考好心态"等主题开展团体和个体心理辅导的活动。

3.**"星创社"社团。**此类课程是科技现代技术运用类,以"工作坊"式呈现完整的学习体验过程,在基础技能下,既有提高又有展能的平台。如头脑奥林匹克、3D打印、机器人、模型等科技类社团,让学生学会操作、学会合作探究,磨炼毅力,获得成长的自信。

(二)"星乐社团"的评价要求

　　"星乐社团"基于学生的兴趣爱好来选择课程,在评价时更倾向于: 是否坚持参与;是否愉悦并锻炼身心意志;在社团活动中是否能熟练掌握知识,并且能运用知识进行探究创新;团队合作是否融洽,每个学生是否都能发挥好个人能力。(见表 1-8)

表 1-8　南昌市城北学校"星乐社团"评价细目表

项　目	评　价　内　容	结果
辅导主题与学生分析(15分)	1. 主题选择符合学生的发展特点。(5分) 2. 主题分析具有恰当的理论基础与依据。(5分) 3. 对学生实际特点的分析深入透彻、清晰明确。(5分)	
辅导目标设计(10分)	1. 目标明确、具体、具有层次性,包括认知、情感体验和技能方法。(5分) 2. 目标具有可行性和可实现性。(5分)	
辅导方法选择(20分)	1. 辅导方法设计符合学生的发展特点。(5分) 2. 辅导方法具有活动性、体验性、操作性,能促进学生自我体验与反思。(5分) 3. 辅导方法能促进学生之间分享、互动。(5分) 4. 辅导方法具有新颖性。(5分)	
辅导过程设计(30分)	1. 辅导过程完整,包含暖身、活动、反思与升华。(8分) 2. 各环节环环相扣,过渡自然流畅。(8分) 3. 辅导过程能有效促进目标达成。(7分) 4. 辅导过程时间分配合理,突出辅导重点。(7分)	
创新(10分)	1. 整体设计有创意,不照搬教学参考资料。(5分) 2. 活动形式和素材均有创意,能根据实际情况灵活改编或改进。(5分)	
辅导效果(15分)	学生整体参与性强,师生互动好,有实际体验活动。(5分) 学生扩展了认识范围,获得有益的人生体验。(5分) 课后练习和实践延伸效果好。(5分)	
总评	90分以上为优秀,80—89分为良好,60—79分为合格	

四、推行"星美之旅",落实研学旅行课程

(一)"星美之旅"课程的主要意涵

　　"星美之旅"课程通过学校与家庭、学校与社区、学校与帮扶学校相结合的形式

开展,包括"星爱心""星之旅"课程。该课程为孩子们打开了另一扇窗,让他们走进真实完整的世界。通过每学期的轮训活动,体验动手动脑的快乐;在研学过程中观察思考,感受人与自然的和谐美好;在结队帮扶、社区活动、承爱志愿者等活动中,传递爱心,感受温暖,体验给予的快乐,汲取成长的正能量。(见表1-9)

表1-9　南昌市城北学校"星美之旅"课程实施细目表

主题	地　点	阶　段　目　标			
		低年级	中年级	高年级	初　中
轮训之旅	东湖区青少年宫	对传统手工制作及传统体育运动项目有初步了解。	能制作简单的传统手工作品,初步掌握传统体育运动项目。	能制作较为复杂的传统手工作品,较为熟练地掌握技巧。	
社会实践之旅	参观南昌红色教育基地、滕王阁、江西省博物馆、海洋乐园、动物园等	了解大自然,亲近大自然,热爱大自然。	了解家乡的历史,激发对家乡的热爱。	深入对家乡历史的认知,参与宣传探究等活动。	学习革命历史知识,接受革命传统教育,树立远大理想。
"承爱"之旅	参加社区、"仁爱之家"、赣江公园、SOS儿童村、老年人公寓活动	培养助人为乐的精神。	引导志愿者方向,倡导志愿者精神。	践行志愿者精神。	弘扬"奉献、友爱、互助、进步"的志愿者精神,培育和践行社会主义核心价值观。
研学之旅	走进国内城市如厦门、贵州、广州、南靖等;国外文化都市	在研学中培养积极的学习态度和良好的学习习惯。	培养互助精神,具有积极的劳动态度和良好的劳动习惯,具有将所学的课本知识与生活实践结合的能力。	认识团队合力的重大作用。乐于在团队生活中积极帮助别人,解决团队问题。具有问题意识;能独立思考、独立判断;思维缜密,能多角度、辩证地分析问题,做出选择和决定等。	掌握一定的劳动技能,具有通过诚实合法劳动创造成功生活的意识和行动等。勇敢地面对困难,有接受挑战的决心。

（二）"星美之旅"的课程评价

　　基于以上"星美之旅"课程的类型特点,评价指数落地在实践操作的趣味性,和思考创意的过程上,以及在合作参与中是否友爱诚明,在知行中是否体现真善美。

五、创建"星光剧场",落实实践展能课程

（一）"星光剧场"的主要类型

　　学生通过必修课程和自主课程的学习,掌握了一定的知识与技能。为了满足学生的成就感,让他们展示出个人的闪光点,得到他人的认可,获得自信,健康成长,学校搭建了"星光剧场"这样一个展能平台,让每个学生都能在"星剧场""星赛事"中展现风采。（见表1-10）

　　1."星剧场"主要类型有星光大舞台、俊彩大擂台等。

　　2."星赛事"包括球类赛、操类赛、棋类赛、径类赛、科技创新赛、模型建模赛、机器人赛、3D打印赛、纸飞机赛、"OM"赛等。

表1-10　南昌市城北学校"星光剧场"课程实施安排表

活 动 月 份	活 动 主 题	活 动 内 容
一、二月	展技艺 话新年	写春联、剪窗花、颂诗词、编中国结、手抄报、手工制作
三月	棋艺对抗赛	三棋比赛(国际象棋、围棋、中国象棋)
四月	书香伴成长	阅读分享会、经典诵读、课本剧表演
五月	体艺风采展	乒乓球赛、羽毛球赛、篮球联赛、才艺达人秀
六月	毕业季	小学:感恩母校,青春起航 初中:感恩成长,筑梦未来
九月	我运动,我健康	趣味运动会、田径运动会
十月	俊采星驰擂台	听写大赛、书画大赛
十一月	科技创新秀	打印我的3D梦、机器人争霸赛
十二月	星光大舞台	庆元旦迎新年展演

(二)"星光剧场"的课程评价

"星光剧场"课程评价首先重在是否敢于展现自我;其次,在个人与团队合作的过程中,是否得到身心的整合展现和锻炼,并在展示中树立自信、获得知识、学会合作。

六、建设"星雅校园",落实校园环境课程

以校园主线文化为主旨,结合"煜文化"的特质,通过形式新颖、意义独特的视觉、听觉符号强有力的冲击和深刻内涵的沉淀,引发学生对"星雅校园"的强烈情感体验。

(一)"星雅校园"的主要意涵

1. 学校办学理念视觉化、具象化。校前广场、学校主入口、门厅和主题小景等地方,都是展示学校办学理念和文化气质的关键地方,是校园文化历史的延续。

2. 学校办学特色课程化、场馆化。将整个校园作为开放的"展览馆",将学校的"煜文化"及"星教育"特色课程,以艺术化的造型布置在校园的各个角落,甚至到一个走廊的命名,无处不成为校园文化的一部分。

3. 学校空间资源化、多维化。教室不仅是学生学习的场所,也是他们舒缓休息的地方。可以打造高品质专用教室(图书室、心理咨询室、科技室等),使学生在舒适的环境中学习;可以精心布置各个教室,设计不同的体验区域,让学生放松身心,拿一本书静静地小读或是下一盘棋。楼道文化既有美学价值又具有功能性,如教师、学生个人专题作品展示长廊,主题音乐(校歌)听觉区、诗书听读阅览区、科技小品体验区等。

(二)"星雅校园"的课程评价

"星雅校园"使师生不断通过视觉、听觉刺激而逐渐认同、内化本校的价值追求,成为教学和课程的一部分。这样的课程不仅有教育意义,还有视听美感,更成为唯一的难以复制的风景。

综上所述,学校将继续秉持"启智求真 熠辉和美"的办学精神,遵循"让每一颗星绽放光芒"的办学宗旨和"每个孩子都是一颗闪亮的星"的办学理念,以"星教育"为教育哲学来构建多元而丰富的"满天星"课程,使师生们"在这里,遇见最闪亮的自己",激发内燃力量,绽放独特星光,彼此温暖,折射光芒!

第二章

哲学思潮与
课程变革

教育脱胎于哲学，其发展前进的每一步都铭刻有哲学的烙痕，并深受哲学思想的影响。基于哲学立场来进行课程变革，能充分体现课程目标的生成性、课程内容的开放性、课程结构的整合性和课程实施的创造性，也更有利于学生成长和学校发展。

　　哲学乃智慧之学。教育脱胎于哲学,其发展前进的每一步都铭刻有哲学的烙痕,并深受哲学的影响。对哲学进行分析与归纳,其目的是为教育和课程变革提供理论基础和思想向导;同时,教育与课程变革也迫切需要整合多元的哲学思想,为解决变革中存在的问题提供相关指引。在这个意义上,将哲学引入课程建设可以引起人们心理与情感的共鸣,同时也为课程建设的视角、结构、氛围提供了新的转向,为课程资源生成场域的介入开辟了新的路径。

　　南昌市阳明学校的校名源于明朝著名的政治家、哲学家、教育家王阳明的名字。王阳明认为,一切事物及其规律都包括在"致良知"之中,"故良知之外,别无知矣"。学校深受王阳明思想的影响,并结合自身深厚的文化底蕴,以此确立了"致良知"课程,提出了"致良知,得秀气,秉精要"的课程理念,旨在不断练"心",擦去"心"之尘埃,以实现唤醒本心的目的,使学生成为"亮堂堂、活泼泼、有良知、能力行"的"致良知少年"。可见,阳明学校在借圣人之智塑阳明之魂的课程建设过程中,努力践行着"学思结合,知行合一"的思想,不仅全面提升学生的素养,塑造学生真纯善美的优良品质,同时也使教师获得良知,富有爱心、责任心和向善心,最终将所有人导向自由、自信而又崇高的人生境界。这便是课程的价值所在。

➡ 文化坐标　南昌市阳明学校

　　南昌市阳明学校坐落于美丽的青山湖畔,是东湖区投入6 000万打造的一所九年一贯制新校,于2010年9月正式投入使用。现有教师92人,学生1 554人。学校前身为南昌市青山湖学校,成立于1968年。新校区占地面积为10 103平方米,建有博学楼(小学教学楼)、慎思楼(中学教学楼)、笃行楼(体艺楼)三幢楼,建筑面积为15 000平方米。学校有50年的办学历史,孕育了深厚的文化底蕴。学校获得全国中小学思想道德建设优秀成果展评一等奖,先后被评为全国中小学心理健康教育先进单位、全省中小学工会工作"四个一"活动先进单位、江西省"三项文化教育"先进单位、南昌市文明单位、南昌市群众体育先进单位。学生涂桦被评为全国"最美孝心少年",受到习近平总书记的亲切接见;学生黄天宇被评为全国"最美中学生"。"神十"进行太空授课时,全国仅有三个学校(人大附中、浙江上虞中学、南昌市阳明学校)设了地面课堂,阳明学校位列其中,与"神十"航天员天地连线。新校园坚持高标准建设,拥有面积均为 800 平方米的健身中心、拳操馆、乒乓球馆和室内篮球羽毛球馆,同时物理实验室、化学实验室、生物实验室、科学实验室、语音室、图书室、保健室、心理咨询室、多媒体教室、音乐教室、美术教室、计算机教室等功能室一应俱全,各类教学仪器按照国家一类标准全部配备到位。

第一节　让每一个孩子的心灵澄明敞亮

一、学校教育哲学: 致良知教育

立圣贤之志,牵圣人之手,点亮师生心灯,做良知教育。

学校的名字源于明朝著名的政治家、哲学家、教育家王阳明的名字。王阳明在政治学、哲学、教育学等方面多有建树和创新。他晚年曾说:"吾生平讲学,只是'致良知'三字。"又说:"近来信得'致良知'三字,真圣门正法眼藏。"王阳明认为,一切事物及其规律都包括在"致良知"之中,"故良知之外,别无知矣"。王阳明的教育作用论要求人们向内心去寻找先天存在的道德。我们每一个人都有这种先天的道德,但后天的物欲尘俗容易蒙蔽我们的良知。而作为教育工作者,我们既要帮助学生"致良知",也要能够身体力行"致良知"。

要使受教育者获得良知,教育者首先应有良知。真正的知识分子常常被视为社会的良知,那是因为在他们身上最明显地体现了人类的良知。而一名合格的教育者应是最有良知的人,因为他们教书育人,承载着人类的现在与未来。唯其如此,才会有爱心、责任心、向善心,才会传递正确的价值观,才会将受教育者导向自由、自信而又崇高的人生境界。

王阳明指出"良知之在人心,无间于圣愚",要达到"致良知",必须首先从"致"

上下功夫,即首先要有志,树立远大目标和理想。① "致知"与"力行"必须统一,这便是"知行合一",是"良知"与"致良知"实践的统一。王阳明认为"致知"除"立志"外,还要有正确的学习态度,应当谦虚戒傲。他曾说"谦者众善之基,傲者众恶之魁""不以聪慧警捷为高,而以勤确谦抑为上",就是教导人们要谦虚谨慎、志存高远。

王阳明还指出:"凡攻我之失者,皆我师也;安可以不乐受而心感之乎? ……使吾而是也,因得以去其非,盖教学相长也。"他认为师生之间或同道朋友之间存在着相互学习、取长补短的关系。一名有良知的教师应该不断充实自己,不断学习新的知识,这样才能够给予学生更多;还应该因材施教,不能用一把尺子衡量所有的学生,要学会发掘每个孩子身上的闪光点。

"致良知教育"是富有良心的教育。人本来就是真善美的,存有先天的善端。"致良知"是治疗精神荒芜、恢复人性真善美的一剂良药。

"致良知教育"是众人平等的教育。王阳明说:"夫道,天下之公道也;学,天下之公学也。非朱子可得而私也,非孔子可得而私也。"这意味着每个人都有求知为学的权利。

"致良知教育"是追求本心的教育,其根本目标就是让每一个孩子的心灵澄明敞亮。"致良知教育"也是一种走心的教育,通过学习圣贤遗留下来的精神财富,不断练"心",擦去"心"之尘埃,达到唤醒本心的目的。

我们的教育信条

我们坚信,

人的资质不同,施教不可躐等;

我们坚信,

是非之心,不待虑而知,不待学而能;

我们坚信,

用心做事、爱心育人是优秀教师的特质;

我们坚信,

---

① 车运景.探析王阳明"致良知"的教育哲学思想[J].继续教育研究,2008(1):78-79.

致良知、得秀气、秉精要是教育最美的姿态；

我们坚信，

让每一个孩子的心灵澄明敞亮是教育的神圣使命。

基于上述教育哲学,学校提出了办学理念:让每一个孩子的心灵澄明敞亮。

二、学校课程理念:致良知,得秀气,秉精要

学校在贯彻国家课程要求、地方课程要求的前提下,立足学校的发展,以"致良知文化"作为学校的核心文化,把"致良知"作为育人之本,以活动为源,以质量为基,培养高素养的"致良知少年",建立具有"致良知"教育特色的品牌学校。基于此,学校提出了"致良知,得秀气,秉精要"的课程理念。

——**课程即获致良知。**"所不虑而知者,其良知也"本指一种天赋的道德意识,其可细化为"知耻"、"知愧"、"知恩"。课程帮助学生认识自己,发现自己的优势。

——**课程即涵养秀气。**得秀气,意指塑造灵秀之美,教师学生亦如此。课程为学生提供各种各样的机会和平台,使学生在互动交流中、在体验操作中、在角色演练中获得发展,涵养秀气。

——**课程即秉其精要。**学校秉承"致良知"的精髓,构建多样化的课程以满足学生动态发展的需求,全面提升学生的素养,塑造学生真纯善美的优良品质。

因此,我们将学校课程定为"致良知"课程。在"致良知文化"的引领下,师生共成长,都能够"学以去其昏蔽",发明本心所具有的"良知"。

第二节　致良知,得秀气,秉精要

一、学校育人目标

学校"致良知,得秀气,秉精要"这一课程理念,学校提出的育人目标是:培养亮堂堂、活泼泼、有良知、能力行的"致良知少年"。

——**亮堂堂:**心胸开阔,大气豁达,具有良好的道德品质。

——**活泼泼:**性格开朗,活泼灵秀,拥有健康的体魄和顽强的意志力。

——有良知：有丰富的知识，知愧、知恩、知耻，有正确的人生观、价值观。

——能力行：懂得实践的重要，富有劳动观念，掌握劳动技能。

二、学校课程目标

育人目标是通过课程目标去达成的，为了实现育人目标，学校把"亮堂堂、活泼泼、有良知、能力行"这四个育人目标进行细化，形成不同年段的课程目标。（见表2-1）

表2-1　南昌市阳明学校"致良知"课程分年段课程目标表

育人目标	分年段课程目标				
	一、二年级	三、四年级	五、六年级	七、八年级	九年级
亮堂堂	初步养成讲礼貌、守纪律的行为习惯；能主动结交好朋友。	养成关心他人、认真负责、诚实勤俭等良好品德。	养成勇敢正直、合群协作等良好品德。	懂得为人处事的基本准则，具有遵守社会公德的意识和文明行为习惯。	拥有强烈的社会责任感，具有诚实、守信的品格和良好的行为习惯。
活泼泼	兴趣爱好较为广泛；积极参与体育锻炼活动，感受体育锻炼活动给自己带来的乐趣。	形成较为固定的兴趣爱好；积极参与体育锻炼活动，感受运动的快乐，提高不怕吃苦的意识。	有一两个固定的兴趣爱好，并能坚持训练；养成坚持参与体育锻炼活动的习惯，发扬吃苦耐劳的精神。	坚持训练自己的兴趣爱好，活跃身心；养成坚持参与体育锻炼活动的习惯，发展体育锻炼兴趣项目，初步具有坚忍不拔的意志。	坚持训练自己的兴趣爱好，陶冶情操；爱护生命，形成健康的体育锻炼习惯和生活方式，形成乐观、坚忍的生活态度。
有良知	初步体验学习的愉快，培养良好的学习习惯和兴趣；初步养成关心同学、诚实不说谎话的品德；初步具有分辨周围事物的是非能力。	具有初步的阅读、表达和运算能力，形成浓厚的学习兴趣，并有主动学习的愿望；进一步提高分辨周围事物的是非能力，进一步提高思想品德方面的自我教育能力。	具有良好的阅读、表达和运算能力，养成良好的学习习惯，有学习兴趣；初步形成道德评价能力，能辨别生活中一般事物的是非，有正义感。	具有基本的分类、推理、归纳、演绎和价值判断的能力，有正确的学习方法，有自主学习的愿望；具有遵守社会公德的意识和文明行为习惯。	具有初步的创新精神和实践能力，有正确的学习方法和思辨能力，主动学习；成为有理想、有道德、有文化、有纪律的社会主义公民，具有正确的人生观、价值观。

续　表

育人目标	分年段课程目标				
	一、二年级	三、四年级	五、六年级	七、八年级	九年级
能力行	培养对问题的兴趣,养成爱动脑筋的好习惯;认识常见的劳动工具,培养劳动意识。	感受探究的乐趣,培养不怕挫折的精神;认识劳动工具,掌握其正确的使用方法;树立正确的劳动观念。	热爱科学,具有初步的技术意识、创新意识;学会使用工具、仪器,在探究实践过程中掌握技能。	乐于动脑,保持浓厚的学习兴趣,能熟练地将所学知识运用于实践,学有所长;养成动脑、动手的好习惯,具有良好的劳动习惯。	热爱生活,积极主动地进行实践,有独具个性的解决问题的方法与策略;掌握基本的劳动技能,具有坚忍的劳动品质。

第三节　点亮师生的心灯

学校本着**"牵圣人之手,点亮师生心灯"** 的育人初心来建构"致良知"课程体系,其中包括六大类课程:"语态雅"课程(语言与交流类)、"智态心"课程(逻辑与思维类)、"创态慧"课程(科学与探索类)、"美态姿"课程(艺术与审美类)、"健态稳"课程(体育与健康类)、"德态勤"课程(自我与社会类)。

一、学校课程逻辑

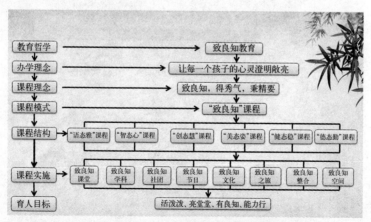

图2-1　南昌市阳明学校"致良知"课程逻辑示意图

二、学校课程结构

　　"致良知"课程整合了国家课程、地方课程和校本课程这三类课程,分为"语态雅"课程、"智态心"课程、"创态慧"课程、"美态姿"课程、"健态稳"课程、"德态勤"课程六大类课程。(见图2-2)

图2-2　南昌市阳明学校"致良知"课程结构图

三、学校课程设置

　　学校根据"致良知"课程的结构,结合学校课程资源情况,对课程的内容体系进行了系统设置。(见表2-2)

表 2-2　南昌市阳明学校"致良知"课程设置表

年级		"语态雅"课程	"智态心"课程	"创态慧"课程	"美态姿"课程	"健态稳"课程	"德态勤"课程
		课　程					
一年级	上	语文 走进拼音王国 英语儿歌 《弟子规》 ……	数学 信息技术 奇妙的数世界 ……	科学 综合实践 纸飞机 ……	音乐 美术 舞蹈 合唱 创意课堂	体育与健康 心理导航 跳绳 跆拳道 足球 灵活的小宝贝 ……	道德与法治 社会实践 走进大自然 入学开笔礼 ……
	下	语文 绘本阅读 英语儿歌 《弟子规》 ……	数学 信息技术 教室里的数学 ……	科学 综合实践 轮训 ……	音乐 美术 舞蹈 合唱 创意课堂	体育与健康 心理导航 跆拳道 足球 跳房子 灵活的小宝贝 ……	道德与法治 社会实践 走进大自然 ……
二年级	上	语文 走进故事城堡 英语歌曲 《笠翁对韵》 ……	数学 信息技术 计算大本营 ……	科学 综合实践 走进大自然 ……	音乐 美术 舞蹈 合唱 萨克斯 奇趣童心 ……	体育与健康 心理导航 跆拳道 兵乓球 羽毛球 丢沙包 ……	道德与法治 社会实践 走进图书馆 ……
	下	语文 我会演课本剧 对对子 英语歌曲 《笠翁对韵》 ……	数学 信息技术 走进超市 ……	科学 综合实践 轮训 ……	音乐 美术 舞蹈 合唱 萨克斯 奇趣童心 ……	体育与健康 心理导航 跆拳道 兵乓球 羽毛球 五子棋 ……	道德与法治 社会实践 阅读之路 深深思念情 ……

续　表

年级		"语态雅"课程	"智态心"课程	"创态慧"课程	"美态姿"课程	"健态稳"课程	"德态勤"课程
				课　　程			
三年级	上	语文 英语 走进阅读乐园 快乐 ADC 经典咏流传 ……	数学 信息技术 数学"妙"世界 ……	科学 综合实践 垃圾分类 ……	音乐 美术 舞蹈 合唱 萨克斯 快乐美术 ……	体育与健康 心理导航 跆拳道 兵乓球 足球 踢毽子 ……	道德与法治 社会实践 探寻历史之旅 ……
	下	语文 英语 我是小导游：美丽的学校 英语歌谣 经典咏流传 ……	数学 信息技术 零花钱的去处 ……	科学 综合实践 轮训 ……	音乐 美术 舞蹈 合唱 萨克斯 快乐美术 ……	体育与健康 心理导航 跆拳道 兵乓球 足球 跳短绳 ……	道德与法治 社会实践 探寻历史之旅 我爱妈妈 ……
四年级	上	语文 英语 走进表演世界 英语小歌谣 古诗吟诵 ……	数学 信息技术 数学小主人 ……	科学 综合实践 奇妙的风 ……	音乐 美术 舞蹈 合唱 萨克斯 画心飞扬 ……	体育与健康 心理导航 跆拳道 兵乓球 羽毛球 双人跳绳 ……	品德与社会 社会实践 家乡的名胜古迹 ……
	下	语文 英语 我是小导游：美丽的家乡 英语小报 古诗吟诵 ……	数学 信息技术 校园里的图形 ……	科学 综合实践 寻找春天 轮训 ……	音乐 美术 舞蹈 合唱 萨克斯 画心飞扬 ……	体育与健康 心理导航 跆拳道 兵乓球 羽毛球 双人跳绳 ……	品德与社会 社会实践 家乡的名胜古迹 关注弱势群体 ……

续　表

年级		课程					
		"语态雅"课程	"智态心"课程	"创态慧"课程	"美态姿"课程	"健态稳"课程	"德态勤"课程
五年级	上	语文 英语 走进作者内心 英语小故事 《论语》 ……	数学 信息技术 数学应用家 ……	科学 综合实践 害虫的天敌 ……	音乐 美术 舞蹈 合唱 萨克斯 魅力美术 ……	体育与健康 心理导航 跆拳道 羽毛球 篮球 射击 玩转悠悠球 ……	品德与社会 社会实践 科技之旅 ……
	下	语文 英语 我是小导游：美丽的祖国 英语配音秀 《论语》 ……	数学 信息技术 菜场里的学问 ……	科学 综合实践 寻找春天 喷气式火箭轮训 ……	音乐 美术 舞蹈 合唱 萨克斯 魅力美术 ……	体育与健康 心理导航 跆拳道 羽毛球 篮球 射击 玩转悠悠球 ……	品德与社会 社会实践 科技之旅 十岁成长礼 ……
六年级	上	语文 英语 走进经典大门 世界经典名著 《滕王阁序》 ……	数学 信息技术 数学总动员 ……	科学 综合实践 模型建造 ……	音乐 美术 舞蹈 合唱 萨克斯 多元艺术 ……	体育与健康 心理导航 跆拳道 羽毛球 篮球 射击 ……	品德与社会 社会实践 走进江西造 ……
	下	语文 英语 我是小导游：美丽的世界 英语课本剧 《滕王阁序》 ……	数学 信息技术 生活中的几何 ……	游学 综合实践 模型建造 吹不灭的蜡烛 轮训 ……	音乐 美术 舞蹈 合唱 萨克斯 多元艺术 ……	体育与健康 心理导航 跆拳道 羽毛球 篮球 射击 ……	品德与社会 社会实践 走进江西造 72行小状元 ……

续　表

年级		"语态雅"课程	"智态心"课程	"创态慧"课程	"美态姿"课程	"健态稳"课程	"德态勤"课程
				课　　程			
七年级	上	语文 英语 走进名师大家 口语训练营 《论语》 ……	数学 信息技术 建筑中的数学 ……	生物 地理 走进植物王国 无线电 ……	音乐 美术 舞蹈 合唱 口琴 我爱剪纸 ……	体育与健康 心理导航 跆拳道 射击 ……	道德与法治 历史 社会实践 探访名人故乡 ……
	下	语文 英语 英语课本剧表演 金话筒：说说身边的大事小情 《论语》 ……	数学 信息技术 数独 ……	生物 地理 废旧电池的回收与利用 无线电 ……	音乐 美术 舞蹈 合唱 口琴 我爱剪纸 ……	体育与健康 心理导航 跆拳道 射击 ……	道德与法治 历史 社会实践 探访名人故乡 ……
八年级	上	语文 英语 走进文人墨客 口语训练营 《初中古诗文读本》 ……	数学 信息技术 生活中的几何 ……	生物 物理 保护珍稀动植物 模型建造 ……	音乐 美术 舞蹈 合唱 口琴 立体纸模的魅力 ……	体育与健康 心理导航 跆拳道 射击 ……	道德与法治 历史 社会实践 了解红色故土 ……
	下	语文 英语 金话筒：点评身边的大事小情 英语作文 《初中古诗文读本》 ……	数学 信息技术 我来设计书房 ……	生物 物理 野菜文化 吹出五彩缤纷的泡泡 模型建造 ……	音乐 美术 舞蹈 合唱 口琴 立体纸模的魅力 ……	体育与健康 心理导航 跆拳道 射击 ……	道德与法治 历史 社会实践 了解红色故土 ……

续　表

年级		"语态雅"课程	"智态心"课程	"创态慧"课程	"美态姿"课程	"健态稳"课程	"德态勤"课程
		课　　程					
九年级	上	语文 英语 走进外国名著 口语训练营 《朝花夕拾》 ……	数学 信息技术 电影里的数学 ……	生物 物理 化学 共享无烟世界 ……	音乐 美术 舞蹈 合唱 口琴 走进国画 ……	体育与健康 心理导航 跆拳道 中考体育项目 ……	道德与法治 历史 社会实践 走进故乡戏曲 ……
	下	语文 英语 辩论会 英语诗歌 《朝花夕拾》 ……	数学 信息技术 电影里的数学 ……	生物 物理 化学 生活中的简单机械原理	音乐 美术 舞蹈 合唱 口琴 走进国画	体育与健康 心理导航 跆拳道 中考体育项目 ……	道德与法治 历史 社会实践 走进故乡戏曲

第四节　导向崇高的人生境界

阳明学校从"致良知课堂""致良知学科""致良知社团""致良知节日""致良知文化""致良知之旅""致良知整合"和"致良知空间"八方面入手,践行"致良知教育"和"让每一个孩子的心灵澄明敞亮"的理念,实施"致良知"课程,见证"致良知,得秀气,秉精要"。课程评价就是引领"致良知"课程开发的启明星、把握六大类课程设计的风向标、支撑课程实施效果的"伞骨架"。课程的实施与评价体现了对课程理念的贯彻与执行是一个行动的过程,是通过课程行动将课程的意识形态转化为老师和学生的行动,从而把师生导向自由、自信而崇高的人生境界。

一、构建"致良知课堂",落实国家基础课程

"致良知课堂"是阳明学校"致良知教育"文化的产物和实践,是心灵品质课堂。"致良知课堂"是共生、生成、循序渐进、因材施教的课堂。

(一)"致良知课堂"的意涵与操作

"致良知课堂"是共生的课堂。它是师生关系的完美体现,是教学相长的平等对话,是民主尊重的多元互动,是优势互补的和谐交往。在具体操作上,"致良知课堂"的师生关系要体现人与人之间广泛而积极的互动,在互动中沟通、补充、影响,从而形成师生的共识、共享、共进,达到共生的关系。

"致良知课堂"是生成的课堂。这样的课堂强化学生的主体地位,满足学生探求知识的欲望,展现课堂教学的真实性,体现教师的教学机智和教学艺术。在具体操作上,"致良知课堂"的教学内容要丰富,要基于教材,立足学科素养,将课程变得更丰富,使学生学以致用。

"致良知课堂"是循序渐进的课堂。阳明先生主张"今日良知见在如此,只随今日所知扩充到底;明日良知又有开悟,便从明日所知扩充到底。如此方是精一功夫""施教不可躐等"。"致良知课堂"是循序渐进的课堂,就如栽培树木一般,要根据树木生长的情况进行适量的灌溉。在具体操作上,"致良知课堂"要针对学生的年龄特点,制定科学、适切的学科年段目标。

"致良知课堂"是因材施教的课堂。阳明先生说,"吾辈致知,只是各随分限所及",提倡"随才成就",反对培养同一模式的人才。在具体操作上,"致良知课堂"要根据学生不同的"开悟"程度和不同的个性特点来确定教学内容。

(二)"致良知课堂"的评价标准

依据"致良知课堂"的意涵,学校制定了以下评价标准。(见表2-3)

表2-3 南昌市阳明学校"致良知课堂"教学评价细目表

课堂意涵	评价指标	评　价　标　准	量化评分
因材施教	教学理念 (10分)	以学生为本,一切为了学生的发展,以培养创新人才为宗旨。(3分)	
		以学生为主体,学生是学习的主人。(2分)	
		面向全体,因材施教。依据学生的不同才能、特长、兴趣和性格进行教学,使每个学生都能在原有基础上得到发展。(5分)	

续 表

课堂意涵	评价指标	评 价 标 准	量化评分
循序渐进	教学目标 （10分）	符合新课程标准,适应学生的发展需要,体现知识与技能、过程与方法,情感、态度、价值观三位一体。（2分）	
		教学能从学生的认知基础、心理发展水平和思维水平出发,努力唤起学生自身的经验和知识,以此激活学生的思维。（3分）	
		教学目标设定从学情出发,贯穿于教学全过程。（3分）	
		能根据目标的需要删减、重组、整合并渗透、扩展和延伸。（2分）	
循序渐进 生成	教学内容 （10分）	正确理解并能创造性地使用教材,科学准确地精选终身学习必须具备的基础知识和技能。（2分）	
		教学内容与学生的生活以及现代社会和科技发展紧密联系,关注学生的学习兴趣与经验。（2分）	
		教学内容充实、有梯度,体现基础性、实践性、发展性,学生能够主动参与知识形成的全过程。（4分）	
		课堂知识预设和生成关系处理恰切,对课堂生成信息能正确引导,培植生成新问题、新知识。（2分）	
共生 生成	教学过程 （40分）	教师能根据课堂教学进展情况与课堂生成的问题采取有效措施,调整课堂预设,满足学生思维发展的需要,完成课堂教学任务。（5分）	
		教学情境创设新颖,教学活动设计科学得体,组织形式灵活多样,能激发学生的学习动机,以问题为中心,引导学生积极思考,主动探求。（5分）	
		突出学科思维方法,培养学生自主、探究、合作、体验的学习能力。（5分）	
		教学结构合理,教学过程逻辑有序,能围绕重点目标留出学生充分思维、充分想象、充分质疑和充分求异的时空。（5分）	
		不机械地照搬教案,不把学生当作配合教师实现教案的工具,不出现毫无价值、即问即答的形式主义的问答。能从教学过程发展的实际出发,动态调控教学。（5分）	

续 表

课堂意涵	评价指标	评 价 标 准	量化评分
共生 生成	教学过程 (40分)	师生人格平等,教师能尊重学生的人格,尊重学生的自尊心、自信心、自爱心,鼓励学生在师生、生生平等交往中展示自己的能力。(5分)	
		能用鼓励性评价对待学生的课堂反应,用宽容的策略对待解答出现错误的同学,不用考试分数和等次羞辱、压抑和批评学生,更不能体罚或变相体罚学生。(5分)	
		教师用尽可能多的方法处理学生在认知、生理、智能、情感、个性等方面的差异,注意给每个学生提供活动、表现和成功的机会。(5分)	
共生	教学效果 (30分)	学生全员参与活动,课堂气氛和谐、民主、宽松、热烈,知情交融,教与学两方面都不断有激情产生。(8分)	
		学生乐于动脑、动口、动手,学生精神饱满,思维活跃,情感愉悦。(4分)	
		学生做到独立思考学习与合作交流学习相结合,学生能力得到提高。(4分)	
		学生对教师提出的问题积极思考,对问题善于发表自己的独到见解。(4分)	
		师生分享彼此的思考、经验和知识,交流彼此的情感、体验与观念,达到共识、共享、共进,实现教学相长和共同发展。(10分)	

二、开设"致良知学科",落实学科拓展课程

学校以"致良知学科"来推进学科拓展课程的建设和实施。学科拓展课程是教师根据基础课程自主开发的适合学生自我需求的课程。"致良知学科"便是将国家规定的基础课程和教师开发的拓展课程合在一起,形成的"1+X"学科课程群。

(一)"致良知学科"的建设路径

"1+X"学科课程群,"1"指的是一门基础课程,"X"指的是教师围绕基础课程自主开发的基于儿童需求、指向核心素养、突出学科特点的多门延伸课程。打造"致良知学科""1+X"课程群,学校从两方面入手:一方面通过挖掘学科内部或学科之

间的逻辑来构建专业的学科课程群;另一方面充分利用地域特色来渗透多门学科。各学科教师基于特色追求,根据对学科的独特理解以及学科的独特优势、独特资源来开发、打造拓展课程群。

1."美雅语文"课程群建设。文学是唯美的,学校结合中小学生语文核心素养的培养目标,借助拓展课程群将学生引领到文学的精神圣地。语文课程组教师依据课标、依托学情、依靠活动,开发了丰富多样的语文课程群。(见表2-4)

表2-4　南昌市阳明学校"美雅语文"课程群表

年级	主题	课程	年级	主题	课程
一年级	走进拼音王国	和拼音字母做游戏	六年级	走进经典大门	文学篇
		我是拼读小能手			人物篇
		我爱学校			艺术篇
		我想说的话			风景篇
二年级	走进故事城堡	我眼中的老鼠	七年级	走进名师大家	冰心
		成语小故事			老舍
		中华小故事			朱自清
		外国小故事			鲁迅
三年级	走进阅读乐园	中外寓言篇	八年级	走进文人墨客	唐
		中外励志篇			宋
		中外诗歌篇			元
		中外发明篇			明
四年级	走进表演世界	我是小交警	九年级	走进外国名著	《飞鸟集》
		我演谍战戏			《假如给我三天光明》
		我是小老师			《钢铁是怎样炼成的》
		我是设计师			《鲁兵逊漂流记》
五年级	走进作者内心	亲情篇			
		挫折篇			
		爱国篇			
		执著篇			

2.**"趣味数学"课程群建设。**"趣味数学"没有固定的模式与方法,依托多元而富有趣味性的教学形式、方法和途径来达到寓教于乐的目的。(见表2-5)

表2-5　南昌市阳明学校"趣味数学"课程群表

年级	主题	课程	年级	主题	课程
一年级	奇妙的数世界	巧手绘写数	五年级	数学应用家	设计秋游方案
		"加""加"有礼			拳头的体积
		玩转七巧板			包装设计师
		"位""位"到来			生活中的圆
二年级	计算大本营	小会计	六年级	数学总动员	我是有"财"人
		我的小算盘			大风车数学
		巧手拨数			"空"想大师
		走出一千米	七年级	建筑中的数学	鸟巢
三年级	数学"秒"世界	我会画计算			水立方
		搭配中的学问			国体
		"步""步"有现	八年级	生活中的几何	自行车
		我是小柯南			晾衣架
四年级	数学"小"主人	我为同学编学号			推拉门
		做时间的主人	九年级	电影里的数学	三维立体图像
		抽奖中的学问			
		小数点大学问			

3.**"雅趣英语"课程群建设。**英语课程组教师基于英语学科理念,在教学过程中充分发掘教材与生活的联系,开发了英语拓展课程群。(见表2-6)

表2-6　南昌市阳明学校"雅趣英语"课程群表

年级	主题	课程	年级	主题	课程
三年级	快乐ABC	ABC的来历	四年级	悦耳小歌谣	大家来猜谜
		身体字母健身操			经典歌谣我来秀
		字母的艺术			英美歌谣大比拼
		26个字母是一家			我来创编小歌谣

续　表

年级	主题	课程	年级	主题	课程
五年级	动人小故事	我喜欢的英语小故事分享	八年级	口语训练营	英语艺术字
		英语故事我来讲			经典童话配音
		小小英语故事表演会			英语作文
		我是小评委			著名美剧欣赏
六年级	经典好名著	世界各地的风景	九年级	口语训练营	西方礼仪
		我了解的世界名著			经典童话表演
		分享我最爱的世界名著			英语诗歌
		著名美剧欣赏			著名美剧欣赏
七年级	口语训练营	西方名人故事			
		英美歌曲学唱			
		英语课本剧			
		著名美剧欣赏			

4. "创意美术"课程群建设。美术课程组教师针对不同年龄层次学生的发展需要,进行课堂深度变革,在课堂中营造轻松的氛围,激起创新的火花,让学生收获快乐,感受艺术的魅力。(见表2-7)

表2-7　南昌市阳明学校"创意美术"课程群表

年级	主题	课程	年级	主题	课程
一年级	"创""艺"课堂	制作叶子画	三年级	快乐美术	我们一起演电视
		我们都是小厨师			比比谁的玩具爬得快
		我们都是航海员			可爱的纸盒娃娃
		猜猜这是谁?			彩绘卵石
二年级	奇趣童心	中华小当家	四年级	画心飞扬	大家来猜谜
		豫布庄展销会			深深一刻:刻印活动
		小小设计家			领略中国画的美
					拼图游戏

续 表

年级	主 题	课 程	年级	主 题	课 程
五年级	魅力美术	提线指偶设计	七年级	我爱剪纸	了解剪纸艺术
		绿色·环保·低碳设计			走进剪纸艺术鸟巢
		巧做手提袋	八年级	立体纸模的魅力	了解立体纸模
六年级	多元艺术	环球旅行			学习立体纸模的折叠
		璀璨的世界文明	九年级	走进国画	欣赏国画
		遇见我的家乡			临摹简单毛笔画
		戏曲达人秀			

　　5.**"灵动音乐"**课程群建设。为提高学生的艺术素养和能力,使学生积累深厚的艺术文化底蕴,激发学生对艺术的热爱之情,音乐课程组教师基于课改要求,对音乐课程进行深度挖掘,开发了"灵动音乐"课程群。(见表2-8)

表2-8 南昌市阳明学校"灵动音乐"课程群表

年 级	主 题	课 程
一年级	我有许多好朋友	合唱:《你的名字叫什么》《拉勾勾》 欣赏:《口哨与小狗》《劳动最光荣》 表演:《火车开啦》《拍皮球》 舞蹈:《星光恰恰恰》《火车波尔卡》
二年级	春天的音乐会	小小演唱会:《快乐的音乐会》《唢呐配喇叭》 欣赏音乐会:《青蛙音乐会》《四小天鹅舞曲》 小乐器吹奏:《嘀哩嘀哩》《郊游》 乐器演奏:《春之歌》《春风》
三年级	童年的快乐	歌曲联唱:《我们多么幸福》《捉迷藏》《摇啊摇》《小酒窝》
四年级	快乐的校园	美丽校园我来唱 美丽校园我来舞 学唱校歌,用我的方式展示校歌
五年级	我亲爱的故乡	绘画:我心中的《故乡的小路》 欣赏:《回家》《谁不说俺家乡好》 独唱:《我是中国人》《京调》 欣赏:我最爱的戏剧

续　表

年　级	主　题	课　　程
六年级	爱我中华	爱国演唱会：《今天是你的生日》《龙的传人》《黄河颂》《我的中国心》
七年级	爱我校园	《同桌的你》《启程》
八年级	热爱生命	《阳光总在风雨后》《壮志在我胸》
九年级	感受生活	《我的未来不是梦》《青春无悔》

6. **"阳光体育"**课程群建设。体育课程组教师以"阳光体育"教学理念为核心，围绕"健壮、健美、健康"的目标，通过让每一个学生都积极地参与体育活动来完善体育课程群的建设。(见表2-9)

表2-9　南昌市阳明学校"阳光体育"课程群表

年　级	主　题	课　程	年　级	主　题	课　程
一年级	灵活的小宝贝	宝贝快站好	五年级	蓝精灵	抛出美丽的彩虹
		翻滚吧小宝贝			翻出最美的圆圈
		沙包快到碗里来			奔跑的蓝精灵
		我的沙包最漂亮			反转的世界
二年级	健康成长每一天	开心跳跳跳	六年级	体质我最强	奔跑的旋律
		体操小能手			运动的乐趣
		投掷小健将	七年级	运动中的乐趣	我的收获
		接力小明星			投篮我最准
三年级	初升的太阳	疾飞少年	八年级	跆拳道精神在传承	我爱跆拳道
		灵动精灵			
		运球能手	九年级	为中考而拼搏	中考体育项目
		我会往返跑			
四年级	我运动我快乐	体操我最棒			
		跑步我最快			
		武术我会打			
		篮球我会玩			

（二）"致良知学科"的评价要求

学校根据"致良知学科"的意涵，从以下几个方面来对学科拓展课程群进行评价。（见表 2 - 10）

表 2 - 10　南昌市阳明学校"致良知学科"课程评价实施细目量化表

评价项目	评　价　标　准	权重分	得分
学科理念	科学先进，具有学科特色。	15 分	
学科建设方案	基于学科特色；具有时代性、科学性、针对性；撰写的方案逻辑性强。	20 分	
学科课程内容	围绕学科核心素养进行准确定位，突出重点，内容丰富。	20 分	
学科课堂教学	有正确的教学目标和丰富的课堂教学活动；提高学生的综合能力。	20 分	
学科教研	常态的教学研究，进行深度的课后反思与学科课程开发实施评价。	25 分	
	合计得分	100 分	

三、创建"致良知社团"，落实兴趣爱好课程

作为课程的重要载体，社团活动对于有效提升学生综合素质、促进学生多元化成长具有重要的现实意义。学校创建"致良知社团"，让学生在各具特色的社团活动中体验生活、提升素养、涵养心灵。

（一）"致良知社团"的主要类型

学校围绕"语态雅"课程、"智态心"课程、"创态慧"课程、"美态姿"课程、"健态稳"课程、"德态勤"课程六大类课程，开设了以下社团。（见表 2 - 11）

表 2 - 11　南昌市阳明学校"致良知社团"课程设置表

课程类别	社团名称	社团课程目标
"语态雅"课程	"博学经典"诵读社团	在社团里，通过诵读、表演等活动，激发学生的人文学习兴趣，提高学生的语言感受力。
	"走向世界"英语社团	

续　表

课程类别	社团名称	社团课程目标
"智态心"课程	"慎思创智"科技社团	通过三模、纸飞机等课程,培养学生的动手、动脑能力和创新精神,让学生感悟成功,热爱学习与生活。
"创态慧"课程	"快乐动手做"社团	通过多样的手工制作和理化小实验,锻炼学生的动手能力,激发学生的创造性思维和想象力,提高学生的审美能力和美化生活能力。
"美态姿"课程	"崇德尚美"美术社团	在艺术类的社团课程群里,锻炼学生的艺术技能,提高学生的审美能力,使学生传承祖国传统文化,同时陶冶学生的情操,培养学生的良好品格和团结协作的群体意识。
	"墨舞涵香"书法社团	
	"礼乐阳明"合唱社团	
	"阳光律动"健美社团	
	"止于至善"舞蹈社团	
	"致良知"鼓号队社团	
	萨克斯管乐社团	
	京剧社团	
"健态稳"课程	田径队	在体育类的课程群里,提高学生的运动技能,培养学生的自我锻炼意识,增强学生的身体素质和对运动的兴趣,同时培养学生吃苦耐劳、勇于拼搏的精神。
	武术队	
	"促德健体"跆拳道社团	
	"笃行乐学"羽毛球社团	
	"青春舞动"乒乓球社团	
	"知而能之"排球社团	
	"致知明德"足球社团	
	"灌篮高手"篮球社团	
"德态勤"课程	"童眼看世界"综合社团	通过组织走出校园、走进社会等系列活动,培养学生对自然的关爱之情和对社会的责任感,增强学生的文明意识、安全意识、法制意识等。

各个社团科学合理地安排好社团活动。

（二）"致良知社团"的评价要求

学校从社团机构与管理、活动组织与开展这两个方面出发,采用每周的活动开展情况评价与学期末的综合评价相结合的方式,对"致良知社团"课程进行评价,并制定了如下评价标准。(见表2-12)

表2-12　南昌市阳明学校"致良知社团"评价实施细目量表

项目	评 价 标 准	得分	评估方法
社团机构与管理	1. 社团管理体制完善,机构设置合理,制定符合学生实际的社团建设实施方案。(10分)		
	2. 建立、健全并严格执行社团各项规章制度。(10分)		
	3. 社团会员人数适合,规模适度,成员资料档案齐全。(10分)		1. 实地查看 2. 材料核实 3. 师生座谈 4. 成果展示 5. 活动巡查
	4. 指导教师认真负责。(10分)		
	5. 学生社团要突出学生的主体性和创造性,使学生在社团活动中自治自理、健康发展。(10分)		
	6. 社团活动空间固定,环境良好,有相应的文化建设。(10分)		
活动组织和开展	7. 经常和定期开展社团活动,组织有序,记录完善。(10分)		
	8. 社团活动内容丰富,形式多样,体现实践性和综合性,有利于培养和锻炼学生多方面的素质,再现和表现校园文化精神。(10分)		
	9. 社团成员或集体活动成果显著。(10分)		
	10. 活动取得良好的教育效果,在学生中有一定的影响。(10分)		
		合计得分:	

四、创设"致良知节日",落实节庆文化课程

节庆文化课程借助"致良知节日",通过充分挖掘节日教育元素,开设多样的适合学生个性发展的节日主题活动课程,来激发学生参与的兴趣,丰富学生的经历和情感。

（一）"致良知节日"的课程设计

为浓郁校园文化,学校以传统节日、现代节日与校园节日相结合的方式,努力

落实节庆文化课程。

1. 传统节日课程。传统的节日具有丰富的文化内涵。民俗通过生活事项来表现文化,转化为日常生活和日常表演时,才使人可感可触,生动形象。学校以节日课程为依托,通过让学生体验节日文化习俗的方式,开展"精神寻根"活动。(见表2-13)

表2-13 南昌市阳明学校"致良知节日"——传统节日课程设置表

节 日	主 题	活 动
春 节	家乡的春节	贴对联、购年货、大拜年
元宵节	浓情元宵节	赏灯会、猜灯谜、包汤圆
清明节	深深的思念情	网上祭奠英烈、举办清明诗会
端午节	中国心 端午情	讲述关于屈原的故事、包粽子
中秋节	月是故乡明	做月饼、绘月亮、讲故事
重阳节	爱在重阳	敬老人、献孝心

2. 现代节日课程。现代节日包含着人们对美好生活的寄托和希望。学校通过开展现代节日课程来引导学生关注生活,增强生活的仪式感。(见表2-14)

表2-14 南昌市阳明学校"致良知节日"——现代节日课程设置表

时 间	节 日	主 题	活 动
一月	元 旦	新年新气象	1. 许下一个新年愿望 2. 订下一个小小目标
三月	妇女节	妈妈,我爱您	1. 亲手给妈妈制作一张贺卡 2. 为妈妈做一件力所能及的事 3. 和爸爸一起给妈妈送惊喜
五月	劳动节	劳动最光荣	1. 我是社区服务小能手 2. 我身边的劳动模范 3. 评选班级劳动小模范
六月	儿童节	展示风采,欢庆六一	1. 家庭组合趣味运动会 2. 才艺展示
七月	建党节	红领巾心向党	1. 学习党的历史 2. 观看红色影片 3. 我身边的党员

时　间	节　日	主　题	活　动
八月	建军节	拥军爱军	1. 走进军队 2. 讲革命故事比赛 3. 赠送拥军大红花
九月	教师节	老师,您辛苦了	1. 出一份爱师手抄报 2. 说一句感谢老师的话
十月	国庆节	祖国妈妈我爱你	1. 学唱国歌 2. 国旗国旗我爱你 3. 爱国歌曲合唱比赛 4. 我做升旗手

　　3. 校园节日课程。校园节日课程是以学生的校园生活为依托,由学生自主设计的校园文化课程,它充满了仪式感,增强了学生的责任心和参与度。(见表2-15)

表2-15　南昌市阳明学校"致良知节日"——校园节日课程设置表

时　间	节　日	主　题	活　动
三月	科技节	我是小小发明家	展示个人小发明 评比、颁奖——"发明家"
五月	阳明文化节	识阳明先生 学圣人智慧	学习王阳明先生语录
六月	艺术节	让我们舞动起来	才艺展示
十月	体育节	跆拳道展示	展示跆拳道
十一月	汉语言文化节	我爱汉语言	诵读经典 形式多样的舞台剧表演
十二月	英语节	Happy English	英语情景对话 英语舞台剧表演

(二)"致良知节日"的评价标准

　　根据"致良知节日"课程意涵,学校综合课程活动前的方案设计、活动时的课程实施、活动后的活动效果等情况,对"致良知节日"课程进行评价。(见表2-16)

表 2-16 南昌市阳明学校"致良知节日"课程评价实施细目量表

评价内容	评 价 标 准	权重分	得分
方案设计	1. 主题鲜明,立意新颖,寓意深刻,具有时代性、科学性、针对性、实效性、教育性。 2. 内容贴近社会现实、贴近学生的实际生活、贴近学生的身心发展规律,紧扣主题,突出重点。 3. 活动设计有特色、有创意,体现课程的实践性、自主性、综合性、创造性和趣味性。	30 分	
课程实施	1. 情景设计合理,操作性强,能体现综合运用知识的能力。 2. 依据所确定、分解、细化的具体内容选择活动。 3. 按照"近、亲、实"的原则选择活动。 4. 采取多种形式呈现。 5. 设置拓展性、开放性的、能给予学生思考空间的问题,引导学生体验和感悟。 6. 面向全体学生,关注学生的个性和差异,注重培养学生的实践能力,教育作用明显。 7. 师生互动,学生参与面广,能充分体现以学生为主体、以教师为主导的课程理念。	40 分	
活动效果	1. 活动目标明确,有明确的导向和时代性。 2. 活动形式新颖、独特、多样,让学生充分展示自我。 3. 促进学生身心健康发展,使学生的情感态度、价值观得到转变。 4. 学生有认识,有感悟,自我教育能力得到增强。	30 分	
	合计得分	100 分	

五、建设"致良知文化",落实校园环境课程

　　校园环境是无形的教育资源、无字的教科书,是看得见的文化形态,对校园内每一个成员都起着潜移默化的熏陶和启迪作用。学校充分挖掘校园环境中的"致良知文化",开发落实校园环境课程。

(一)"致良知文化"的课程设计

　　学校从提升学生的心灵品质出发,挖掘校园围墙、廊道、班级等处的资源,开发建设"致良知文化"的校园环境课程,让"致良知文化"融入校园各个角落,让每一寸空间都发挥它的教育价值;同时,用活课程资源,开展丰富多彩的活动。(见表2-17)

表 2-17　南昌市阳明学校"致良知文化"校园环境课程设计表

类别	课 程 目 标	课 程 资 源	活 动 设 计
围墙	利用校园围墙展示阳明文化,让孩子们进一步感受阳明文化的伟大,增强文化自信心。	(1) 阳明先生塑像、剪影 (2) 学校"三风" (3) 校园活动展示栏 ……	(1) 我认识的阳明先生 (2) 我们身边的故事 ……
廊道	将主题与图画结合布置廊道,并开展相应的活动,让学生把先贤思想嵌入自己的人生轨迹,树立远大志向,不断激励自己在求学路上奋力前行。	学思长廊——墙柱上以图文并茂的形式展现《论语》,横梁上的吊牌展示古今中外名人名言;漂流书架与超星阅读器 二楼廊道——行为习惯早养成 三楼廊道——经典诵读我先行 四楼廊道——知行合一话阳明 五楼廊道——跆拳道精神在传承	(1) 经典诵读会 (2) 读书分享会 (3) 跆拳道社团活动 ……
班级	以阳明思想创设各具特色的班级氛围,开展合适的班级活动,陶冶学生的情操,增强班级凝聚力。	(1) 特色班牌 (2) 学生各类作品秀 (3) 黑板报 (4) 好人榜 (5) 活动角 ……	(1) 教室环境布置 (2) 设计班级口号 (3) 好人故事会 (4) 评选展示学生各类作品 ……

在课时安排方面,以上课程每月至少一次,并将围墙文化与廊道文化的课程整合到社团活动或学科拓展课程群教学活动中去,将班级文化课程整合到班队会课中去。

(二)"致良知文化"的课程评价

学校根据"致良知文化"校园环境课程的意涵,结合"最美廊道"和"最美班级"的评比活动,设计了以下课程评价表。(见表 2-18)

表 2-18　南昌市阳明学校"致良知文化"校园环境课程评价实施细目量表

评价内容	评 价 标 准	权重分	得分
环境布置	1. 主题鲜明,突出学校"致良知文化"内涵,陶冶师生的情操。	15 分	
	2. 各栏目(板块)内容更新及时,内容丰富,有时代感。	15 分	

续　表

评价内容	评　价　标　准	权重分	得分
环境布置	3. 墙面(地面)干净整洁,无卫生死角。	10 分	
	4. 文字内容无错别字。	10 分	
活动开展	5. 活动主题突出,活动形式新颖,活动效果好。	15 分	
	6. 教师组织有序,学生积极性高。	15 分	
	7. 与学科教学、班队会活动有机整合,每月至少开展一次主题活动。	10 分	
	8. 每学期展示时,学生解说流利,体现廊道(围墙、班级)特色。	10 分	
	合计得分	100 分	

六、推行"致良知之旅",落实研学旅行课程

"读万卷书,行万里路。"自古以来,我国就有实践求真知的优良传统。从春秋时期孔子带弟子周游列国,到新文化运动时期陶行知先生提出"做中学"的教育理念,虽然时代不同,但都包含了学习场域的转换,即从学校、课堂中解放出来,到大自然、社会中寻找知识的真谛。《中小学综合实践活动课程指导纲要》中明确指出,"研学旅行课程"是基础教育课程体系的重要组成部分。学生在小学阶段要通过参与少先队活动、场馆活动和主题教育活动,如参观爱国主义教育基地等,获得有积极意义的价值体验。

(一)"致良知之旅"的课程设计

学校开展"致良知之旅"研学旅行课程时遵循"开放性、综合性、体验性、生活性"的原则,积极开展具有"一校一旅一特色,彰显个性与快乐"的亮点课程。主要方式及其关键要素具体包括考察探究、社会服务、设计制作、职业体验等。其中,考察探究是学生基于自身兴趣,在教师的指导下,从自然、社会和自身生活中,选择和确定研究主题,开展研究性学习,在观察、记录和思考中,主动获取知识、分析并解决问题的过程,如野外考察、社会调查、研学旅行等。[①] "致良知之旅"课程设置具

---

① 赵翔.研学旅行:素质教育的有益尝试[J].西部素质教育,2017(12):22-23.

体如下。(见表 2 - 19)

表 2 - 19　南昌市阳明学校"致良知之旅"课程设置表

年级	主　题	地　点	目　的
一	走进大自然	体育公园、动物园……	了解大自然,亲近大自然,热爱大自然。
二	阅读之路	江西省图书馆……	感受书的魅力,培养读书的好习惯。
三	探寻历史之旅	拜访"海昏侯"……	了解家乡的历史,激发对家乡的热爱。
四	家乡的名胜古迹	滕王阁 梅岭风景区……	激发对家乡的热爱,增强环保意识。
五	科技之旅	南昌市科技馆……	感受科学的魅力,激发对科学的热爱。
六	走进江西造	阳光鲜奶 润田矿泉水……	感受身边的变化,融入社会。
七	探访名人故乡	八大山人纪念馆 王阳明故乡……	了解名人事迹。
八	了解红色故土	八一广场 八一起义纪念馆 贺龙指挥部……	了解打响武装反抗国民党反动派第一枪的地方。
九	走进故乡戏曲	采茶戏影院……	感受地方戏曲的魅力。

在课时安排方面,小学一、二年级,每学期不少于 1 课时;小学三至六年级及中学七至九年级每学期不少于 2 课时。充分利用寒暑假,以小组合作方式为主,也可以个人单独进行。小组合作范围可以从班级内部逐步走向跨班级、跨年级、跨学校和跨区域等。《中小学综合实践活动课程指导纲要》指出,要根据实际情况灵活运用各种组织方式,要引导学生根据兴趣、能力、特长、活动需要,明确分工,做到人尽其责,合理高效。既要让学生有独立思考的时间和空间,又要充分发挥合作学习的

优势,重视培养学生的自主参与意识与合作沟通能力,鼓励学生利用信息技术手段突破时空界限,进行广泛交流与密切合作。

(二)"致良知之旅"的评价要求

"致良知之旅"课程要求做到"学"之扎实、"研"之尽兴、旅之有获、行之成长,具体评价标准如下。(见表2-20)

表2-20 南昌市阳明学校"致良知之旅"课程评价实施细目量化表

评价项目	评 价 标 准	权重分	得分
课程设计	有明确的研学目标、研学内容、评价方式;体现实践性和创新性。	15分	
课程实施准备	准备充分;过程中关注学生良好习惯的培养与课程教师的专业成长。	15分	
课程实施安排	有利于研学旅行课程内容的深度有效学习及多种学习方法的内化。	20分	
课程实施体验	学生在最真实的场景下有独特、丰富的体验。	20分	
安全保障	安全方案与应急预案制定合理;处理突发事件及时,师生安全有保障。	15分	
学生评价	对学生进行形成性评价和发展性评价。	15分	
	合计得分	100分	

七、做活"致良知整合",落实专题教育课程

学校发挥跨学科统整的综合优势,建立起知识世界与生活世界的联系,分步骤、分阶段地实施专题教育课程。专题教育课程将多元化、开放式、多渠道的活动学习空间融入到学生的实际生活中,渗透着生命教育、安全教育、国际教育、爱国教育、传统文化教育、乡土教育、环保教育、感恩教育、美感教育、创新教育等,实现了多向互动的延伸,对学生产生了潜移默化的影响。

(一)"致良知整合"的专题设计

多维、多向组织整合的专题教育课程使关联与整合成为课程实施的常态。每

学期,根据学生的具体情况,学校将围绕不同的专题进行梳理与整合,开展跨学科专题类课程的实施。(见表2-21)

表2-21　南昌市阳明学校"致良知整合"专题教育课程设置表

学　期	专　题	内　容
一上	我是小学生	道德与法治(认识你,认识我)
		语文(我是中国人,说好普通话)
		数学(数数教室里的物品数量)
一下	春天来了	语文(畅想春天)
		科学(寻找春天)
		美术(彩绘春天)
		音乐(歌唱春天)
二上	我爱爸爸妈妈	语文(背诵《三字经》)
		数学(观察爸妈一天的生活)
		美术(我为妈妈画张像)
二下	环保小卫士	道德与法治(节约用纸与环境保护)
		科学(亲子活动:环保小发明)
		美术(环保明信片)
三上	昆虫大乐园	语文(读《昆虫记》)
		科学(观察记录昆虫的生活习性)
		美术(学习从局部细节深入描绘喜爱的昆虫)
		音乐(欣赏《红蜻蜓》《虫儿飞》《蝴蝶飞》《小蜜蜂》等歌曲)
三下	阳明小主人	语文(描绘校园的一处景观:阳明像、知行墙、学思长廊……)
		数学(画出学校的平面图并规划路线)
		综合实践(小导游)
四上	祖国好风光	品德与社会(我为中国骄傲)
		语文(介绍自己感兴趣的祖国风光)
		美术(描绘出祖国的大好河山)

续　表

学　期	专　题	内　容
四下	彩蝶纷飞	语文(学习《彩色的翅膀》《迷人的蝴蝶谷》)
		科学(欣赏蝴蝶标本)
		信息技术、美术(运用电脑绘画软件画蝴蝶)
五上	桥	数学(石拱桥的建筑智慧)
		英语(剑桥的桥:数学桥、银街桥、国王桥等)
		美术(画世界的桥:赵州桥、金门大桥、塔桥、悉尼海港大桥等)
		体育(搭人桥)
		综合实践(制作简易木桥)
五下	共赏艺术美	语文(吟唱古诗文)
		数学(寻找校园里的数学之美:图形组成、对称等)
		音乐(学习粤语民谣)
		科技(科幻画)
		信息技术(画创意图)
六上	戏剧与人物	语文(交流介绍自己喜欢的戏曲名称及剧情故事)
		音乐(欣赏传统戏曲:京剧、越剧、昆曲等)
		美术(尝试用彩墨等方法表现戏剧人物)
六下	我们毕业啦	语文(诗歌创作:诗忆童年,畅想青春)
		音乐(毕业音乐会)
		美术(作品展)
		信息技术(用电子绘画或电子小报展现自己眼中的阳明学校)
七上	美丽的滕王阁	语文(诵读《滕王阁序》)
		历史(滕王阁的昨天与今天)
		地理(滕王阁的位置)
七下	少年梦,中国情	道德与法治(中国梦、社会主义核心价值观)
		语文(习作:少年梦,中国情)
		英语(口语表达:我的理想)

续　表

学　期	专　题	内　　容
八上	我认识的王阳明	语文(课外阅读：王阳明的故事)
		历史(王阳明平定叛乱之路)
八下	我的家乡我了解	语文(家乡的春节)
		历史(家乡的历史)
		生物(制作标本)
九上	迎接新年	语文(迎新活动方案)
		美术(制作宣传海报)
九下	我们毕业啦	语文(诗歌创作：创想青春)
		音乐(毕业音乐会)

(二)"致良知整合"的课程评价

在进行"致良知整合"的课程评价时,学校从专题设计、学科介入、实施方式、效益四个方面来设计评价标准。(见表 2 - 22)

表 2 - 22　南昌市阳明学校"致良知整合"的评价实施细目量表

评价指标	评　价　内　容	评价得分
主题设计	选题新颖,主题鲜明,具有时代性、科学性、教育性。(10 分)	
学科介入	1. 围绕专题,充分发挥各学科特点进行统整。(15 分)	
	2. 整合的学科活动设计恰当,有特色,有创意,体现课程的实践性、自主性、综合性、创造性和趣味性。(15 分)	
实施方式	1. 专题整合的各学科教学活动在一周内完成。(10 分)	
	2. 面向全体学生,关注学生的个性和差异,注重培养学生的实践能力。(10 分)	
	3. 师生互动,学生参与面广,能充分体现以学生为主体、以教师为主导的理念。(10 分)	
	4. 及时总结、交流、评价。(10 分)	

续　表

评价指标	评　价　内　容	评价得分
效　益	1. 全体学生积极主动参与活动,得到锻炼,学有所获。(10分)	
	2. 学生的探究精神、合作精神、创新精神得到发挥,实践能力有所提高。(10分)	
	合计得分	

八、创设"致良知空间",落实创客教育课程

在"大众创业,万众创新"的时代背景下,短短时间里,创客文化日新月异,创客理念深入人心,创客活动蓬勃开展,创客空间纷纷建立。对于学校而言,"创客空间"是实施素质教育,培养学生创新、动手、实践能力的最好载体,它的价值在于创造一个环境来培育学生的思维创新习惯,它追求的不是一个思想结果,而是一个思维过程。

(一)"致良知空间"的课程设计

学校创设致良知创客空间,同步规划好相应的课程,开展创客教育,培养学生的思维能力,丰富学生的实践经验,提升学生的创新创造力。在做创客教育课程设计时,学校以问题为核心,以学生为中心,结合学校实际情况,找准方向,开设了机器人创客课程、3D打印创客课程、"三模一电"创客课程。(见表2-23)

表2-23　南昌市阳明学校"致良知空间"课程设置表

课程名称	目　　标	内　　容	方　式	时　间
机器人创客课程	通过动手搭建、动脑思考,激发学生参与科技的兴趣,启发学生潜在的创造力,让他们不断探索多种抽象理念在实际中应用的可能性,鼓励他们用不同的方法解决问题,提高他们合作、沟通和动手的能力,建立他们的自信心和成就感。	了解机器人的概念、技术和运用;了解机器人各部件的原理和作用,并会组装实践;了解Robolab软件的运用等。	探索学习成果展示	每周一次

续　表

课程名称	目　　标	内　　容	方　式	时　间
3D打印创客课程	引导学生充分发挥自己的想象力、创造力，把创新的想法用创意实体软件 3DOne 来实现，从而培养学生的动手能力和自主创新能力。	了解 3D 打印，设计样品并制作。	实践操作成果展示	每周一次
"三模一电"创客课程	全曲培养青少年超学科知识、科学和艺术素养、能力和意志品格、创造力和梦想。	了解航模、海模、车模组装操作以及制作等有关知识；了解无线电测向知识等。	训练竞赛	每周一次

(二)"致良知空间"的课程评价

学校设计了以下评价表来评价教师和学生，以了解课程实施效果。(见表2-24)

表 2-24　南昌市阳明学校"致良知空间"课程评价实施细目量表

评价对象	评　价　内　容	评价分值	实际得分	总分
学习者	1. 项目学习中，创造、协作、发散思维、解决实际问题的能力得到训练与提高。	20 分		
	2. 成果分享时，不仅会表达激动之情，还会向同伴传达重要知识；不仅会欣赏，还会创造性地激发对方。	15 分		
	3. 会反思自己发现了什么，提出新的理论，明确下一步的做法。	15 分		
教育者	1. 在设计课程与组织教学时，有具体的课程目标和明确的项目要求。	15 分		
	2. 会使用多样化、实用性强的质性评价手段(档案评估法、观察法、表现性评价法)，注重过程性评价，采用学分制的计分方式。	20 分		
	3. 鼓励学生大胆尝试冒险，激励学生不断创新。	15 分		

课程实施和评价将课程规划的美好愿景与课程设计的理想世界转化为"脚踏

实地"的实践过程。"致良知"课程正以"致良知课堂""致良知学科""致良知社团""致良知节日""致良知文化""致良知之旅""致良知整合""致良知空间"这八种课程实施方式体现教育哲学,反映办学理念,落实课程理念,实现课程模式,验证课程类别,实现育人目标。

　　综上所述,学校将继续坚持"致良知教育"的教育哲学,全面贯彻党的教育方针,认真落实《中小学生核心素养》,坚持以学生的发展为本,深入实施素质教育;同时充分利用学校和社会的课程资源,不断优化课程结构,全面实施特色课程体系。我们坚信在"致良知教育"的影响下,一批批"亮堂堂、活泼泼、有良知、能力行"的"致良知少年"将不断茁壮成长!

第三章

育人目标与
课程体系

教育的根本目标是培根铸魂。课程作为实现教育目标的中介，其本质就是提升人的精神境界和实现人的生命价值。因此，学校课程建设应该以育人目标为聚焦点并遵循育人目标的导引，通过创生和联结等方式来建构学校课程体系，使学校课程建设不断走向深处。

教育要想生长在学生心里,课程一定是最重要的滋养。课程背后真正的理念是以人为本,这也是育人目标的旨归所在。因此我们在建构课程体系时应该遵循育人目标,这是一种对课程变革负责任的态度,也是学校内涵发展的保障。当我们实践着能够白我完善、更新和发展的课程体系时,教育才会有支撑,育人目标才能真正实现。

南昌市滨江学校基于校名"滨江"二字带水的特征,充分挖掘水能"以柔克刚、因势利导、顺势而为、海纳百川"的特点,并结合学校的实际情况,将育人目标确立为培养"温润如水、从善如流、灵动如泉"的"滨江少年"。围绕这一育人目标,并结合多元智能理论,学校构建了"润之韵"课程体系,包括"浸润"课程、"智润"课程、"丰润"课程和"温润"课程这四大板块,涵盖了二十多门课程。这样的课程体系不仅巧妙地把水的服务精神、执着精神、团队精神、包容精神和创新精神等可贵品质有机地渗透其中,而且为学生的个性发展提供了多样化的平台,为生命的成长与发展起到了助推作用。我们相信,滨江学校遵循育人目标来建构的"润之韵"课程经过不断地实践创新,一定会创造出"泽被未来"无限发展的新天地。

➡ 文化坐标　南昌市滨江学校

南昌市滨江学校坐落在风景秀丽的赣江江畔,创办于 1963 年,是一所九年一贯制学校。原名为江西化纤厂子弟学校,2000 年 1 月划归东湖区人民政府管辖。2012 年,区委区政府投资 6 300 多万元对学校进行了高标准改扩建。学校占地面积为 9 740.05 平方米,建筑面积为 16 363 平方米,运动场地面积为 5 965 平方米。教学楼能容纳 36 个教学班,教育教学设施一应俱全。现有教职工 71 人,其中省骨干教师 4 名,市骨干教师 6 名,市学科带头人 1 人,区学科带头人 9 人,区骨干教师 9 人。各级骨干教师人数占全校教师人数的 40.8%。学校先后被评为南昌市党性教育基地、东湖区先进基层党组织、南昌市法制宣传教育先进单位、南昌市教育系统关心下一代工作"先进集体"、"6123"工程四星级"六型"工会、南昌市第二届"文明校园"、平安校区示范学校以及东湖区"五四红旗"团支部。

第一节　泽被未来是教育的神圣使命

一、学校教育哲学: 润泽教育

　　教育若水,至柔至刚,至净至美,至情至义。将学校文化定位为"尚水"文化,就是要依托水纯净、健康的文明形象,将水的服务精神、执着精神、团队精神、包容精神、创新精神等渗透到学校的物质文化、精神文化、制度文化、行为文化中去,肩负起泽被未来的教育神圣使命。

　　基于此,学校提出了"润泽教育"之哲学。"润泽教育"就是以水作为学校的文化象征物,以"爱与智慧"为主旋律,让每一个孩子都成为充满爱与智慧的小水滴。我们认为:

　　教育是对孩子的一种涵养——点亮心灯、与人为善、涵养人格;

　　教育是对孩子的一种滋养——润泽生命、启迪智慧、升华思想。

　　根据以"润泽教育"为学校核心价值观的精神文化体系,学校形成了"泽被未来"的办学理念。我们期望,在"润泽教育"的特色实践中,努力营造"悦纳自我、海纳百川"的校风,实践"乐教善思、尚水启智"的教风,培育"乐学善问、追本溯源"的学风。

**　　我们的教育信条**

　　我们坚信,

　　教育是润泽生命的事业;

　　我们坚信,

　　泽被未来是教育的神圣使命;

　　我们坚信,

　　每一个孩子都是纯洁的小水滴;

　　我们坚信,

学校是滋养心性、陶冶品格的地方；

我们坚信，

让生命都充满爱与智慧是教育最美的图景。

二、学校课程理念: 让每一个孩子都成为充满爱与智慧的小水滴

"爱与智慧"是"润泽教育"的主题，是一种"随风潜入夜,润物细无声"的教育，同时暗合了"教化不言,行不言之教"的意境。基于此,我们提出了学校课程理念:让每一个孩子都成为充满爱与智慧的小水滴。其要旨如下:

——**课程即人格涵养**。课程具水之"上善若水",培养其品性,涵养其人格。

——**课程即心门开启**。课程具水之"静水深流",开启其心门,启迪其智慧。

——**课程即个性张扬**。课程具水之"千变万化",顺应其心性,升华其思想。

——**课程即内在生长**。课程具水之"润泽无声",净化其心灵,润泽其生命。

由此,我们将学校课程模式定为"润之韵"课程。我们期待针对学生不同阶段、不同特征,施以教育润泽。它犹如春水轻洒滨江大地,让每一个孩子都成为充满爱与智慧的小水滴。

第二节　成为爱与智慧的小水滴

一、学校育人目标

为了让每一个孩子都成为充满爱与智慧的小水滴,学校在综合分析校情的基础上,确定了培养"温润如水,从善如流,灵动如泉"的"滨江少年"的育人目标。

温润如水:谦和温雅、柔之胜刚的品格少年。

从善如流:乐学善问、博采众议的智慧少年。

灵动如泉:体魄强健、多才多艺的活力少年。

二、学校课程目标

为了实现上述育人目标,学校从"温润如水,从善如流,灵动如泉"三方面,按不

同的年段将"润之韵课程"的培养目标进行细化,形成了不同年段的课程目标。(见表3-1)

表3-1 南昌市滨江学校"润之韵"课程分年段课程目标表

育人目标	分年段课程目标				
	低年级	中年级	高年级	七、八年级	九年级
温润如水	热爱祖国,尊敬师长,孝敬父母,友爱同学,乐于助人;讲文明,知诚信,养成良好的学习、生活习惯。	与人为善,践约守信,是非分明;加强法制教育,养成自觉遵守法律法规的好习惯。	关心社会,胸怀宽广,学会尊重、包容;践行善良,言必信、行必果,做正直之人,做守信之人。	增强社会责任感;守信为荣,失信可耻;自省自律,弘扬正气,树立远大的志向,做品学兼优的青少年。	知法、懂法、依法办事,维护社会的稳定;以和为贵,爱好和平,维护国家稳定和民族团结。
从善如流	掌握低年段文化课程标准规定的要求。基本养成听说读写的良好习惯,学会倾听、表达与交流。在游戏活动中感受学习的乐趣。	掌握中年段文化课程标准规定的要求。热爱阅读,学会阅读方法,养成阅读习惯;了解科学探究的过程;学科知识能学以致用。	掌握高年段文化课程标准规定的要求。能主动进行探究性学习,学会与他人交流,在交流中体验学习的快乐。	掌握初中文化课程标准规定的要求。能对自然界现象等生活中的现象提出质疑,有解决问题的方法策略。	掌握初中文化课程标准规定的要求。激发学生的语言智能;逐步学会科学地看问题、想问题;提高分析问题和解决问题的能力。
灵动如泉	积极参与体育和艺术活动,初步掌握动作技术,会玩1或2项体育类游戏,能参与1或2项艺术类活动;感受体艺活动给自己带来的愉悦。	培养参与体育和艺术活动的兴趣与爱好,形成健康、积极的生活方式;基本掌握1或2项体育运动和艺术活动技能;激发对体育、艺术的热爱之情。	保持参与体育和艺术活动的兴趣,熟练掌握2或3项体育运动技巧和艺术活动技能;有一定发现美、欣赏美、鉴赏美、感受美的能力。	发扬体育和艺术精神,熟练掌握2或3项体育运动技巧和艺术活动技能;积累体艺文化底蕴,有创造美、表现美的欲望。	感悟体育和艺术的灵魂,熟练掌握2或3项体育运动技巧和艺术类技能,并发展成为特长项目;形成体育素养、艺术修养,为终身学习奠定基础。

第三节　爱与智慧的学习图景

　　教育是润泽生命的事业,是描绘爱与智慧的学习图景过程。基于"润泽教育"之哲学以及学校课程目标,学校建构了"润之韵"课程体系。

一、学校课程逻辑

　　学校基于"润泽教育"的教育哲学以及课程目标,构建了"润之韵"课程体系,包括"浸润"课程、"智润"课程、"丰润"课程、"温润"课程四大课程板块。"润之韵"课程逻辑示意图如下见图3－1。

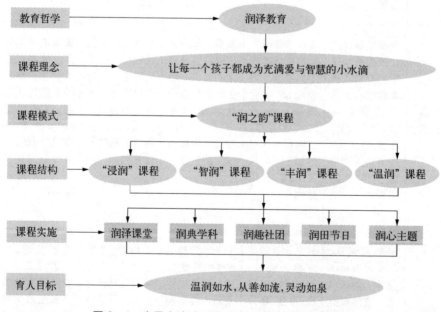

图3－1　南昌市滨江学校"润之韵"课程逻辑示意图

二、学校课程结构

　　根据多元智能理论,"润之韵"课程包括"浸润"课程、"智润"课程、"丰润"课程、"温润"课程四大课程。(见图3－2)

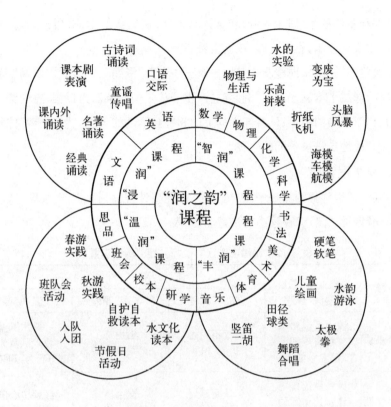

图3-2　南昌市滨江学校"润之韵"课程结构图

1. **"浸润"课程,即语言文化类课程。**它整合了国家课程中的语文、英语课程,包含古诗词诵读、课内外诵读、经典诵读、名著诵读、课本剧表演、童谣传唱、口语交际等。

2. **"智润"课程,即科学逻辑类课程。**它整合了国家课程中的数学、物理、化学、科学课程,包含变废为宝、折纸飞机、乐高拼装、海模车模航模、头脑风暴、物理与生活、水的实验等。

3. **"丰润"课程,即体育艺术类课程。**它整合了国家课程中的体育、音乐、美术、书法课程,包含水韵游泳、太极拳、舞蹈合唱、竖笛二胡、田径球类、硬笔软笔、儿童绘画等。

4. **"温润"课程,即社会主题类课程。**它整合了国家课程中的思品、班会课程及地方课程中的校本、研学课程,包含入队入团、班队会活动、节假日活动、自护自救读本、水文化读本、春游实践、秋游实践等。

　　学校将12门国家课程及2门地方课程整合为"浸润"、"智润"、"丰润"、"温润"四大课程,形成了丰富多彩的"润之韵"课程。孩子们畅游四大课程,感受语言文字的魅力、科学逻辑的奥秘、体育艺术的灵动和社会活动的丰盈。"润之韵"课程,"润物细无声"般地走进孩子们的心灵。

三、学校课程设置

　　基础型课程根据国家统一要求设置,拓展型课程通过"浸润"课程、"智润"课程、"丰润"课程、"温润"课程进行设置。(见表3-2)

表3-2　南昌市滨江学校"润之韵"课程设置表

年　级		课　程			
		"浸润"课程	"智润"课程	"丰润"课程	"温润"课程
一年级	上学期	课内童谣传唱 拼音乐园 识字小能手	找不同 折纸飞机	自由泳 舞蹈基本功	寻水溯源 我入队我光荣 良好行为习惯的养成
	下学期	课外童谣传唱 注音读本阅读 寻找生活中的汉字	读写算 玩转彩泥	自由泳 舞蹈小组合	红领巾心向党 学校安全教育
二年级	上学期	课内童话表演 注音读本阅读 识字竞赛	数学游戏 趣味科学	象棋 之兵种走法 油画棒绘画	寻水溯源 队旗伴我成长 家庭安全教育
	下学期	课外童话表演 绘本阅读 拼音日记	拼图游戏 生活中的科学	象棋基本战术 水彩笔绘画	党是太阳我是花 交通安全教育
三年级	上学期	经典诵读 绘本新编 英文口语训练营 畅游字母乐园	数学日记 变废为宝	二十四式太极 竖笛	观水启智 唱响嘹亮队歌 用电安全教育
	下学期	语言表演 阅读与理解 英文口语交际 启蒙自然拼读	七巧板 乐高拼装	二十四式太极 竖笛	集体力量大 食品安全教育

续　表

年　级		"浸润"课程	"智润"课程	"丰润"课程	"温润"课程
		课　　程			
四年级	上学期	经典诵读 阅读与写作 唱响英语儿歌	数独游戏 车模	短跑、跳高 书法	观水启智 千里之行,始于足下 网络安全教育
	下学期	汉字听写大赛 创意与写作 欢唱英语童谣	神机妙算 海模	跳远、投掷 书法	团结就是力量 集体活动安全教育
五年级	上学期	水韵美文 演讲与诵读 班级文学社	速算能手 航模	乒乓球 蛙泳 合唱	赏水求美 赞美祖国 预防火灾安全教育
	下学期	水韵诗词 演讲与口才 英语名著诵读	巧算高手 机器人	乒乓球 蛙泳 合唱	学习时代先锋 预防溺水安全教育
六年级	上学期	汉字听写大赛 悦读与写作 校园经典展演	思维训练 头脑风暴	仰泳 二胡	赏水求美 在信任中快乐成长 预防欺凌安全教育
	下学期	小小演说家 水韵文学社 英文绘本展演	操作训练 科技创新	蝶泳 二胡	法律守护我成长 防震减灾安全教育
七年级	上学期	点墨书法 音标自然拼读	趣味数学(上)	乒乓球 素描入门	阅水润德 站好校园服务岗 青春期安全教育
	下学期	整本书阅读 英文歌曲学唱	趣味数学(下)	乒乓球 素描技法	学习优秀共青团 青春期安全防护
八年级	上学期	快乐阅读 经典英文电影配音	数学写作 趣味物理	篮球 水墨画入门	击水健体 积蓄梦想正能量 青春期情绪管理
	下学期	诗词诵读会 趣味英语阅读	神奇的辅助性 创新物理实验室	篮球 水墨画技法	惜别离队 青春期情绪疏导

续　表

年　级		课　程			
		"浸润"课程	"智润"课程	"丰润"课程	"温润"课程
九年级	上学期	文苑漫步 优美英语——诗歌	数学解题技巧 奇妙化学	排球 名作欣赏	节水践行 推优入团 预防毒品安全教育
	下学期	时事作文专题 英语高频词汇	数理化公式盘点 实验操作必备技能	排球 名作欣赏	信仰照亮未来 反邪教安全教育

第四节　为师生的成长助推

在"润泽教育"这一哲学的指导下,学校进行课程资源的巧妙整合与开发,在探索中寻找最佳路径,将课程建设的时空延伸和扩大,用更长远的视角和目光定位课程潜能,并以学生为中心,以主题活动月为载体,连接不同的学科,让课程跨越学段、学科和领域的边界,使学生建立系统的思维方式,体验知识之间的联系,从而促进学生的成长!

一、建构"润泽课堂",推进学科基础课程的实施

"润泽教育"是充满生机和活力的教育,是激发学生灵性与智慧的教育,让每一个生命在教育的滋润下生长和发展。建构充满"润泽"的课堂是基础课程的课堂生态。它不仅是知识建构的空间,更是学生生命活动的场所。它不是静止的,而是提炼生活、展示风采、体验人生、追求成功、感受欢愉、发展生命的过程。

(一)"润泽课堂"的要义与操作

学科基础课程的实施需要建构精彩课堂,"润泽课堂"应是始终唱响在课堂教学中的主旋律。它具有以下五个特征:

1. **"润"之情中。**"润泽课堂"是一个具有创意立新教学理念的课堂。师以德

为本,心以爱为源;以生为本,用真情育人。这样的课堂坚持个性化的教师观,以促进学生自由全面发展为宗旨,"润"之情中,适应开放的教学理念。

2."润"之细中。"润泽课堂"是一个精准把握教学目标的课堂。这样的课堂针对不同的教学内容及其具体要求,针对学生的实际,联系不同的课型或教学环节的特点,"润"之细中,达到预设的教学目标。

3."润"之悟中。"润泽课堂"是一个合理策划教学过程的课堂。这样的课堂有目的、有计划地引导学生能动地进行认知活动,循序渐进地领悟文化科学知识和基本技能,"润"之悟中。

4."润"之思中。"润泽课堂"是一个精心设计教学方法的课堂。这样的课堂有实际的思考,有各样的活动,让学生既动脑又动手,培养纯熟的思考能力和创新能力,"润"之思中。

5."润"之心中。"润泽课堂"是一个有效优化教学评价的课堂。这样的课堂评价及时、准确,能发现学生的优点,培养学生的信心,完善学生的不足,着眼学生的未来。"润"之心中。

以上五者相辅相成,建构了一个精彩活力的"润泽课堂"。

(二)"润泽课堂"的评价标准

基于"润泽课堂"的内涵特点,学校从教学目标、教学内容、教学过程、教学效果等方面,制定了"润泽课堂"的评价标准,引领课堂发展方向。(见表3-3)

表3-3　南昌市滨江学校"润泽课堂"评价标准表

评 价 主 体	评 价 要 点	效 果
创意教学理念 "润"之情中	1. 符合课标理念,能够做到以生为本。	
	2. 有开放的教师观和学生观。	
精准教学目标 "润"之细中	1. 教学目标制定符合教材及学情特点。	
	2. 目标涵盖三个维度。	
	3. 目标制定关注相关核心素养的培养。	
	4. 达到预期的教学目标。	

评　价　主　体	评　价　要　点	效　果
立体教学过程 "润"之悟中	1. 教材处理得当,创造性地使用教材。	
	2. 注意知识的拓展及课程资源的开发。	
	3. 联系学生的生活实际,符合学生的发展水平。	
	4. 达到预期的教学目标。	
灵动教学方法 "润"之思中	1. 突出学生的自主学习,注重探究,强化实践。	
	2. 恰当、合理地组织有效的合作学习和互动交流。	
	3. 设计有价值的问题和练习,鼓励学生质疑、创新。	
	4. 教学形式富于变化,并较好地为目标的达成 服务。	
	5. 学生思维活跃,信息交流畅通。	
	6. 学生活动面广,质量高。	
多元教学评价 "润"之心中	1. 评价及时、准确,富于个性化。	
	2. 注重评价的激励功能。	
	3. 坚持评价主体多元。	

二、建设"润典学科",落实学科拓展课程

　　"润典学科"以学科基础课程为核心,以课程标准的目标分类为领域,根据学生的发展需求,对学科基础课程进行拓展。学校构建课程群,帮助学生完善学科知识体系,提升学科素养,提高学习能力,激发学习潜能与兴趣。

(一)"润典学科"的建设路径

　　根据各学科的师资力量,学校倡导教师在国家课程校本化实施的基础上总结经验,以某门学科为原点,设计基于该学科特色的"1+X"课程群。"1"是教师所教授的国家基础性课程,"X"是指教师根据国家课程开展的拓展性课程,是基础性课程的延伸。

　　1."润滋语文"课程群建设。语文课程的覆盖面最为广泛,上至天文时空,下

至地理人文,包罗世间万象,滋润世间万物。借助"润滋语文"课程群,可以让学生领略语文之美、阅读之美。(见表3-4)

表3-4　南昌市滨江学校"润滋语文"课程群表

年　级	主　题	课　程	年　级	主　题	课　程
一年级	童谣乐园	游戏歌谣	六年级	小小作家	微型小说家
		童谣对唱			水韵文学社
		童谣汇演			创意写作
二年级	童话王国	童话绘本	七年级	阅读品味	小说荐读
		童话展演			经典诗文
		童话新编			古文鉴赏
三年级	口语交际	文明有礼	八年级	写作表达	"名人"传
		言之有理			新闻播报
		小小演说家			小说天地
四年级	课本剧社	人文水韵	九年级	语文综合实践	诗和远方
		水韵故事			唇枪舌战
		课本剧社			岁月如歌
五年级	经典诵读	水之曲			
		水之诗			
		水韵美文			

　　2."润智数学"课程群建设。"润智数学"是以"智"与"趣"为特色的拓展性学科课程群,引领学生用智慧开启数学领域的大门,培养学生的数学素养。(见表3-5)

表3-5　南昌市滨江学校"润智数学"课程群表

年　级	主　题	课　程	年　级	主　题	课　程
一年级	智乐数学	找不同	二年级	智趣数学	数学游戏
		读写算			拼图游戏
		快乐拼搭			除除有余

续　表

年　级	主　题	课　程	年　级	主　题	课　程
三年级	智创数学	数学日记	七年级	智巧数学	速算巧算
		七巧板			折折剪剪
		校园中的测量			平移变换
四年级	智探数学	数独游戏	八年级	智慧数学	神奇的辅助线
		神机妙算			慧眼识珠
		探秘内角和			将军饮马
五年级	智算数学	速算能手	九年级	智究数学	方程巧解
		巧算高手			中奖了吗?
		巧手包装			影子断物
六年级	智悟数学	思维训练			
		操作训练			
		旅行中的数学			

3."润悦英语"课程群建设。基于"浸润"课程的学科理念,考虑到学生的兴趣及需求,学校在国家课程的基础上开发拓展性课程,组成"润悦英语"课程群。(见表3-6)

表3-6　南昌市滨江学校"润悦英语"课程群表

年　级	主　题	课　程	年　级	主　题	课　程
三年级	悦说英语	畅游字母乐园	七年级	美韵英语	美式学舌
		启蒙自然拼读			能歌善舞
四年级	悦唱英语	唱响英文儿歌	八年级	智动英语	超级词霸
		欢唱英语童谣			群星我秀
五年级	悦读英语	课内名著诵读	九年级	烧脑英语	英语脱口秀
		课外名著诵读			读者俱乐部
六年级	悦演英语	课本角色展演			
		经典绘本展演			

4."润韵音乐"课程群建设。音乐的伟大意义在于它能走进内心世界,显示人的真实感情。以社团为契机,在培养"体魄强健、多才多艺"的六艺滨江少年的课程目标下,学校构建了"润韵音乐"课程群。(见表3-7)

表3-7　南昌市滨江学校"润韵音乐"课程群表

年 级	主 题	课 程	年 级	主 题	课 程
一年级	润律	韵律儿歌	五年级	润声	唱响古诗
		学唱校歌			气息训练
		小小演唱会			声部练习
二年级	润舞	常用节奏	六年级	润歌	校园歌曲
		节奏组合			送别歌曲
		歌曲律动			诗歌吟诵
三年级	润笛	吹响竖笛	七年级	润音	赣剧清音学唱与赏析
		音阶训练			
		欢乐颂	八年级	润腔	弋阳腔学唱与赏析
四年级	润奏	竖笛齐奏			
		分声部合奏	九年级	润乐	京剧赏析
		小小演奏会			

5."润彩美术"课程群建设。为了建立美的"世界",让孩子们懂得欣赏、懂得审美、懂得创造,在美的艺术里遨游,学校构建了"润彩美术"课程群。(见表3-8)

表3-8　南昌市滨江学校"润彩美术"课程群表

年 级	主 题	课 程	年 级	主 题	课 程
一年级	涂鸦世界	手掌画	三年级	色彩世界	魔术"大师"
		小小粉刷匠			彩虹桥
		东拼西"画"			七色花
二年级	线条世界	毛线贴贴贴	四年级	创意世界	梦想城堡
		有趣的线条			外星人
		创意变装			未来的我

年　级	主　题	课　程	年　级	主　题	课　程
五年级	滨江之水	水韵之美	八年级	巧手生花	纸艺(1)
		蓝色畅想			纸艺(2)
		水娃大变身			纸艺(3)
六年级	设计世界	服装秀	九年级	绝代风华	名人名画欣赏(1)
		建筑"大师"			名人名画欣赏(2)
		机器人大赛			名人名画欣赏(3)
七年级	国之韵	水墨游畅			
		千娇百媚			
		千山万水			

　　6. "润健体育"课程群建设。为了努力创设民主、和谐的体育教学情境,有效运用自主学习、合作学习、探究学习与传授式教学等方法,引导学生在活动中开展富有个性的学习,不断丰富体育、艺术活动经验,学会体育学习和锻炼,学校构建了"润健体育"课程群。(见表3-9)

表3-9　南昌市滨江学校"润健体育"课程群表

年　级	主　题	课　程	年　级	主　题	课　程
一年级	宝贝加油	自由泳体验	四年级	活力赛跑	奔跑吧!孩子
		投掷能手			挑战迎面接力
		寻找宝藏			通力合作
二年级	花样跳绳	车轮跳	五年级	田径为王	仰泳体验
		双摇			投掷我最准
		跳绳接力			袋鼠回家
三年级	快乐体验	蛙泳体验	六年级	球类家族	乒乓能手
		三人过河			垒球达阵
		两人三足			欢乐篮球

续　表

年　级	主　题	课　程	年　级	主　题	课　程
七年级	意气风发	蝶泳体验	九年级	活力四射	快乐排球
		身体力行			引体向上
		跳跃龙门			技能训练
八年级	神采飞扬	灌篮高手			
		冲向梦想			
		舞动青春			

(二)"润典学科"的评价要求

课程群建设通过建立评估体系来保障其有效实施,其中评价要求应具有以下几项标准:

1. 课程理念特色鲜明。 学科课程理念新颖独特,既与学校课程哲学保持一致,体现学校的办学理念,又具有学科特色,内涵丰盈,珍视每个孩子的特点,尊重每个孩子的想法。特色鲜明的课程理念是建设"润典学科"的首要保障。

2. 课程目标清晰明确。 学科课程群目标指向应依据学科课程标准及学校育人目标,基于学校实际,定位高于学科课程标准。清晰明确的课程目标是建设"润典学科"的基本要求。

3. 课程结构层次分明。 课程结构是课程目标转化为教育成果的纽带,体现一定的课程理念、课程设置的价值取向。层次分明的课程结构确保了整个校本课程的完整性,是建设"润典学科"的正确路径。

4. 课程门类丰富多样。 除规定的国家课程之外,学科课程群中的拓展类课程更是丰富多彩,满足学生日益发展的学习需求和多元发展的生活需求。丰富多样的课程门类是建设"润典学科"的根本任务。

5. 课程实施扎实高效。 课程实施方法适当,突出学生学习方式的主动性、独立性、独特性、体验性、问题性、交往性、创新性,高效把握现代学习方式的精神实质。扎实高效的课程实施是建设"润典学科"的有效措施。

6. 课程管理规范有序。在不断实践中细化、深化课程管理,明确课程管理职责,健全课程管理的组织运行系统,从而提升课程品质。规范有序的课程管理是建设"润典学科"的重要依据。

三、创设"润田节日",落实节庆文化课程

节庆文化中蕴藏着丰富的教育资源。在课程研究中,学校开发了基于意蕴之美的"润田节口"文化课程,实现节日教育和现有课程资源的连接,强调"快乐"与"成长"的核心理念,进一步挖掘了节日的教育资源,让孩子们"走进"节日,让节日"走近"孩子们,真正地让孩子们在节日中"快乐成长"。

(一)"润田节日"的活动设计

"润田节日"活动课程的实施始终贯穿着社会生活化理念,强调"人人是教育工作者,处处是体验阵地,事事是教育内容",以养成为重点,以节庆活动和系列教育为途径,逐步提高学生的思想道德素质。学校以传统节日、现代节日、校园节日为主题,搭建多种形式的活动平台。

1. 传统节日。传统节日是中华民族文化的精髓,蕴含着中华民族的精神和品格。"传统节日"课程的开发,有利于陶冶学生的情操、提升学生的修养、提高学生的实践能力。具体实施方案见表3-10。

表3-10　南昌市滨江学校"润田节日"——中国传统节日课程实施方案表

节日名称	主　题	活　　动
春　节	爆竹声中一岁除	写对联、贴年画、制作春节手抄报
元　宵	元夜邀宾灯火新	赏花灯、猜灯谜、吃元宵、制作元宵节手抄报
清明节	清明祭扫各纷然	网上祭扫、献花留言、开展主题班队会
端午节	闻得青衣粽子香	包粽子、忆屈原、制作端午节小报
中秋节	玉颗珊珊下月轮	举办中秋赏诗会、画秋月
重阳节	荒圃重阳菊自开	为长辈服务、参加社区慰老服务

2. 现代节日。现代节日不似传统节日那般具有历史传承意义,但也随着形势

变化深入人心。现代节日不仅能激发孩子们热爱生活、热爱学习、热爱校园的情感,更能让孩子们接受多种文化的熏陶。具体实施方案见表3-11。

表3-11　南昌市滨江学校"润田节日"——中国现代节日课程实施方案表

节日名称	主　题	活　　动
元　旦	辞旧迎新贺新年	致辞新年、制作一份新年规划
植树节	种植一棵爱心树	植树、开展主题班队会、宣传环保
劳动节	辛勤劳动最光荣	自理能力竞赛、制作劳动节手抄报
母亲节	孝心一片敬高堂	给母亲写封信、为母亲做件事
儿童节	欢天喜地六一节	举办六一会演、制作六一节手抄报
父亲节	如山父爱记心头	给父亲写封信、为父亲做件事
建军节	英魂不忘思忧患	唱军歌、慰问军属、开展少年军校活动
教师节	感念师恩深似海	给老师写封信、为老师做一件手工
国庆节	神州大地东方红	举办红色教育讲座、制作国庆节手抄报

3. 校园节日。学校开展了许多具有校园特色的节日课程,这些节日课程是以校园文化"水文化"为依托,通常具有很强的教育性。它是滨江水娃们充分感受校园文化特色、陶冶情操、进行自我展示的一个特殊载体。具体实施方案见表3-12。

表3-12　南昌市滨江学校"润田节日"——校园节日课程实施方案表

节日名称	主　题	活　　动
科技节	科学探索乐趣多	制作科技小发明、科技创意设计
体育节	生命因运动精彩	举办校园体育运动会、广播操和太极拳比赛
艺术节	艺术风采传校园	表演舞蹈、合唱、课本剧等艺术活动
读书节	腹有诗书气自华	阅读交流分享、朗诵比赛
推普周	人人学讲普通话	板报制作、朗读比赛、硬笔书法比赛
社团文化节	魅力社团展风采	二胡、乒乓球、书法等展示
班级文化节	班级文化新风貌	布置特色教室,设计班徽、班训等
十岁成长礼	放飞梦想伴成长	亲子活动、舞台表演
毕业典礼	难忘师恩展未来	亲子活动、舞台表演

(二)"润田节日"的评价要求

"润田节日"的评价关注活动主题、活动目标、活动内容、活动实施、活动方式、活动效果六大板块,具体要求如下。(见表3-13)

表3-13　南昌市滨江学校"润田节日"评价表

项　目	评　价　内　容	评价分值
活动主题	1. 主题鲜明,立意新颖,寓意深刻。 2. 主题具有针对性、科学性、实效性、教育性。 3. 根据节庆活动的内涵和教育意义确定主题。	
活动目标	1. 目标明确,有明确的导向和教育性,使学生的情感态度、价值观得到提升。 2. 学生有认识,有感悟,自我教育能力得到增强;能促进学生身心健康发展。	
活动内容	1. 贴近节日意涵,贴近学生实际生活,贴近学生的身心发展规律。 2. 紧扣主题,准确定位,分出层次,突出重点。	
活动实施	1. 活动设计合理、操作性强,按照"近、亲、实"的原则选择活动,体现综合效能。 2. 呈现形式具有拓展性、开放性的特点,具有给予学生思考空间的活动环节,引导学生体验和感悟节庆活动的意涵。 3. 面向全体学生,关注学生的个性和差异,注重培养学生的实践能力,教育作用明显。 4. 活动设计兼具传统与现代特征,同时突出课程的实践性、自主性、综合性、创造性和趣味性。	
活动方式	1. 注重引导学生的节日感悟和体验。 2. 重视活动的群体性,引导学生合作学习。 3. 能创设生动、活泼、有效的节庆活动氛围。	
活动效果	1. 节庆文化活动的内容和形式越来越丰富。 2. 学生在活动中收获、成长,提升了综合素质。 3. 总结全面,宣传到位。	

四、创建"润趣社团",落实兴趣爱好课程

学生社团作为活跃在校园里的一种组织形式,已被越来越多的学生所认可和接受。丰富多彩的社团活动是滨江学校"润泽教育"建设的重要载体,是促进学生全面、和谐、有个性地发展的重要途径,是进一步深化课程改革、发展素质教育的重

要体现,真正让每个孩子都成为充满爱与智慧的小水滴。

(一)"润趣社团"的主要类型

　　太极点水韵,游泳助波澜,琴棋泛涟漪,书画添水势。学校通过循序渐进地普及"拳(太极拳)、泳(游泳)、琴(口琴)、棋(棋类)、书(书法)、画(绘画)"这有益终身的"六艺"才能,全面提升全体师生的综合素养。"润趣社团"的主要类型见表3-14。

表3-14　南昌市滨江学校"润趣社团"主要类型表

社 团 类 型	社 团 名 称
学科类	"未来之星"语言表演社团
	"文苑漫步"文学社团
	"火辣English"英语社团
	"华罗庚基地"数学社团
	"万有引力"物理社团
	"化海畅游"化学社团
	"科技之光"科学社团
	"时事评论"政治社团
	"雏鹰起飞"培优补差社团
体育类	"行云流水"太极社团
	"水韵"游泳社团
	"飞鱼"田径社团
	"水娃"篮球社团
	"乒乒乓乓"乒乓球社团
	"强身健体"体能训练社团
艺术类	"泉水叮咚"合唱社团
	"小荷"舞蹈社团
	"天籁"竖笛社团
	"古色筝心"古筝社团

续　表

社 团 类 型	社 团 名 称
艺术类	"乐韵"二胡社团
	"珍珑"围棋社团
	"翰墨飘香"书法社团
	"泡泡鱼"绘画社团
科技类	"最强大脑"头脑奥赛社团
	"冲上云霄"航模社团
	"心灵手巧"手工社团
	"星空创客"机器人社团

(二)"润趣社团"的评价要求

　　"润趣社团"着力推进学校的内涵式发展,普及校园"拳、泳、琴、棋、书、画"六艺,促进全体师生热爱体艺活动,寓教于乐,使师生放松心情、陶冶情操,营造健康、团结、向上的气氛。"润趣社团"的评价要求见表3-15。

表3-15　南昌市滨江学校"润趣社团"的评价要求表

评估项目	评 估 点	分值	评估方式	得分	扣分原因
组织管理(20分)	1. 成立学生社团活动工作领导小组,明确责任分工。每学期至少召开一次社团活动工作会议,研究部署社团活动工作,解决落实相关问题。	5分	查阅资料		
	2. 出台学生社团活动管理制度、经费使用制度、考核办法等,并落实。	5分	查阅资料随机访问		
	3. 社团的开设科学合理,符合校情。申报的社团数与社团活动实际开展数相符。	5分	查阅资料实地抽查		
	4. 安排专人检查学生社团活动的开展情况,并做好检查记录,作为考核评价的依据。	5分	查阅资料		

续 表

评估项目	评 估 点	分值	评估方式	得分	扣分原因
条件保障 (20分)	1. 为社团开展提供合理的场地,天气恶劣时,对户外社团场地保障有预案。	5分	查阅资料 实地查看		
	2. 为社团开展提供相应的器械和经费保障,经费使用合理,有使用明细。	5分	查阅资料 实地查看		
	3. 合理、科学配备社团活动指导教师。	10分	查阅资料 实地查看		
活动开展 (40分)	1. 各社团有规范的学生名册,每次活动规范考勤。	5分	查阅资料 随机访问		
	2. 社团活动指导教师及时到岗,按要求保证社团活动开展的时间。	5分	查阅资料 随机抽查		
	3. 社团活动计划合理、科学,指导教师有相应教案。	10分	查阅资料		
	4. 活动主题鲜明,内容丰富,形式生动,并有创新,学生满意度高。	10分	查阅资料		
	5. 每次社团活动后有记录或反思。	5分	随机抽查 随机访问		
	6. 活动期间秩序、组织纪律良好,活动过程中没有违规现象。	5分	随机抽查		
活动成效 (20分)	1. 社团活动有展示:学校每年至少安排一次社团成果集中展示活动,展示形式新颖,成效好。	10分	查阅资料		
	2. 社团活动有影响:学校通过公众号宣传社团活动,在各级媒体有相关报道。	10分	查阅资料		
特色亮点 (加分项)	社团活动特色鲜明,成效显著。根据特色亮点酌情加分,上限为10分。	10分	综合考评		
得 分					

五、聚焦"润心主题",落实专题教育课程

中小学有行规教育、安全教育、优秀传统文化教育、生命教育等十二大专题教

育。学校设置了"润心主题"教育,落实专题教育课程。

(一)"润心主题"的整合设计

学校开设了"润心主题"教育课程,强调以下两个"整合":

1. 学科整合。"润心主题"教育课程通过与国家课程以及校本课程的学科整合,涵养学生的品格,提升学生的素养。学校集全体教师之力,开发出"以年段整合为平台,以品行养成为目标"的《水韵》校本课程教材。这套教材对水的内涵进行校本研究,将水的知识逐层递进,通过对学段课程进行整合,努力追求教育无痕的境界。此外,学校将警校共建工作融入"水韵"校本课程,创编了刚柔并济的普法课程"珍爱生命,自护自救",独树一帜地将"刚性"的普法教育与"柔性"的水文化相结合。通过晨会、班会、队会等德育系列课堂,创设"模拟法庭、习惯培养、主题活动、亲子体验"等实践活动,拓宽共育渠道,纵深育人内涵,不断创新、探索法制宣传教育的新途径,深受学生和家长欢迎。

2. 活动整合。"润心主题"教育课程通过与各种活动进行整合,让学生在体验中感悟,在感悟中成长。毕业典礼、成长礼、研学旅游、德育等各种活动,通过打造现实场景,让学生在真实的社会关系中体验与感悟,培养自身的独立性、责任心、互爱意识,发掘梦想,积累社会经验,实现自我情商、智商、财商等的全面提升。

(二)"润心主题"的评价要求

"润心主题"课程是否科学有效,可从以下几个方面进行评价:

1. 课程设计。课程设计作为课程的灵魂,是否针对学科特点和学生实际,符合儿童心理、符合儿童认知的要求;是否突出态度、情感、价值观在教学目标中的定位,把方法、兴趣、习惯等因素纳入教学设计。

2. 课程实施。课程实施作为课程的载体,是否准确把握教材,丰富拓展资源;是否准确把握重难点,并有所突破;是否关注学生的学习经验和认知水平,具有儿童性和趣味性,传播爱与智慧。

3. 课程效果。课程效果作为课程的检验标准,是否让学生在自主探索、动手实践和合作交流中理解、掌握知识技能;是否让学生有积极的情感反应;是否让不同层次的学生能感受到成功的喜悦,获得不同的收获。

4. 课程管理。课程管理作为课程的保障,是否有合理的科学规划;是否有健全的组织机构;是否有标准的实施制度;是否有完善的评价制度。

综上所述,"润之韵课程"将继续坚持"润泽教育"这一哲学,以孩子的发展为本,充分挖掘他们的潜能,让每一个孩子都成为充满爱与智慧的小水滴,让每一个孩子都成长为具有健全人格和独立个性的合格公民。

第四章

办学愿景与
课程实施

办学愿景是学校对教育核心价值的自主诠释,是促进学校自身发展的"精神坐标"。从这个意义上说,办学愿景是对课程实践过程的引导和"监控"。因此,学校要善于借助办学愿景的影响力来激发师生的活力和动力,让课程在办学愿景这只"看不见的手"的牵引下顺利实施。

　　办学愿景是办学使命的具象,是与学校教育价值观紧密联系,能调动师生情感的图景。要推进课程变革的顺利进行,不仅要确立学校的办学愿景,更要充分发挥其重要作用,把愿景具象化,使看不见、不容易理解的东西变得看得见、容易理解,以激发出师生为之奋斗的动力和情愫,使其映照和指引课程变革之路,保证课程的顺利实施。

　　南昌市青桥学校结合棋文化特色,在深究棋文化对教育的启迪和感悟的基础上提出了"启悟教育"之哲学,并将办学愿景确立为:办一所让生命成长精彩纷呈的学校。在青桥人看来,学生的成长其实就是走向一座人生桥的过程。为了使学生获得智慧、理性、意志、品格等生命能量,得以顺利抵达人生的成功之桥,学校结合学生的实际需求,精心做好了课程的顶层设计,从"德有品、学有创、健有体、行有矩"等不同维度出发,建构起立体化、层次化、动态化的"立交桥"课程体系。为了保证课程的顺利实施,学校充分发挥办学愿景的激励、引导、感召和"监控"作用,使每个生命的潜能得以充分释放,活力得以充分激发,智慧得以充分展现,指引每一个学生找到适合自己的方向,并勇于实现自己的梦想,让每一个生命都能闪耀成功之光。

➡ 文化坐标　南昌市青桥学校

　　"双打吃,真奇妙,总有一边跑不掉",一幅幅生动的手绘画呈现在校外棋文化宣传长廊里,一所棋韵悠长的学校赫然出现在眼前——南昌市青桥学校。步入校园,青枝绿叶,环境优美,操场东侧是棋文化天地,墙上镌刻着"智慧之道、思辨之道、平衡之道、毅勇之道、成功之道"。学校位于英雄城东湖区青山路立交桥旁,校名由此而得,有着 60 多年的办学历史,校园占地面积为 7 092 平方米,现有教学班29 个,教师 83 人。学校于 2002 年开始打造棋文化办学特色,先后获得"全国国际象棋传统学校"、"全国棋类教学示范实验基地"、"教育部'十二五'教育规划重点课题实验基地学校"、"江西省体育传统项目学校"、"陈毅爱心围棋教室"、"南昌市文明单位"、"南昌市德育工作先进校"、"南昌市文明校园"、"南昌市青年文明号"等光荣称号。

课程是学生在校生活的全部总和,一所优质学校应该有自己的课程体系。我们憧憬在"品质课程"研讨的引领下,整体性地撬动学校育人模式的变革,让每一位学生在"顺应天性,尊重个性,涵养悟性"的办学理念下成长,使学校的课程变革走向深处,使教师的职业水准走向高处,使学生的文化情愫走向远处。

第一节　顺应天性,尊重个性,涵养悟性

一、学校教育哲学: 启悟教育

16 年来,学校致力于棋文化的探讨、研究与实践,这一切的教育着力点都源于棋文化的本真内涵——棋者,奕也。博弈是东方文化生活的重要组成部分,它影响和陶冶着人们的道德观念、行为准则、审美趣味和思维方式。"弈"的恬淡、豁达、风雅、机智和军事、哲学、诗词、艺术共聚一堂。黑白纵横之间,楚河汉界内外,棋德弘扬民族精神,棋艺启迪人的智慧,棋趣陶冶人的情操,棋理磨炼人的意志……基于棋文化的历史积淀和对弈智慧,深究棋文化对教育的启迪和感悟,学校确定了教育哲学——"启悟教育"。

"启悟教育"即顺应天性,尊重个性,涵养悟性,是基于由知识、智力、技巧等启发意志、情感、个性意识倾向、气质、美感等要素的复杂育人活动。"启悟教育"不是单纯的智力启发教育或智慧教育,而是在知识建构的物质教育基础之上,培养学生构建自己的价值观、人生观、世界观,激发对世界的强烈探知,强化知识结构的运用实施,弱化负能量的宣泄,淡化内心的不良情绪等的非物质教育。

教育是启迪智慧和感悟生长的过程。学校教育中最基本的活动是传授知识,但是知识不可穷尽,没有谁能够掌握人类所有的知识。知识是可以灌输的,但智慧是需要启迪的。因此,在教育中,一方面要让学生遨游在知识的海洋中,启迪学生的智慧,唤醒学生的良能,点燃学生的心灵之火,并使之熊熊燃烧;另一方面要让学

生接收思想的教化,懂得做人的基本原则和处事法则,能够遵循身心发展的规律,通达个体幸福,使人格臻于完善。无论是知识的增长,还是思想的成熟与完善,都是教育散发出的独特魅力。

我们的教育信条

我们坚信,

智慧是最迷人的光芒;

我们坚信,

有情操是对美好未来的向往;

我们坚信,

学生是大自然最富有生命力的精灵;

我们坚信,

学校是一块蕴藏着无数养分与才气的土壤;

我们坚信,

教育是顺应天性、尊重个性、涵养悟性的陪伴与守望;

我们坚信,

塑造生命之美是教师职业生涯最温暖的使命与向往;

我们坚信,

启迪智慧、陶冶情操是学校教育最纯情、最美好的愿想。

二、学校办学理念: 顺应天性,尊重个性,涵养悟性

"启悟教育"强调关注不同层次学生的发展需求,从孩子身边寻找课程元素,让学校课程更加接近学生的生命状态。基于教育哲学,学校提出"顺应天性,尊重个性,涵养悟性"的办学理念,让课堂教学触动孩子的心灵,让每一个孩子秉承自然之性,采撷丰富之源,跨越梦想之桥,闪耀成功之光。

每一个孩子都是一个独立的个体,没有两片树叶是完全一样的,教育就是让不同的孩子朝不同的方向发展,使孩子树立起正确的审美观念,陶冶高尚的道德情操,将感情和思想综合起来,使孩子的成长精彩纷呈。

三、学校课程理念: 纵情学海启心智,陶冶性灵悟生长

学校是一座神秘的智慧宫殿,教育的本质在于人文精神的传承和科学思想的培养,在于学习技能的启迪与心智模式的涵养,一切要从学生的全面发展出发,一切要为学生的智慧生长服务。"纵情学海启心智,陶冶性灵悟生长"是学校的课程理念。它意味着:

——**课程即亲近自然**。在自然开放的教育模式,即自然教育理念下,学生不是间接地通过书本学习,而是通过与大自然亲密接触来学习。教师与学生的互动完全以学生为中心,学生自我学习、自我发现,教师不仅是学生的支持者、引导者,更是学习的伙伴。

——**课程即纵情学海**。"腹有诗书气自华,最是书香能致远。"学海无涯赋予了学校教育的博大精深,师生沉浸其中,不仅能体会到书海的广阔,更能领略到人文气息的浓厚。

——**课程即启迪智慧**。每一个心灵都是自然宇宙与人类智慧的结晶,课程中的教育是有智慧的,教育不仅要从外部解放孩子,而且要唤醒孩子内在的心灵能量与人格理想,解放孩子的智慧,发展孩子的潜能。

——**课程即陶冶性灵**。每一个学生都有丰富的心灵与巨大的潜能,课程的价值在于,通过课程实施,通过教师的引导,让学生在成长的过程中,提高学习悟性,积累生活感悟,激发生命创造力。

总之,课程是学生悟性生成和灵性滋养的载体。学生的成长过程就是走向一座人生桥的过程,在多元智能理论的支撑下,在学校课程建设的引领下,通往人生成长的多维的桥面上,有智慧、理性、意志、品格、美感、直觉等生命的能量。学校的教育就像城市的立交桥一样,每一个学生都能通过它找到适合自己的方向,顺利抵达成功的目的地。因此,学校依据教育哲学,紧扣课程理念,同时结合校名"青桥"二字,将学校课程模式命名为"立交桥"课程,旨在引领孩子走向多元成长的人生桥。

第二节　纵情学海启心智,陶冶性灵悟生长

为了让每个孩子都能成功地实现自己的梦想,真正成为现代社会所需要的具

有多元智能的人才,学校依据"纵情学海启心智,陶冶性灵悟生长"的课程理念,明确了育人目标以及课程目标。

一、学校育人目标

学校育人目标:培养"德有品、学有创、体有健、赏有雅、行有矩"的美好少年。

德有品:拥有正面的德行、阳光的人格。

学有创:拥有创新的意识、创造的本领。

体有健:拥有健康的体魄、进取的精神。

赏有雅:拥有美雅的意识、鉴赏的能力。

行有矩:拥有规矩的行事、守理的品质。

二、学校课程目标

尊重学生的整体发展,不仅注重培养学生的逻辑智力、情感智力,而且重视学生性灵的熏陶,真正做到"纵情学海启心智,陶冶性灵悟生长",促成学生的全面发展。为了实现育人目标,学校对其进行细化,形成了低、中、高三个年段的课程目标。(见表4-1)

表4-1　南昌市青桥学校"立交桥"课程分年段课程目标表

育人目标	分 年 段 课 程 目 标		
	低年级(一、二年级)	中年级(三、四年级)	高年级(五、六年级)
德有品	1. 对同学友好,对师长尊敬,与同伴友好相处,并善于赞美别人;接受师长的帮助时,感谢师长为自己付出。 2. 遵守小学生行为规范的要求,品行端正,遵守规则,明理诚信,逐步养成良好的思想道德品质。	1. 对人尊敬、真诚、有礼貌;能看得到别人的长处,善于赞美别人;能接受别人的帮助,懂得感恩并学会尽自己的能力帮助别人;关注细节。 2. 遵守小学生行为规范的要求,品行端正,遵守规则,明理诚信,逐步养成良好的思想道德品质。	1. 对人尊敬、真诚、有礼貌;善于记住别人的名字;能看得到别人的长处,善于赞美别人;能接受别人的帮助,懂得感恩并学会尽自己的能力帮助别人;关注细节,记住家人生日或对别人意义重大的事情,并送上祝福。 2. 遵守小学生行为规范的要求,品行端正,遵守规则,明理诚信,逐步养成良好的思想道德品质。

续　表

育人目标	分年段课程目标		
	低年级(一、二年级)	中年级(三、四年级)	高年级(五、六年级)
学有创	1. 激发学习兴趣,掌握低年级文化课程标准规定的要求。 2. 基本养成听说读写的良好习惯。	1. 形成浓厚的学习兴趣,掌握中年级文化课程标准规定的要求。 2. 进一步养成听说读写的良好习惯,能注重联系实际,初步会将学到的知识与技能运用于生活。	1. 掌握高年级文化课程标准规定的要求。 2. 养成听说读写的良好习惯。能熟练地将学到的知识与技能运用于实践,保持浓厚的学习兴趣。
体有健	1. 掌握低年级体育课程标准的要求,每学期会利用体育活动课或者课余时间与同伴玩1或2个体育游戏。 2. 在运动中愉悦身心,懂得与他人合作。	1. 掌握中年级体育课程标准的要求,积极参加体育社团活动,发展1或2项喜爱的体育健身项目;每学期会利用体育活动课或者课余时间与同伴玩2或3个体育游戏。 2. 发扬体育精神,养成积极进取、乐观开朗的生活态度和坚持锻炼的习惯。	1. 掌握高年级体育课程标准的要求,积极参加体育社团活动,坚持1或2项喜爱的体育健身项目;每学期会利用体育活动课或者课余时间与同伴玩2或3个体育游戏。 2. 养成积极进取、乐观开朗的生活态度和坚持锻炼的好习惯。
赏有雅	1. 掌握小学生艺术类课程标准的要求。 2. 通过音乐和绘画课程,习得感受美、表现美、鉴赏美的审美能力,形成爱艺术的兴趣。	1. 掌握小学生艺术类课程标准的要求,热爱音乐和绘画。 2. 参加一个艺术类社团活动,在艺术中学会感受美、表现美、鉴赏美和创造美的审美能力,形成一定的艺术素养。	1. 掌握国家艺术类课程标准的要求,热爱音乐和美术等。 2. 参加一个或一个以上艺术类社团活动,掌握或加强特长技能,在艺术中学会感受美、表现美,进一步提升对美的创造力,熏陶高尚的情操和高雅的气质。
行有矩	1. 懂得遵守校纪校规的重要性,养成自觉遵守校纪校规的习惯。 2. 知道班级公约是班集体的决定,必须认真遵守。	1. 知道遵守校纪校规的浅显道理,进一步了解校纪校规的一般内容。 2. 知道自己违纪违规时,会努力改正。能自觉地遵守班级公约。	1. 培养言行一致的品格,全面养成良好的行为习惯。形成较强的自信心,充满活力,充满智慧,充满创造力。 2. 懂得在班集体生活中,要服从班集体的决定,能较好地遵守班集体制定的公约。

第三节　给予生命智慧和灵性的滋养

一、学校课程逻辑

　　为了让每一个生命获得智慧和灵性的滋养,学校根据"顺应天性,尊重个性,涵养悟性"的办学理念和"纵情学海启心智,陶冶性灵悟生长"的课程理念,依托多元智能理论,实施"立交桥"课程模式,让每一个孩子行走在通往多元成长的"立交桥"上,获得跨越梦想之桥的智慧、理性、意志、品格、美感、直觉等生命的能量,从而达到自我成长的境界。学校制定了如下课程逻辑图。(见图4-1)

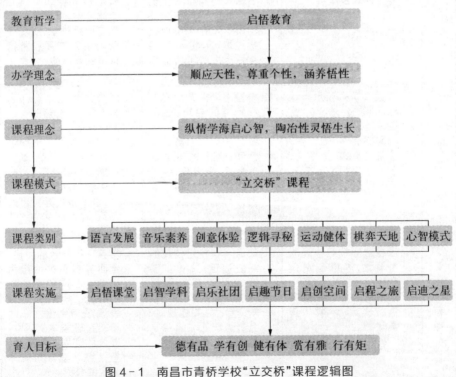

图4-1　南昌市青桥学校"立交桥"课程逻辑图

二、学校课程结构

依照加德纳的"多元智能"理论,以学生的全面发展为价值取向,按照国家课程标准及教育大纲,学校把课程分成七大类,即语言发展课程、音乐素养课程、创意体验课程、逻辑寻秘课程、运动健体课程、棋奕天地课程、心智模式课程。

语言发展课程(人文桥)

1. 通过国学教育,贯彻"先学做人,再做学问"的教学理念,用经典充实学生的人生,给学生一把开启语言发展大门的钥匙。

2. 培养小学生的语言思维习惯,提高小学生的英语语言水平,增强小学生的跨文化交际能力,从而使其感受英语语言的发展。

音乐素养课程(优雅桥)

1. 通过教学及各种生动的音乐实践活动,培养学生对音乐的兴趣,发展音乐感受能力、鉴赏能力、表现能力和创造能力,提高音乐文化素养,丰富情感体验,陶冶高尚情操。

2. 通过学习民族传统戏曲,使学生了解和热爱祖国的音乐文化,全方位多角度地领悟戏曲艺术的真谛。

创意体验课程(开拓桥)

通过美术活动,使学生进行个性化、创造性的学习,培养学生的想象力和创造力,使学生的注意力得到发展,在创意体验中开拓学生的想象之桥。

逻辑寻秘课程(探索桥)

1. 通过数学教学活动,帮助学生在自主探索和合作交流的过程中真正理解和掌握基本的数学知识与技能、数学思想和方法,让学生在游戏中玩透数学,培养学生的逻辑推理能力,闪耀学生的智慧之桥。

2. 通过科学学科,丰富学生的自然和人文知识,陶冶学生的文化情操,增加学生对家乡的了解和热爱。积极地把学生学习的场地场所引向生活和大自然,使学生能积极探索生活和自然中的种种现象。

运动健体课程(活力桥)

培养学生对运动的热爱,使学生掌握和应用基本的体育健康知识和运动技能,形成运动的兴趣和锻炼的习惯,形成健康的生活方式和积极进取的生活态度。

棋奕天地课程(智慧桥)

通过棋类教育,培养学生的观察力、创造力、想象力以及记忆力等思维品质,使其懂得棋规则、棋术语、常用战术、布局,在对弈中提高自己全面考虑问题的能力和素质,陶冶情操,促进身心发展,增强体质,培养顽强拼搏的精神,锻炼意志品质。

心智模式课程(成长桥)

通过心理健康课,使学生不断正确认识自我,增强调控自我、承受挫折、适应环境的能力;培养学生健全的人格和良好的个性心理品质。

学校课程结构图如下。(见图4-2)

图4-2　南昌市青桥学校课程结构图

三、学校课程设置

基础型课程基本以国家课程教材为载体,属于基本认知范畴,是全体学生必修的课程。除基础课程以外,在"纵情学海启心智,陶冶性灵悟生长"的课程

理念下,学校还对"立交桥"课程做了如下设置。(见表4-2)

表4-2　南昌市青桥学校"立交桥"课程设置一览表

实施年级	语言发展课程（人文桥）		音乐素养课程（优雅桥）	创意体验课程（开拓桥）	逻辑寻秘课程（探索桥）		运动健体课程（活力桥）	棋弈天地课程（智慧桥）	心智模式课程（成长桥）
	诵经典	趣配音	唱戏曲	创塑造	玩数学	星发现	强健体	益智棋	乐成长
一上	诵读古诗、童谣		认识京剧	认识黏土	多米诺	节日风俗	韵律操	五子棋(1)	我上学了
一下	《弟子规》		京剧故事知多少	主题塑造	百数板	生产和商业风俗	跳短绳	五子棋(2)	镜子里的我
二上	遨游神话		京剧表演形式	黏土人物认识	磁力片里玩数学	生活风俗	武术操	五子棋(3)	我爱我的家
二下	国学故事		学唱京剧	黏土装饰	对称游戏	民间文化风俗	武术基本动作	五子棋(4)	我的好伙伴
三上	《三字经》	配音启蒙(上)	唱京剧识脸谱	彩纸剪贴画	立方体	古今风华	散打操	国际象棋(1)	快乐的秘诀
三下	国学诵读精美片段	配音启蒙(下)	看京剧赏服饰	彩纸剪贴画	月历中的排列问题	深入宝库	散打基本动作	国际象棋(2)	我是谁
四上	经典国学片段剧展演	小小配音家(上)	品味京剧	创意贴画	火柴棍的平移问题	滕王阁	篮球(1)	国际象棋(3)	阳光总在风雨后
四下	走进诗歌散文	小小配音家(下)	京剧表演我最棒	创意贴画	折纸中的数学	绳金塔	篮球(2)	国际象棋(4)	我坚持我快乐
五上	诵读经史子集、中外精美散文	神奇配音世界(上)	江西地方戏曲	纸盘绘画	桌游	八大山人	篮球(3)	中国象棋(1)	批评与自我批评
五下	创作编写散文诗歌	神奇配音世界(下)	学唱经典唱段	脸谱面具	魔方	海昏候墓	篮球(4)	中国象棋(2)	问号大揭秘

续 表

实施年级	语言发展课程（人文桥）		音乐素养课程（优雅桥）	创意体验课程（开拓桥）	逻辑寻秘课程（探索桥）		运动健体课程（活力桥）	棋弈天地课程（智慧桥）	心智模式课程（成长桥）
	诵经典	趣配音	唱戏曲	创塑造	玩数学	星发现	强健体	益智棋	乐成长
六上	《论语》	电影配音秀（上）	传统戏曲欣赏	帽子绘画	华容道	梅岭	散打展示	中国象棋(3)	成功的喜悦
六下	小小作家梦	电影配音秀（下）	戏曲大联欢	画扇面	拓扑游戏	安义古村	篮球展示	中国象棋(4)	我的情绪我做主

第四节 通往多元成长的"立交桥"

课程实施就是促进学生能力提高、发展学生特长的过程，也是促进学生全面发展、提高教师综合素质，并让学校彰显育人特色的进程。从学生的发展出发，将评价指向课程，建立评价目标多元化、评价方法多样化的发展性课程评价体系是学校课程实施的重要环节。学校从"启悟课堂""启智学科""启乐社团""启趣节日""启创空间""启程之旅""启迪之星"七个维度践行"启悟教育"，依托"立交桥"课程，架起通往人生成长的"立交桥"，使之成为实现学生学习价值的风向标，使智慧启迪和性灵陶冶能够真正落地。

一、建构"启悟课堂"，落实学科基础课程

(一)"启悟课堂"的内涵与操作

"启悟课堂"以打好学生的文化基础、品德基础、身心基础为目标，全面发展学生的能力，促进学生对学科知识的综合运用。在日常教学的基础上，要根据学校的实际情况，兼顾到每个孩子的发展需要，树立着眼于学生发展的教育价值观，同时，在课程的实施中要重视教师的主动精神，要发扬团结协作的精神，真正立足基础课

程,落实"启悟课堂"。具体计划如下:

1. 善思。 "启悟课堂"是善思的课堂,需要每位教师加强学习,在实践中不断领悟、反思、再实践、再反思。在实施中,强化以"研"促"教"的意识,通过专家讲座、教师讲坛、听课评课、读书交流等活动形式,为"启悟"的实施打好基础。

2. 乐学。 "启悟课堂"是乐学的课堂,以学生乐学为中心,以学生乐学为目标,以激发学生自觉学习、培养学生浓厚兴趣为根本,充分发挥学生的主体作用,让学生通过自主发现问题、合作探究共同解决问题,获得知识,形成能力。

(二)"启悟课堂"的评价要求(见表 4–3)

表 4–3　南昌市青桥学校"启悟课堂"教学评价表

类别	指标	标准解读	效果
善思	教学目标	1. 符合学科课程标准和教材的要求及学生实际。	
		2. 明确,合理,具体,可操作性强。	
	教学内容	1. 知识结构合理,突出重点、难点,难易适度。	
		2. 正确把握学科知识、思想和方法。	
		3. 课堂立足于学科素养,由学生的全面发展体现师生和谐。	
	教学方法	1. 寓学法指导于教学之中,寓德育于教学内容之中,善于鼓励学生,点评适宜。	
		2. 根据教学实际科学运用教学方法,充分体现学科特点,做到因材施教。	
		3. 现代教育技术应用适时适度。	
乐学	学生活动	1. 参与态度:热情高,主动参与,自主学习意识强。	
		2. 参与广度:有充分参与的时空和有效的合作。	
		3. 参与深度:学习内容由浅入深,能倾听、理解学生的发言,及时沟通,并提出有意义的问题和新的见解。	
教学特色记录			

二、建设"启智学科",积极推进学科拓展课程

课程的多样化、结构化是学科发展水平高的重要标志,学校将"学科课程群"作为学科特色培育的着力点,构建结构完整的、系统的课程体系,形成相互渗透、相互依托的学科课程群,为学生提供多样化的课程选择。

(一)"启智学科"的建设路径

学校根据各学科的师资力量,倡导教师在国家课程校本化实施的基础上总结经验,以某学科为原点,设计基于该学科特色的"1 + X"课程群。"1"是教师所教授的国家基础性课程,"X"是指教师根据国家课程开展的拓展性课程,是基础性课程的延伸。

1. 建设"人文桥"诵经典课程群。中华经典作为优秀传统文化的重要载体,是建设社会主义先进文化的宝贵资源。深入挖掘国学经典的思想精华及其当代价值,从民族文化的源头活水中汲取营养,对于传承中华文明、构建和谐社会、实现中华民族的伟大复兴,具有十分重要的现实意义和深远的历史意义。(见表4-4)

表4-4 南昌市青桥学校"人文桥"诵经典课程群表

实施年级	课　　程	学　习　目　标	活　动　设　计
一上	诵读古诗、童谣	通过游戏化、故事化的诵读,了解道德修养与规范。	自己读一读 各种形式吟诵
一下	《弟子规》	通过吟诵《弟子规》,初步了解《弟子规》中所蕴含的许多做人的道理,传承中华美德。	观看《弟子规》视频 自己读一读 各种形式吟诵
二上	遨游神话	通过引领学生遨游神话,感受神话的魅力,在学生心中播下神话的种子,让学生的世界散发语言发展人文之光。	阅读各类童话故事 交流心得
二下	国学故事	了解孔子、孟子等圣贤人物的美德故事,习得道德修养与规范。	看国学小故事视频 讲一讲国学小故事
三上	《三字经》	通过吟诵《三字经》,培养学生拥有良好的人生信念和积淀扎实的文化底蕴,传承中华传统文化。	自己吟诵 各种形式吟诵 找找故事 讲讲故事

续　表

实施 年级	课　程	学　习　目　标	活　动　设　计
三下	国学诵读《史记》等经史子集中的精美片段	激发学生阅读经史子集的兴趣,感受它们的魅力。	各种形式吟诵
四上	经典国学片段剧展演	通过经典片段展演,营造浓厚的阅读氛围,提升学生的语文水平,培养学生良好的语文素养。	1. 读一读国学经典 2. 演一演经典片段
四下	走进诗歌散文	掌握多角度鉴赏古代诗歌的方法,理解诗意,领会诗情。	1. 自己读一读 2. 各种形式吟诵
五上	诵读经史子集、中外精美散文	使学生初步了解经史子集以及散文。	各种形式吟诵
五下	创作编写散文诗歌	在已有知识的基础上,试着自己创编简单的诗歌,培养语言素养。	写一写自己的散文诗歌
六上	《论语》	了解《论语》一书和孔子,使其深邃的儒家思想启发学生的心智,触动学生的心灵。	1. 议一议心目中的孔子 2. 读一读《论语》篇章
六下	小小作家梦	明白如果想要实现自己的小小作家梦,那就必须好好学习,同时在写作中提高自己的书面表达能力。	1. 读一读各种美文 2. 写写自己的美文

2.建设"人文桥"趣配音课程群。"英语趣配音"不仅点燃了学生学习英语的热情,提高了大家的口语表达能力,同时也提高了对英语的实际运用能力,使学生的知识和能力得到全面提升,实现了兴趣与学习的完美结合。(见表4-5)

表4-5　南昌市青桥学校"人文桥"趣配音课程群表

实施年级	课　程	学　习　目　标	活　动　设　计
三上	配音启蒙 (上)	1. 正确读出26个英文字母。 2. 能根据录音模仿说话。 3. 能看懂语言简单的英语动画片或程度相当的英语教学节目。	1. 听并模仿,听信息,选图画。 2. 听信息,排顺序。 3. 口头回答问题。 4. 通过读字母及给相关词句配音,并结合自然拼读法,让学生在模仿中习得语音知识。

实施年级	课　程	学　习　目　标	活　动　设　计
三下	配音启蒙（下）	1. 了解简单的拼读规律。 2. 能听懂简单的配图小故事,能借助图片、图像、手势听懂简单的话语或录音材料。 3. 能在教师的帮助下表演小故事或小短剧。	1. TPR 活动,听指令做动作。 2. 听并画图。 3. 角色扮演。 4. 通过给英文原版动画片配音,加强情景化教学,以达到英语口语教学的目的。
四上	小小配音家(上)	1. 能就熟悉的话题进行简单的英语交流。 2. 能提供有关个人情况和个人经历的信息。 3. 能讲述简单的小故事。	1. 听并制作。 2. 听并匹配。 3. 概括要点。 4. 加强情景化教学,使学生习得地道的日常交际用语的表达。
四下	小小配音家(下)	1. 能听懂简单故事的情节发展,理解其中的主要人物和事件。 2. 能引出话题进行几个话轮的交谈。 3. 教师帮助学生根据图片用简单的语言描述自己或他人的经历。	1. 复述或转述所听内容。 2. 表达简单的个人观点。 3. 模拟对话。
五上	神奇配音世界(上)	1. 能听懂接近自然语速的叙述,理解故事的因果关系。 2. 能根据话题进行情景对话。 3. 能在教师的指导下参与角色表演等活动。	1. 听信息,排顺序。 2. 听信息,列项目。 3. 听信息,补全文字。 4. 短剧表演。 5. 复述故事。
五下	神奇配音世界(下)	1. 能听懂有关熟悉话题的谈话,并从中提取信息和观点。 2. 能与他人沟通信息,合作完成任务。 3. 能在口头表达中进行适当的自我修正。	1. 讲故事。 2. 表演情景对话。 3. 短剧表演。 4. 小组讨论,全班讨论。
六上	电影配音秀(上)	1. 能根据语调和重音理解说话者的意图。 2. 能针对所听语段的内容记录简单信息。 3. 能用英语表演短剧。	1. 演讲。 2. 简短报告。 3. 讲故事。

续　表

实施年级	课　程	学　习　目　标	活　动　设　计
六下	电影配音秀(下)	1. 能借助语境克服生词障碍,理解大意。 2. 在听的过程中用适当方式做出反应。 3. 能顺畅自如地用英语表演各种故事和短剧。	1. 接续故事。 2. 复述故事。 3. 相互补充信息。 4. 通过英文原版优秀电影的呈现,运用"赏,析,模,演,配"等五个教学步骤,加强情景化教学,以达到学生习得地道的日常交际用语的表达以及教师提高英语口语教学水平的目的。

3. 建设"优雅桥"唱戏曲课程群。 戏曲艺术融合了诗、词、歌、赋、口头文学、音乐舞蹈、书法美术、舞美服饰、武术杂技等艺术精华,是中华民族富有特色的文化形式。该课程群让学生了解戏曲文化,从戏曲中吸取精髓,传承经典文化。(见表4-6)

表4-6　南昌市青桥学校"优雅桥"唱戏曲课程群表

实施年级	课　程	学　习　目　标	活　动　设　计
一上	认识京剧	通过参与体验各项音乐活动,初步了解京剧、走进京剧,了解其表现手段及行当分类等相关知识。	在课堂上,通过小组活动以及视频欣赏,走进京剧。
一下	京剧故事知多少	熟知几个京剧故事,激发学生对传统戏曲艺术的自豪之感和热爱之情。	介绍京剧经典片段的故事,同学之间互相讲京剧故事。
二上	京剧表演形式	认识京剧表演形式,进行唱、念、坐、打的基本训练。	介绍京剧的表演形式。开展社团活动,进行基本动作的练习。
二下	学唱京剧	学唱两首京剧。	介绍京剧的背景,通过音乐课、合唱课等学唱。
三上	唱京剧识脸谱	通过学唱京剧,认识脸谱,学习按步骤临摹京剧脸谱,并根据谱式、颜色所代表的含义分组合作设计一套京剧脸谱。	与美术课整合,欣赏京剧,画脸谱。

续　表

实施年级	课　程	学　习　目　标	活　动　设　计
三下	看京剧赏服饰	通过学唱京剧,认识京剧服饰,认识不同角色的服装特点。	图片欣赏,京剧欣赏,走进戏剧博物馆。
四上	品味京剧	通过欣赏,使学生在领略我国京剧艺术所具有的美感时,受到生动的革命传统教育。	接触京剧名人,欣赏名家名段。
四下	京剧表演我最棒	通过表演不同行当的人物动作等,引导学生体验与感受京剧。	通过模仿、对比、体验、实践等方法,引导学生主动参与活动。
五上	江西地方戏曲	通过欣赏江西地方戏曲的著名唱段,激发学生的兴趣。	搜集相关资料、视频,了解地方戏曲曲艺的基本知识。
五下	学唱经典唱段	通过学唱经典戏曲唱段,进一步了解地方戏曲特点。	开展合唱团、小组活动
六上	传统戏曲欣赏	通过欣赏传统戏曲,培养学生热爱祖国文化的感情,提高学生的艺术修养。	分学习小组进行交流,学习小组汇报员向全班汇报,教师整理学生点。
六下	戏曲大联欢	通过实践活动,培养学生的表演才能,挖掘学生自身潜能。引导学生对舞台艺术产生兴趣,培养学生高雅的艺术情趣。	组织开展六一、元旦、班会活动

4. 建设"开拓桥"创塑造课程群。本课程通过挖掘学生的艺术天分,启发学生丰富的想象力和创造力,激发学生大胆的表现欲望,使其创造性思维得以发展。(见表4-7)

表4-7　南昌市青桥学校"开拓桥"创塑造课程群表

实施年级	课　程	学　习　目　标	活　动　设　计
一上	认识黏土	体验单个形体,初步了解制作黏土的技法,认识其表现形式及相关作用,培养学生的专注力。	认识黏土,用黏土制作单个植物。
一下	主题塑造	熟知黏土造型,激发学生的想象空间,创造出不同主题的动植物组合。	能够熟练捏造任何物体,并组合完成场景主题。

续　表

实施年级	课 程	学 习 目 标	活 动 设 计
二上	黏土人物认识	体验人物捏造,了解人物的制作技法,学习其表现形式,增强审美意识。	认识人物的捏造技法,创造性完成人物黏土。
二下	黏土装饰	培养专注力,能运用黏土表达和传递自己的情感,能融入集体的制作活动,与人分享艺术成果,学以致用,美化环境。	黏土塑形,能用黏土美化环境。
三上	彩纸剪贴画	了解剪贴画这一艺术形式,并了解我国的传统文化,增强民族自豪感。用自己的作品反映客观世界和对自身生活的认识,用自己的作品表达自己的情感。	认识彩纸剪贴画,能自行完成作品。
三下	彩纸剪贴画	让学生通过创造性活动提高环保意识,发展智力,陶冶情操,激发自己对家乡的热爱,认识和了解我国传统民间工艺剪贴画的知识和历史,促使学生热爱祖国的灿烂文化。	创造性地完成彩纸剪贴画,独立设计画面内容。
四上	创意贴画	熟悉各种材料的特性,掌握拼贴画制作的方法,增强对材料和工具的运用能力,体验经过脑和手把普通材料变为一种艺术品的自豪和喜悦。	熟悉各种材料的特性,掌握拼贴画制作的方法。
四下	创意贴画	提高学生的审美情趣,改进学生的学习方式,培养学生对拼贴画的兴趣,开阔学生的视野。	独立设计贴画内容。
五上	纸盘绘画	通过欣赏古今中外各种材质、形状、装饰图案的盘子,感受盘子的美,在一种广泛的文化情境中认识美术特征、美术表现的多样性。	熟悉纸盘绘画方法,认识纸盘绘画作用。
五下	脸谱面具	了解脸谱艺术的起源、历史、发展等文化。通过欣赏、评述不同角色的脸谱,学习脸谱艺术利用色彩表现人物性格方面的知识,掌握绘制脸谱的造型方法。	了解脸谱艺术的起源、历史、发展等文化,学习脸谱艺术利用色彩表现人物性格方面的知识。

续　表

实施年级	课　程	学　习　目　标	活　动　设　计
六上	帽子绘画	让学生通过设计帽子的形状、图案，培养对绘画的兴趣，体验不同材料，增强创意意识。	熟练掌握帽子绘画方法，独立完成作品。
六下	画扇面	通过欣赏各种扇子，了解祖国传统文化的精髓，感受不同的扇面形式，尝试运用山水或花鸟画技法进行扇面绘制的练习，掌握扇面作画的特点及步骤。	尝试运用山水或花鸟画技法进行扇面绘制的练习，并能独立完成作品。

5．**建设"探索桥"玩数学课程群。**该课程群从数学学科本质出发，创设有利于诱发学生思维的学习情境，培养学生的抽象、推理等高阶思维，从而提升学生的思维品质。(见表4-8)

表4-8　南昌市青桥学校"探索桥"玩数学课程群表

实施年级	课　程	学　习　目　标	活　动　设　计
一上	多米诺	通过多米诺的多种游戏，初步认识数字与点的对应、简单的加减法，了解数与形的关系。	多米诺与数字卡对应 多米诺接龙 多米诺加减法
一下	百数板	通过百数板，让学生弄清数字之间的联系，培养数学思维。	正确摆放百数板里的数字 接龙游戏　上看下看 左看右看　神奇数字窗 找朋友　小手拍拍拍 玩转跳数　拼图大世界
二上	磁力片里玩数学	通过磁力片的游戏，让学生理解立体图形与平面图形的关系，找规律。	用磁力片拼立方体，并分析关系；用磁力片找规律
二下	对称游戏	通过剪纸、照镜子、乐高拼图等不同方式来创造对称图形，感受对称之美。	用一半画好图形的纸来剪对称图形，用照镜子的方式观察对称图形，用乐高来做对称图形
三上	立方体	通过立方体的各种摆法及各个角度的观察，了解立体图形。	根据图片摆好对应的立方体，再从各个角度观察，画出对应的面；完成相应练习纸

续　表

实施年级	课程	学 习 目 标	活 动 设 计
三下	月历中的排列问题	让学生观察及创造月历。	观察月历 制作月历 思考月历中的问题
四上	火柴棍的平移问题	通过火柴棍游戏，培养学生的观察能力及思维能力。	根据不同的练习纸完成火柴棍的平移问题
四下	折纸中的数学	通过各种折纸游戏，让学生感受图形的对称美。通过单元图形的平移与旋转，组合成复杂图形。	根据不同的要求来折纸 竞赛 自己设计图案
五上	桌游	通过各种桌游，培养学生的多维思考能力。	小组玩桌游
五下	魔方	寻找魔方里的数学。	讲解原理 复原魔方
六上	华容道	在难度呈阶梯状的华容道游戏中锻炼学生的思维能力。	华容道竞赛
六下	拓扑游戏	通过各种拓扑游戏，培养学生的空间想象能力。	讲解制作方法 动手制作拓扑纸 设计拓扑

6.建设"开拓桥"星发现课程群。该课程群从品社和自然学科的本质出发，培养学生认识社会、认识世界的能力，从而培养学生与社会、与自然和谐共处的素养。（见表4-9）

表4-9　南昌市青桥学校"开拓桥"星发现课程群表

实施年级	课程	学 习 目 标	活 动 设 计
一上	节日风俗	感知、体验各种传统民俗节日的氛围，初步了解各个传统节日的来历、意义和各地过节的风俗。	以图文并茂的书面介绍、生动有趣的广播、形象真实的实物展示等形式，展示不同节日的由来、风俗习惯等。
一下	生产和商业风俗	了解我国生产的历史和发展过程。	用照片展示在生活中发现的商业风俗，如理发店门口的红黄蓝三色转灯、典当铺门口的"当"字标识。 在网络上下载关于生产发展故事的视频，如纸的制造方法、玻璃的制造过程等。

续　表

实施年级	课　程	学　习　目　标	活　动　设　计
二上	生活风俗	让学生在学校中学习到生活风俗文化,培养动手能力,在游戏中增强对我国民族的热爱之情。	听民歌,学生与老师、学生与学生之间进行民歌对唱,了解广西凤山县的传统风俗。
二下	民间文化风俗	以春节为主题,让学生了解祖国各地不同的节日文化习俗。	了解家乡的春节文化,春节是中国传统文化的重要载体和重要形式,各地习俗不同,也代表了不同地方的文化。搜集各地的春节风俗民谣,并学习用不同的方言读一读。
三上	古今风华	通过阅读中国古典文学名著,了解当今科技创新成果,明白国家的伟大,培养民族自豪感。	推荐中国四大名著,写阅读心得,做读书卡活动。小组合作制作科技小作品。
三下	深入宝库	通过深入发掘中国书法宝库,推动中华传统文化的继承与发扬。	以书法为主题,了解历代大书法家的故事、名篇。
四上	滕王阁	了解滕王阁的历史发展过程。	亲身游滕王阁,展示滕王阁的文字和影像资料。
四下	绳金塔	了解绳金塔的历史发展过程。	亲身游绳金塔,展示绳金塔的文字和影像资料。
五上	八大山人	了解八大山人的历史发展过程。	亲身游八大山人纪念馆,展示八大山人的文字和影像资料。
五下	海昏侯墓	了解海昏侯墓的历史发展过程。	亲身游海昏侯墓、展示海昏侯墓的文字和影像资料。
六上	梅岭	了解梅岭的历史发展过程。	亲身游梅岭、展示梅岭的文字和影像资料。
六下	安义古村	了解安义古村的历史发展过程。	亲身游安义古村、展示安义古村的文字和影像资料。

　　7. 建设"活力桥"强健体课程群。该课程群属于体育类课程,旨在激发学生对运动的兴趣,培养学生的体育技能,帮助学生强身健体。(见表 4 - 10)

表 4-10　南昌市青桥学校"活力桥"强健体课程群表

实施年级	课　程	学　习　目　标	活　动　设　计
一上	韵律操	通过学习一或两套韵律操成套动作,能让学生在美妙的音乐节奏与旋律下,提高动作的节奏性和协调性。	课前 10 分钟教授练习
一下	跳短绳	通过各种游戏、比赛,培养和发展学生的身体素质,提高学生的灵敏性、协调性以及弹跳能力,调动学生积极参与体育活动的兴趣。	每两周练习一次,在家自行练习
二上	武术操	通过武术与音乐的结合,让学生轻轻松松地掌握相关的武术基本手型和步型。	课前 10 分钟教授练习,回家看视频练习
二下	武术基本动作	在武术操的基础上,更深一步了解武术的相关理论知识和简单的武术技能动作。	课前 10 分钟教授练习,回家看视频练习
三上	散打操	通过创编简单的散打操,让学生初步掌握散打的基本动作。	课前 10 分钟教授练习,回家看视频练习
三下	散打基本动作	在散打操的基础上,更进一步了解散打的理论知识及技术要领,锻炼学生的体魄和胆识,陶冶情操,增强智慧和道德修养。	课前 10 分钟教授练习,回家看视频练习
四上	篮球(1)	通过各种篮球游戏,激发初学篮球学生的学习兴趣与参与性。使学生初步认识篮球的一些技术动作,脑袋里有一个初步的动作表象。	每周课中教授一次,在家练习
四下	篮球(2)	在掌握基础技能的条件下,进一步掌握篮球的运动技能,发展学生身体的协调性,促进下肢肌肉、关节和身体器官系统的发展。	每周课中教授一次,在家练习
五上	篮球(3)	能说出篮球系列动作名称和动作术语,初步了解篮球运动的基本规则,掌握篮球系列练习的基本技术动作。	每周课中教授一次,在家练习
五下	篮球(4)	用所学知识参与篮球比赛和健身,创编简单的篮球游戏,参与集体练习,激发对篮球的兴趣,发展协调性、灵敏性、弹跳力、对抗力等身体素质。	每周课中教授一次,在家练习

实施年级	课　程	学　习　目　标	活　动　设　计
六上	散打展示	通过学习能够将所学知识运用到比赛、健身及个人防御上来,学会参与集体展示、个人展示,激发对散打的兴趣。	每周一个下午集体练习,回家看视频巩固练习
六下	篮球展示	将所学知识运用到平常生活、比赛及个人展示中来,让个人魅力及自信心得到一定的提升。提高和培养学生的集体团队意识、协作精神,提高与同伴相处的能力,培养顽强的意志品质。	每周一个下午集体练习,回家看视频巩固练习

8.建设"智慧桥"益智棋课程群。2002 年以来,学校开始创办棋文化特色教育,通过开设"智慧桥"益智棋课程,全面推进棋类活动,进一步发挥棋类活动"启迪智慧、陶冶情操、培养品德、提高素养"的积极作用。(见表 4-11)

表 4-11　南昌市青桥学校"智慧桥"益智棋课程群表

实施年级	课　程	学　习　目　标	活　动　设　计
一上	五子棋	1. 了解五子棋及其规则。 2. 培养学生的爱国情感和良好的棋德意识。	每周一节课堂教学 社团活动
一下	五子棋	1. 认识五子棋的形态。 2. 促进每一位学生逻辑思维的发展。	每周一节课堂教学 社团活动
二上	五子棋	1. 了解五子棋对弈中简单的攻防。 2. 培养学生良好的行棋习惯和全面思考问题的思维。	每周一节课堂教学 社团活动比赛,升级赛
二下	五子棋	1. 了解五子棋的对弈。 2. 培养学生品行、智力、审美等综合素质的和谐发展。	每周一节课堂教学 社团活动比赛,升级赛
三上	国际象棋	1. 了解国际象棋。 2. 发展学生的思维和动手的综合能力。	每周一节课堂教学 社团活动
三下	国际象棋	1. 学会国际象棋的中局战法和基本战术。 2. 开发学生的智力思维。	每周一节课堂教学 社团活动

续　表

实施年级	课　程	学　习　目　标	活　动　设　计
四上	国际象棋	1. 学会国际象棋的计算方法和残局的基本知识。 2. 培养学生公平竞争的体育精神,使学生从小就培养成一丝不苟、认真踏实的风格习惯。	每周一节课堂教学 社团活动 比赛,升级赛
四下	国际象棋	1. 学会国际象棋的中局战法和基本战术。 2. 培养学生良好的行棋习惯和全面思考问题的思维。	每周一节课堂教学 社团活动 比赛,升级赛
五上	象棋	1. 了解象棋的起源及文化,了解象棋的行棋规则。 2. 通过象棋的起源、象棋故事来培养学生热爱祖国的思想。	每周一节课堂教学 社团活动
五下	象棋	1. 学习象棋入门知识,培养兴趣,学会象棋的行棋规则和常用术语,为后面的学习打好基础。 2. 开发学生的智力和思维。	每周一节课堂教学 社团活动
六上	象棋	1. 布局战术是实现全盘战略的基础,让学生掌握各种布局战术要领,使学生充分认识到走子次序和占位的重要性。 2. 培养学生公平竞争的体育精神。	每周一节课堂教学 社团活动 比赛,升级赛
六下	象棋	1. 学习如何运用弃子、兑子、运子、谋子战术达到争先、取势、攻杀、解围的目的。 2. 培养学生良好的行棋习惯和全面思考问题的思维。	每周一节课堂教学 社团活动 比赛,升级赛

9. 建设"成长桥"乐成长课程群。该课程群旨在帮助学生健康、快乐地成长。小学生的心智尚不够成熟,很容易受到不良影响。学校选择一些有代表性的心理健康读本和课本,通过专门的心理健康课程,来帮助学生学习心理健康知识,提高心理健康的程度。(见表 4 - 12)

表4-12　南昌市青桥学校"成长桥"乐成长课程群表

实施年级	课程	学习目标	活动设计
一上	我上学了	了解学校生活,对学校生活产生兴趣和向往,实现从幼儿到学生的角色转换。	认识图片、学唱歌曲、游戏、班会课、晨会
一下	镜子里的我	认识自己的优点并喜欢自己,知道自己是这世界上独一无二的人。了解每个人都有自己的特点。	画自画像、自编儿歌、班会课、晨会
二上	我爱我的家	感受家庭的温暖,培养对家的亲近感和归属感。	画一画、讲一讲、班会课、晨会
二下	我的好伙伴	通过这节课的学习,要让孩子们喜欢和小伙伴交往,并能体验到交往的快乐。	猜一猜他是谁、照片背后的故事、班会课、晨会
三上	快乐的秘诀	通过讲笑话、写快乐、说快乐、分享快乐的秘诀等活动,使学生互相增进了解,加深感情,体会人际分享的快乐。	一分钟演讲、快乐大转盘、班会课、晨会
三下	我是谁	明白在不同场所,自己的角色会发生不同的变化,体验自己在现实生活中的不同角色。让学生明白在现实生活中扮演好自己角色的重要性。	认识自己、情景模拟、班会课、晨会
四上	阳光总在风雨后	帮助学生以积极的态度面对挫折,学会正确面对人生中的艰难困苦。正确认识挫折,勇于挑战困难,从而形成能够经受考验的健康心理。	敞开心扉讲故事、学唱歌曲、班会课、晨会
四下	我坚持我快乐	通过活动,教育学生懂得集中注意力直接关系到做一件事的效果。	听故事感悟、游戏闯关、班会课、晨会
五上	批评与自我批评	激发情感体验,帮助学生打开心扉,进行心灵的沟通,使学生深刻体会批评与自我批评的重要性。	情景模拟、代表发言、班会课、晨会
五下	问号大揭秘	激发学生对学习的热爱之情,使学生珍惜现有的学习环境和条件。使学生学会好问、多问、会问,并能自己努力解决问题	答题游戏、制作书签、班会课、晨会

续 表

实施年级	课 程	学 习 目 标	活 动 设 计
六上	成功的喜悦	正确认识成功和失败,感悟到任何人成功的背后必有挫折和失败,使自己成为生活的强者。	分享经历、制定方案
六下	我的情绪我做主	懂得调控自已的情绪对于个人行为和生活的重要性,逐步掌握一些情绪调节的有效方法,激发自我调适、自我控制的潜力,能够较理智地调控自已的情绪。	情景创设、全班交流

(二)"启智学科"的评价体系(见表 4-13)

表 4-13 南昌市青桥学校"启智学科"评价表

执教: 学科名称: 时间:

项 目		评 价 要 素	评 价 结 果		
			自评	生评	师评
教师	教学目标(10%)	1. 教学目标设计合理,以学生为主体。			
		2. 按照课程标准要求制定并符合学科特点以及学段特点。			
	教学内容(20%)	1. 教学内容要有重难点,安排适量。			
		2. 学科课程设计围绕教学目标,注重预设与生成。			
		3. 符合学生现有的能力和认知水平。			
	组织教学(20%)	1. 符合循序渐进原则,梯度合理,通过看、想、做等进行学习活动。			
		2. 以学生为主体,注重团结协作。			
		3. 能够关注不同程度学生的需求,并设计合理的内容进行教学。			
		4. 联系学生的生活实际,设计有针对性、开放性、个性化的作业。			
		5. 恰当运用多媒体等不同形式的呈现方式。			

续　表

项　　目		评　价　要　素	评价结果		
			自评	生评	师评
学生	学习行为 （30%）	1. 能够积极、认真、按时、主动地学习或完成活动任务。			
		2. 在学习的过程中，能够主动发现和提出问题，能将自己的思考过程有条理地表达出来。			
		3. 在合作学习中，能有较强的合作意识，善于倾听，并在倾听中思考，共同完成学习任务。			
	学习效果 （20%）	1. 通过学习，养成自主的学习习惯和学习品质，培养探索和创新精神。			
		2. 能够将所学知识灵活运用到生活实际中，并解决生活中的问题。			
		3. 乐于合作，尊重他人，能与他人合作共同完成学习任务。			
简要评语			得分		

三、创设"启乐社团"，落实兴趣爱好课程

（一）"启乐社团"的开设

社团活动为学生提供了一个放松大脑、放飞心情的空间，一个施展才华的舞台。青桥学校十分重视学生社团的建设，最大程度地优化学校教学资源，增加学生学习的选择性，在开足开齐国家课程的基础上，把地方课程、校本课程进行跨学科融合，探索适合于青桥学校特色和学生发展需求的特色课程。根据学生的兴趣爱好、特长等，学校精心打造了 18 个社团：国际象棋、京剧、散打、篮球、合唱、美术、语言、科技、书法、剪纸等。这些社团打破了班级、教师、学科之间的界限，实现校内"走班"上课，最大程度地满足了学生多种兴趣需求。

（二）"启乐社团"的具体操作

"启乐社团"以艺术类、语言类、健康类、文化类为专题实施。

1.艺术类社团。艺术类社团包括合唱、美术、剪纸、书法等社团。艺术类社团重在激发小学生对艺术的兴趣和爱好,培养学生健康的审美情趣和良好的艺术修养,引导他们向往真、善、美,体现青少年学生朝气蓬勃的精神风貌,丰富校园文化生活,推动学校艺术教育的健康发展。如合唱能够启迪心智,净化心灵,让学生通过歌唱去体验真、善、美,并培养集体主义观念,提升合作意识。在美术、剪纸社团中,通过画儿童画、泥塑、剪纸等活动,使学生获得美术、剪纸的基础知识和基本技能,促进学生的智力及身心和谐发展。

2.语言类社团。语言类社团包括语言表演、小主持人等社团,能够迅速提高孩子的语言能力、自信心、表现力、想象力、创造力及写作能力。如绕口令、口部操、正音训练、模拟主持等课程,可以发展学生的口语表达能力。

3.健康类社团。健康类社团包括体育社团、心理社团。体育社团活动培养学生的体育运动能力,凝聚学生的团结力,如篮球社团、散打团,还有三棋社团,通过社团活动可以培养学生的创新能力和创造力,形式良好的竞争机制,对学生心理品质和道德行为的养成有着重要的作用。心理社团活动中,每周一次的沙盘游戏可以起到心理辅导与教育的作用。

4.文化类社团。文化类社团包括汉字训练社团、数学思维社团以及阅读与写作社团。在汉字训练社团的活动中,一撇一捺使学生领略了汉字的形态美、文化美,提高了他们学习汉字的热情,更有利于中国优秀传统文化的传承和创新。在数学思维社团的活动中,根据小学生的思维特点,指导学生运用观察、实验、比较、猜想等方法,并充分揭示思维过程,把概念的形成、结论的推导、规律的概括等过程渗透在教学过程中,让学生近距离感受数学思维的美。阅读是写作的基础,为写作提供丰富的营养;写作是阅读的延伸,是知识积累程度的反映。在阅读与写作社团的活动中,通过合理制定课内外阅读、写作训练的计划和目标,培养学生的阅读想象力,培养学生的综合分析与概括能力,等等,不断提高学生阅读与写作的能力。

评价结果分 A、B、C 三个等级。A 表示好,B 表示较好,C 表示一般,D 表示尚可。

四、创建"启趣节日",落实节庆文化课程

(一)"启趣节日"的意义

　　"启趣节日"课程为学生提供了丰富的社会文化信息,使学生认识、了解我国不同民族的民俗风情、人文历史,感受其文化意蕴的丰厚,形成对历史、现代,对中国文化的认同,促进文化的传承。

(二)"启趣节日"的具体操作

　　"启趣节日"通过传统节日、现代节日以及校园节日的课程为学生提供了多角度、多方面、多渠道的情感体验。在该课程中,旨在培养学生对传统文化的理解、发展和继承。具体策略如下:

　　1. 传统节日课程。中华民族的传统节日有着许多精彩的文化内容,学校开设传统节日课程,为的就是让孩子们领悟传统节日文化的丰富内涵。(见表4-14)

表4-14　南昌市青桥学校"启趣节日"——传统节日课程表

时　间	节　日	主　题	活　动
正月	春节、元宵节	欢欢喜喜过新年	书法绘画、经典诵读、民俗活动
四月	清明节	我们的节日——清明	祭拜英烈、网络祭祀、小报制作评比
农历五月初五	端午节	我们的节日——端午	缅怀屈原、包粽子、制作端午小报
农历七月十五	中元节	文明祭扫	文明祭祀、网络祭祀
农历八月十五	中秋节	我们的节日——中秋	经典诵读、写中秋小诗
农历九月初九	重阳节	爱在重阳	敬老活动、感恩家人

　　2. 现代节日课程。现代节日是以近现代文化为基础,通过各类特色活动,培养学生爱国爱党、独立劳动的积极精神。(见表4-15)

表4-15　南昌市青桥学校"启趣节日"——现代节日课程表

时　间	节　日	主　题	活　动
一月	元旦	喜迎元旦	1. 元旦联欢　2. 校园游园会
三月	植树节	爱绿护绿	1. 组织义务种树　2. 宣传环境保护
五月	劳动节	劳动最光荣	1. 组织大扫除　2. 竞选"光荣劳动员"
六月	儿童节	快乐过六一	庆六一文艺汇演
七月	党的生日	党啊亲爱的妈妈	1. 小学生学党史　2. 我心中的共产党
八月	建军节	致敬最可爱的人	1. 缅怀英烈　2. 了解建军节的历史
九月	教师节	老师您辛苦了	感谢师恩系列活动
十月	国庆节	向国旗敬礼	1. 学唱国歌　2. 争当升旗手
	建队日	雏鹰起飞	1. 了解红领巾的来历 2. 入队仪式 3. 合唱《我们是共产主义接班人》

3. 校园节日课程。校园节日课程通过三棋活动来开展,用创新有趣的活动形式吸引学生,丰富学生的校园活动,弘扬校园"启悟"风尚。(见表4-16)

表4-16　南昌市青桥学校"启趣节日"——校园节日课程实施方案表

时　间	节　日	主　题	活　动
三月	校园读书节	青苗爱阅读	手抄报、讲故事比赛
五月	校园艺术节	和谐文化,艺术校园	合唱比赛、艺术展示
十一月	校园体育节	我运动我健康	运动会、三棋挑战赛
十二月	校园科技节	走进科技,放飞梦想	航模比赛、专题讲座、手抄报

五、开展"启程之旅",落实研学旅行课程

(一)"启程之旅"的价值

研学旅行课程是通过让学生自主选定旅行主题,参与活动计划与组织管理,在自然和社会生活中体验与感悟,从而丰富学习内容、提升学习效果的体验式课程。研学旅行课程对于学生认知能力的提升、情感体验的丰富、价值观念的构建以及主

体性的形成有着重要的教育价值。

(二)"启程之旅"的具体操作

学校根据区域特色、学生年龄特点和各学科教学内容的需要,坚持以培养学生爱家乡、爱祖国的家国情怀和综合实践能力为核心的课程设计思路,制定了实施细目表。(见表 4‐17)

表 4‐17　南昌市青桥学校"启程之旅"实施细目表

年级	主　题	地　　点	目　　的
一	魅力科技	江西科技馆、VR 科技体验馆	提高科技素养
二	美丽南昌	滕王阁、秋水广场、南昌之星摩天轮、梅岭、天香园	了解家乡的历史,激发对家乡的热爱
三	和美豫章	江西省图书馆、南昌市图书馆、八大山人纪念馆、豫章书院旧址	了解"赣文化"
四	红色之旅	八一广场、八一起义纪念馆、新四军军部旧址、烈士纪念堂、朱德旧居、井冈山	学习革命历史知识,接受革命传统教育,激发家国情怀,振奋精神,放松身心,增加阅历
五	阳光运动	翠林高尔夫球场、厚田沙漠、怪石岭、武功山、景德镇	感受运动的魅力,激发对运动的热爱,注意养成运动的习惯
六	走进江西造	李渡酒厂、煌上煌食品加工厂、阳光鲜奶厂、江铃汽车制造厂	感受身边的变化,融入社会

1. 充分利用江西"赣文化"资源的多元性、内容的广泛性,积极开展红色文化、绿色文化、古色文化教育活动。

2. 尊重学生的主体地位,以人为本,以学生调查、研究、角色体验等形式为主,组织学生走进大自然,走进社会,培养学生的创新精神和实践能力。一年级到六年级的探究主题是根据各个年级学生的特点由易到难制定的,充分体现了层次性、阶段性。每个主题不断完善、充实,具有生成性,从而满足不同年龄段学生的需求。活动内容的编排也由低年级到高年级呈简单到复杂的趋势。

在课时安排方面,小学一、二年级,平均每月不少于 1 课时;小学三至六年级平均每月不少于 2 课时。充分利用寒暑假,根据实际情况灵活运用各种组织方式,引导学生根据兴趣、能力、特长、活动需要明确分工,做到合理高效。既要让学生有独立思考的时间和空间,又要充分发挥合作学习的优势,重视培养学生的自主参与意识与合作沟通能力。鼓励学生利用信息技术手段突破时空界限,进行广泛交流与密切合作。

(三)"启程之旅"的评价要求

　　"启程之旅"的课程目标是组织学生走进大自然、走进社会,培养学生的创新精神和实践能力。(见表4-18)

表4-18　南昌市青桥学校"启程之旅"课程评价实施量表

评价指标	评　价　内　容	评价分值
全程参与	全程参与,着重评价学生的注意力、纪律性、文明意识和团队意识。	
研学表现	1. 在具有趣味性的同时,更体现实践性和创新性。 2. 帮助同学,主动参加研学旅行中涉及的需要配合的活动。	
安全保障	1. 提前做好安全方案和应急预案。 2. 未出现安全意外和安全隐患。	

六、创新"启迪之星",彰显丰富个人成长课程

(一)"启迪之星"的主要意涵

　　爱学习、爱劳动、爱祖国,自觉践行社会主义核心价值观,弘扬雷锋精神,积极参与志愿服务活动,自觉遵守道德规范,在同龄人和同学中有一定的影响力和公信力,能够发挥模范带头作用,成为具有时代特色的好少年。

(二)"启迪之星"的具体操作

　　"启迪之星"活动分认星、创星、争优、表彰四个环节,重在让学生自主选择星级目标、确定努力方向,重在人人参与,重在活动普及。各班级可根据自身实际,细化和分解星级内容和标准,组织开展活动。

1．认星。每学期开学初,由学生根据自身实际,对照星级标准,自己提出本学期要努力做到的 1 或 2 个争星目标,并在班级公开承诺。

2．创星。学生根据自己认定的星级内容,在日常学习生活中努力践行。学生有认星争优记录本,并及时做好活动记录。

3．争优。采取班会、少先队会等形式,每个月对创星情况进行交流,主要是认星学生的成果交流、感悟体会和努力方向,班主任或少先队辅导员可给予适当点评和鼓励。

4．表彰。在广泛开展认星争优活动的基础上,对认星争优活动中涌现出来的先进典型进行表彰奖励。

(三)"启迪之星"的评价要求

"启迪之星"共分为尊师孝亲、助人为乐、自强自立、诚信节约、勤学知礼五大类型。凡事迹突出、表现优异,具有引领示范作用的未成年人均可参加评选。(见表 4-19)

表 4-19　南昌青桥学校"启迪之星"评价表

班级:　　　　　　　姓名:		自我评价	小组评价	家长评价	综合评价
项　目	评　价　内　容	自我评价	小组评价	家长评价	综合评价
尊师孝亲	1. 听从父母的教导,主动和父母交流思想、学习情况;关心父母的心情和健康;父母不在家时会照顾自己。				
	2. 承担简单的家务劳动并能坚持,每天洗碗、收拾餐桌,每周参与家里的卫生打扫。				
	3. 记住父母的生日,用自己的方式表达祝福。				
	4. 能主动向老师问好,和老师沟通时注意方式。				
助人为乐	1. 关爱邻里,乐于助人。				
	2. 热心公益,奉献社会,爱护公物,拾金不昧。				
	3. 和同学交往时热情、诚信、乐于助人;能够约束自己的言行。				

续　表

项　目	评　价　内　容	自我评价	小组评价	家长评价	综合评价
自强自立	1. 独立自主,勇担责任,自强不息。				
	2. 积极参加班级、学校组织的文体活动或演出,在活动中发挥重要作用。				
	3. 做值日认真负责,能保持自己分包责任区的干净整洁。				
	4. 不挑食,不剩饭,不攀比,不虚荣,不向父母提不合理的要求。				
诚信节约	1. 待人接物讲诚信,信守承诺。				
	2. 遵守校纪校规,不浪费粮食。				
	3. 节约水电,节俭朴素。				
勤学知礼	1. 养成良好的生活、学习习惯,不痴迷玩电脑、看电视。				
	2. 上课专心听讲,勤于思考,积极参加讨论,勇于发表见解。每学期读6本课外读物。				
	3. 说普通话,常使用"你好、请、谢谢"等文明用语。				
	4. 不说脏话粗话,不和同学开过分的玩笑,不给同学起外号。				

注:学生评价、小组评价、教师评价选填 A(优秀)、B(良好)、C(需努力)。

★尊师孝亲之星:尊敬师长,遵守纪律,热爱集体,尊重长辈,孝敬父母,分担家务。

★助人为乐之星:关爱邻里,乐于助人,热心公益,奉献社会,爱护公物,拾金不昧。

★自强自立之星:热爱生活,热爱劳动,热爱锻炼,独立自主,勇担责任,自强不息。

★诚信节约之星:为人诚实,信守承诺,遵规守纪,珍惜粮食,节约水电,节俭朴素。

★勤学知礼之星:热爱学习,成绩优秀,勤于思考,恪守公德,文明礼貌,举止得当。

　　综上所述，课程是学生面向未来的引擎，品质课程是基于特定哲学而组织的课程，是学校培养公民的蓝图。"立交桥"课程将继续全面贯彻党的教育方针，聚焦"启悟教育"的教育哲学，秉承"顺应天性，尊重个性，涵养悟性"的办学理念，以实现让每一位学生"纵情学海启心智，陶冶性灵悟生长"的育人目标，培养德智体美劳全面发展的社会主义建设者和接班人。

第五章

办学理念与
课程文化

办学理念是学校价值取向的精炼表达,也是课程文化的内涵提纯,更是办学行为的"座右铭"。以办学理念连接学校课程文化,可以凸显教育的核心价值追求,使办学理念由近及远、由虚到实,充分发挥功能,真正落地生根。这是办学理念的生命力所在,也是课程文化的终极追求。

　　办学理念是对学校教育工作的理性认识和价值追求,决定了学校整体发展的方向。课程文化作为学校文化的核心领域,需要坚持以学生发展为本,为学生的未来发展和幸福人生服务。因此,学校可以通过凝练办学理念来促进课程文化的发展,这样不仅可以激发学生的学习兴趣,彰显每一个学生的生命活力,而且可以使办学理念有其形更有其神,并在实践中达到完美。

　　南昌市右营街小学传承百年办学底蕴,从历史发展脉络中梳理优质办学方向,在被评为"全国绿色学校创建活动先进单位"后,把绿色教育推向了更广阔的平台,将绿色教育从原有的环境与保护升级为学校可持续发展的生态教育。基于此,学校确立了"生态教育"哲学,同时把办学理念确立为"在这里,踏着生命的节律前行。培养出头脑健康、身手灵活、自信平和的现代公民"。它为学校课程文化的发展提供了养分,明晰了方向,促使学校构建了全新的课程体系,制定了全新的课程实施方案和课程管理制度,不仅体现了课程文化的不断创新发展,而且也体现了办学理念与课程文化之间共生共长和彼此滋养的关系。这一切最终都是为了给孩子提供合适的土壤、阳光、养料和环境,让每一个孩子在适宜的环境中自由、快乐地成长,获得健康、和谐、自主的生命发展。

➡ 文化坐标　南昌市右营街小学

　　南昌市右营街小学位于东湖区右营街 120 号,创建于 1912 年,有 106 年的办学历史。学校现有教学班 26 个,学生 1 025 名,教职工 71 人。校园环境优雅,教学设备完善,拥有多功能报告厅、录播教室、乒乓球训练馆等功能齐备的专用教室,班班通系统及计算机网络系统实现了校园全覆盖。学校拥有一支高素质的教师队伍,先后有 8 位教师成为省、市级骨干教师、学科带头人,15 位教师获得市、区级"优秀班主任"、"优秀教师"等荣誉称号。学校先后获得"全国绿色学校创建活动先进单位"、"江西省绿色学校"、"南昌市德育先进单位"、"南昌市信息化应用先进单位"、"南昌市文明单位"等多项荣誉称号,在社会上享有较高的声誉。

第一节　踏着生命的节律前行

一、学校教育哲学: 生态教育

　　南昌市右营街小学是一所省级"绿色学校","十一五"以来,学校一直致力于以绿色为主题的特色校园文化的建设。在打造外在环境的基础上,学校深挖绿色内涵,积极谋求营造绿色校园文化。"十二五"后,学校寻求绿色教育突破口,将绿色教育从原有的环境与保护升级为学校可持续发展的生态教育。为学生的健康成长营造优化的环境,提供充足的条件,使学生从小获得健康、和谐、自主的生命发展。

　　"生态教育"就是唤醒孩子的潜能,使孩子踏着生命的节律铿锵前行的过程;"生态教育"就是建立一个最适宜于师生共同成长的自然、和谐、美好、生长的教育生态系统,形成人人有追求、人人有享受、人人得以发展的幸福磁场。

　　"生态教育"是绿色的教育,致力让每个孩子可持续发展;

　　"生态教育"是和谐的教育,致力让每个孩子全面成长;

　　"生态教育"是美好的教育,致力让每个孩子气质优雅;

　　"生态教育"是生长的教育,致力让每个孩子充满生机。

　　基于此,学校确定了办学理念: 在这里,踏着生命的节律前行。培养出头脑健康、身手灵活、自信平和的现代公民。

　　我们的教育信条

　　我们坚信,

　　每一个生命都是独一无二的;

　　我们坚信,

　　教育是一个可持续发展的生态系统;

　　我们坚信,

　　让每一个孩子自由呼吸的地方是学校;

我们坚信，

踏着生命的节律前行是教育最舒展的姿态；

我们坚信，

彰显每一个孩子的生命活力是教育的最美图景；

我们坚信，

将绿色的种子撒播到每个孩子的心灵是教育的神圣使命。

二、学校课程理念：把绿色种子播撒到儿童的心灵

学校课程建设就是要给孩子提供合适的土壤、阳光、养料和环境，让孩子不断地自然生长，让他们在适宜的环境中自由成长、快乐成长。我们认为，绿色是生命的色彩，是孩子在课程学习的过程中，自然而然的、喷薄悦动的生命光景。因此，学校将课程理念确定为"把绿色种子撒播到儿童心灵"。这意味着：

——**课程即成长的沃土**。基础课程、实践课程为孩子的成长提供多样的营养。同时，每一个孩子都是独特的，他们需要的营养也是因人而异的，他们有自主选择营养的权利。

——**课程即生命的律动**。课程的价值追求就是生命的成长。课程的展开过程就是师生以其本真状态投入生命的过程。因此，生命呈现出的所有场景都是课程，包括学生的足迹所在以及人际关系所在。课程应注重从学生的足迹所在和人际关系所在入手，发现课程，设计课程，让学生在真实的生命成长过程中得到发展。

——**课程即生长的时机**。不同环境给予孩子不同的成长体验。课程旨在为孩子搭建各种各样实践的平台，使其在交流、体验、互动中获得经验、成就与发展。多样而丰富的课程如春之雨露、夏之清风、冬之暖阳，为的是每一个孩子的秋之收获。

——**课程即心灵的起舞**。每一个学生都是独一无二的，优秀的课程是为了更好地帮助学生认识自己，发现自己的优势。同时，课程也会为学生提供展示的舞台，让每一个学生展示自信、张扬个性，获取心灵的满足感。

因此，我们将"生态教育"指引下的右营街小学课程模式命名为"新生态"课程。我们期望，通过课程去唤醒和鼓舞全体师生的内在力量，使师生共生共长。在课程建设中，师生共同经历、彼此滋养，获得灵动而可持续的发展。

第二节 把绿色种子播撒到儿童心灵

一、学校育人目标

　　为了实现"把绿色种子播撒到儿童的心灵"的课程理念,学校根据"生态"一词的英文表述"ecology",从中选取生态特质,确立了培养一批"有活力(energy)、有能力(capacity)、乐观(optimistic)、充满魅力(glamour)"的右小学子的育人目标。

　　E-活力:身体健康、兴趣广泛。

　　C-能力:志向远大、好学上进。

　　O-乐观:与人为善、自信积极。

　　G-魅力:气质优雅、悦己悦人。

二、学校课程目标

　　育人目标是通过课程去达成的,为了实现育人目标,学校将"ECOG"的培养目标进行了细化,形成了低中高年级的分年段课程目标,以实现"把绿色种子播撒到儿童心灵"的课程追求。(见表5-1)

表5-1 南昌市右营街小学"新生态"课程分年段课程目标表

育人目标	分 年 段 课 程 目 标		
	低 年 级	中 年 级	高 年 级
E 活力	1. 积极参与体育活动,通过简单的跳、跑、趣味性游戏等多种形式感受到体育活动带给自己的乐趣。 2. 精力充沛,对生活充满热情,有自己的一至两项兴趣爱好。	1. 积极参与体育运动,形成参与运动的兴趣和爱好,形成坚持锻炼的习惯,形成健康的生活方式,发扬体育精神,形成积极乐观、坚强的生活态度。 2. 积极掌握一或两项运动技能,积极参加各项社团活动,有自己较为固定的几项兴趣和爱好。	1. 能积极参加体育活动,保持参与运动的兴趣和坚持运动的习惯,保持愉快的心情,使性格变得开朗大方,坚强自信;形成灵敏、力量、耐力、协调等身体素质,动作更协调。 2. 通过国家体质健康检测,掌握两或三项体育运动技能,并使其成为特长项目。积极参加学校社团活动,有自己的兴趣和特长。

续　表

育人目标	分年段课程目标		
	低　年　级	中　年　级	高　年　级
C 能力	1. 知道学习的目的,培养积极的学习情绪和良好的听、说、读、写的学习技能。 2. 能独立阅读,学会独立思考。	1. 有自己的学习梦想,愿意为梦想而努力。 2. 掌握中年级文化课程标准中规定的学习内容,培养浓厚的学习兴趣。进一步养成听、说、读、写的良好习惯,能注重联系实际,初步学会将所学知识与技能运用于生活。	1. 有正确的价值取向和为人处世的基本准则,树立正确的人生观、价值观。 2. 掌握高年级文化课程标准中规定的学习内容,养成较好的听、说、读、写的习惯。能熟练地将所学知识运用于实践,学有所长。养成动脑、动手、动笔的学习习惯,培养坚毅的学习毅力。
O 乐观	1. 初步学会遵守学校纪律,尊敬老师,友爱同学。 2. 培养良好的交往习惯、积极正确的交往方式和交往品质,做乐观积极的小学生。 3. 与同伴做游戏,并学会分享。	1. 树立较强的自信心,举止大方。交往得体,学会礼貌待人,使用基本的礼貌用语,学会微笑。 2. 与同伴共同学习、探究,并互相帮助。	1. 举止大方,言谈有礼,与家人、老师、同学和睦相处。 2. 具备乐观积极的思想、气质,遇事有自信心,充满智慧,充满创造力。 3. 与同伴互助、合作学习、合作劳动、合作试验,并分享成果。
G 魅力	1. 具有初步的感受美、欣赏美的情趣,对学习艺术有一定的兴趣。 2. 初步了解中华民族的文化艺术。 3. 初步具有感知美的能力,艺术特长获得初步发展。	1. 具有民族情感,能具备感受美、理解美的基本情趣。 2. 了解艺术的基本知识。掌握一些艺术创作的方法。 3. 学会从熟悉的生活中感知、发现美。	1. 对艺术有广泛的爱好,提升感受美、理解美的情趣。 2. 学会主动关心家乡的艺术文化,能将课堂所学知识迁移到具体的实践活动中。 3. 善于从生活中发现美,大胆尝试创造美。

第三节　唤醒每一个生命的绿色

学校以"新生态"课程为抓手,致力培养"有活力(energy)、有能力(capacity)、乐观(optimistic)、充满魅力(glamour)"的学生,因此建构了"新生态"课程体系,以唤醒每一个生命的绿色。

一、学校课程逻辑结构

学校基于"生态教育"的哲学以及课程目标,设置了"新生态"课程体系,包括语言与交流课程("小学者"课程)、科学与探索课程("小博士"课程)、体育与健康课程("小健将"课程)、艺术与审美课程("小明星"课程)、自我与社会课程("小标兵"课程)、思维与逻辑课程("小专家"课程)六大类课程。右营街小学"新生态"课程逻辑示意图见图5-1。

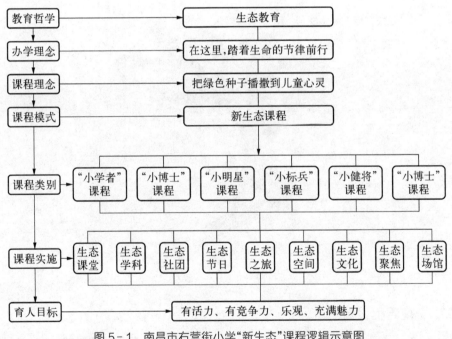

图5-1　南昌市右营街小学"新生态"课程逻辑示意图

"小学者"课程即语言与交流课程,包含语言与交流基础课程、"语文魔方"特色课程、"快乐英语"特色课程、"人文小专家"社团。

"小专家"课程即思维与逻辑课程,包含思维与逻辑基础课程、"趣味数学"课程。

"小明星"课程即艺术与审美课程,包含艺术与审美基础课程、"曼妙音乐"特色课程、"创意美术"课程、"艺术小明星"社团。

"小标兵"课程即自我与社会课程,包含道德与法治、品德与社会基础课程,"研学旅行"课程,"生态节日"课程,"生活小能人"社团。

"小健将"课程即体育与健康课程,包含体育与健康基础课程、"活力体育"特色课程、"体育小健将"社团。

"小博士"课程即科学与探索课程,包含科学与探索基础课程、"创客"课程、"鄱湖生态馆"实践课程、"生态聚焦"专题课程、"科技小达人"社团。(见图5-2)

图5-2 南昌市右营街小学"新生态"课程

二、学校课程设置

每个孩子都有自己的特点,有自己独特的需求,那么在不同年龄段、不同领域要有不一样的课程来实现可持续的发展目标,因此,"新生态"课程设置如下:

(一)"小学者"课程——语言与交流课程设置

"小学者"课程即语言与交流课程,它以语言与交流类基础课程为基础,本着课堂40分钟高效率(即低碳高效)的原则,从学生的身心实际需要出发,培养学生"听说读写"的核心素养,让学生在课堂中学会倾听,学会合作、交流、讨论问题,学会与他人共享,学会展示自己与他人不同的个性,学会自主创作,从而学会终身学习的能力,培养其个体可持续发展的态势。(见表5-2)

表5-2　南昌市右营街小学"小学者"课程——语言与交流课程设置表

实施年级	课程名称	课程目标	课程内容
一年级上	拼音碰撞	1. 熟练掌握汉语拼音。 2. 培养学生自主识字的技能。	拼读识字 拼写汉字
一年级下	绘声绘色	1. 利用有趣的绘本培养学生阅读的兴趣。 2. 能从绘本中初步认识世界,知道遇到问题要动脑筋。 3. 养成爱护图书的习惯。	探索自然类 认识自己类 运用智慧类 ……
二年级上	故事大王	1. 激发学生阅读寓言、成语故事的兴趣,从中领会美好的情境和正确的价值观。 2. 运用简单的语言大胆讲述绘本故事,在讲述过程中表达自己的感受,提高表现力、创造力。 3. 学会倾听。	动物主题 植物主题
二年级下	秘密日记	1. 学习用文字记录生活,用心观察周围中的一景一物、一人一事。 2. 了解日记的格式。 3. 正确使用标点符号。	心情日记 自然日记
三年级上	书法初识	1. 熟练地书写正楷字,做到规范、端正、整洁。 2. 学用毛笔临摹正楷字。 3. 初步感受到汉字的构架美,能用心书写。	了解汉字的演变 欣赏优秀书法作品
三年级下	童言童话	1. 品读童话,对童话产生想听、想学的兴趣。 2. 体验复述童话故事的快乐,参与表演童话,增强语言表达能力和肢体表演能力。 3. 续写童话或创编童话,在主动参与中培养想象能力、创新思维能力和写作能力。	听讲童话 合作表演 绘制美图 续写情节 创编故事
四年级上	诗海畅游	1. 了解古代著名诗人及其有代表性的诗句,感受古诗的韵律美、语言美、意境美。 2. 积累古诗,尝试在不同情境中联想到适宜的诗句。	祖国风光类 抒发爱国类 表现亲情类 节日、劝学类

续　表

实施年级	课程名称	课　程　目　标	课程内容
四年级下	童眼童心	1. 学会用多种感官观察和感知身边的一草一木、一人一事。 2. 通过观察身边环境、表达想法、倾听讨论等过程,学会关注环境、认识自己。	童心思自己 童心看自然 童心看校园
五年级上	名著徜徉	1. 指导学生欣赏经典,使学生受到名人名篇的感染和鼓励。 2. 简单描述令自己印象深刻的场景、人物、细节,说出自己的喜爱、憎恶、向往、同情。	人物传记类 历史故事类 历险记类
五年级下	话说传奇	1. 了解配音员的配音过程。 2. 学习处理配音的文字。 3. 实践配音,聚焦动植物世界的生命传奇故事,探寻揭秘万象的神奇奥秘。	《自然传奇》节目 配音欣赏 配音员的训练 实践与展示
六年级上	蛙眼新闻	1. 培养学生关注时事的习惯。 2. 在交流新闻内容后敢于提出看法,做出判断。 3. 学写简单的新闻评论,培养社会责任感。	关注新闻 表达观点
六年级下	"导演"生活	1. 培养学生策划校园活动的能力,对策划主题进行讨论、分析。 2. 学写活动计划和活动综合。	舞台剧 毕业典礼

（二）"小专家"课程——思维与逻辑课程设置

"小专家"课程即思维与逻辑课程,它以思维与逻辑基础课程为基础,以"趣味"为主线,激发学生学习的兴趣,进而促进对学生思维能力的培养。在数学学习中发挥学生的主体能动性,使学生自主进行学习,体验学习的快乐,提升学习的自信,体会数学知识与生活的联系。让学生发现数学知识在生活中的存在,感受数学知识的价值,学会运用数理逻辑思维方式去思考问题、分析问题,进而解决问题,养成会观察、爱思考、乐参与、能创新的数学学习品质。(见表5-3)

表5-3 南昌市右营街小学"小专家"课程——思维与逻辑课程设置表

实施年级	课程名称	课 程 目 标	课 程 内 容
一年级上	游戏天地	1. 通过数学游戏,营造宽松的学习氛围,让学生积极参与到数学游戏当中,使学生喜欢数学。 2. 让学生在丰富多彩的数学活动中扩大知识面,激发学习数学的兴趣。 3. 让学生在游戏当中学习加减法计算等知识,培养学生的认知情趣。	1. 学唱数数歌 2. 学习加减法歌谣 3. 盲摸图形竞赛 4. 辨认方向(户外数学活动) 5. 数字排队队 6. 认钟小竞赛
一年级下	童趣商店	1. 通过模拟购物等实践活动,使学生了解人民币在社会生活中的功能和作用,感受数学知识与现实生活的联系。 2. 了解人民币的特点与价值。使学生从小懂得合理使用零花钱,知道如何爱护人民币。 3. 培养学生与人交流沟通的能力。	1. 认识钱币 2. 收集商品 3. 我的小商店 4. 淘宝秀 5. 跳蚤小市场 6. 优秀销售员
二年级上	魔板世界	1. 通过拼图的活动,使学生熟悉数学中的平面图形。 2. 通过动手拼摆、操作,发展学生的空间观念,发挥学生的想象力。 3. 培养学生动手操作的能力和创造力,以及探索意识和合作精神。	1. 认识七巧板 2. 自由拼搭 3. 欣赏作品 4. 评比竞赛 5. 七巧板创意设计赛
二年级下	美丽对称	1. 发现数学之美,培养学生对数学的审美情趣。 2. 寻找生活中的图形,感受数学中的对称美。 3. 引导学生在动手操作、自主探索的过程中,经历、体验并建构自己的数学知识。	1. 认识各种对称图形 2. 收集生活中对称的物品 3. 拓印对称图形 4. 剪纸课设计对称图形 5. 对称图形作品展示会
三年级上	神秘24点	1. 调动眼、脑、手、口、耳多种器官来协调活动,培养快捷的心算能力和反应能力。 2. 有意识地培养学生的运算能力。 3. 利用数字游戏,培养学生的计算技巧。	1. 介绍24点的计算要求 2. 抽卡片组算式,算24点 3. 巧算24点的方法训练 4. 巧算24点竞赛

实施年级	课程名称	课　程　目　标	课程内容
三年级下	灵动搭配	1. 学生通过动手操作、观察分析,掌握寻找简单事件组合的方法,并学会用符号来表示。 2. 让学生从众多表示组合的方法中,体验数学方法的多样化和最优化。 3. 了解生活中处处有数学知识,培养学数学、用数学的兴趣。	1. 了解数学搭配中的和谐美 2. 了解搭配的组合学问 3. "我是小主厨"创意赛 4. 搭配合作跳棋比赛 5. 数字中搭配的学问
四年级上	奇妙数独	1. 进一步培养学生的逻辑推理能力,使学生感受数学的无穷魅力。 2. 体验数独活动,锻炼学生的大脑思维灵活度,激发学生学习数学的兴趣。 3. 培养学生的竞争意识。	1. 了解数独游戏的发展史 2. 玩数独游戏 3. 数独小组赛 4. 数独设计赛 5. 数独挑战赛
四年级下	名人故事	1. 学生可通过感人、有趣的数学家的历史事例,以及一些数学史上的重大事件,了解历史上中外杰出数学家的生平和数学成就,感受前辈大师严谨治学、锲而不舍的探索精神。 2. 了解数学的生成和发展,培养兴趣,开阔视野,开拓创新,深刻体会数学对人类文明发展的作用。	1. 学生每周介绍一位数学家 2. 智慧提升题训练 3. "我爱数学"手抄报比赛 4. "向数学家致敬"讲故事比赛
五年级上	数学迷宫	1. 收集相关的数学谜语,培养学生的逻辑推理能力。 2. 将语文和数学进行学科整合,培养学生的创新能力。	1. 收集数学谜语,谜语交流 2. 猜谜比赛 3. 创编数学谜语 4. 巧填数字迷宫
五年级下	趣味统计	1. 通过活动,了解简单的统计方法,学会用绘画和简单的图表来记录探索和发现。 2. 经过数据整理,制成能说明问题的统计表。 3. 通过数学知识的应用,使学生保持学习兴趣,养成良好的学习数学的心理品质。	1. 我们的生日 2. 我们喜爱的水果 3. 我们热爱的运动 4. 班级身高统计图 5. 我最喜欢的老师

续　表

实施年级	课程名称	课 程 目 标	课 程 内 容
六年级上	奇幻图形	1. 综合、灵活运用所学的对称、平移、旋转等知识,能够设计出各种漂亮的图案。 2. 培养学生对设计的浓厚兴趣,使学生进一步感受数学的无处不在。 3. 让学生自己设计图案,培养学生的想象力和创造力。	1. DIY 图案设计 2. 建造城堡 3. 制作立体图形 4. 探究奇妙的数与形
六年级下	当家理财	1. 懂得合理安排及使用金钱的重要性。 2. 掌握资料收集与整理、调查等实践方法,养成合理消费的良好习惯。 3. 在活动中让学生体验到赚钱的不易,学会珍惜劳动成果。	1. 了解勤俭节约的传统美德 2. 了解折扣、利率等的计算方法 3. 银行工作社会调查 4. 我的压岁钱 5. 为自己设计理财方案并交流展示

(三)"小明星"课程——艺术与审美课程设置

"小明星"课程即艺术与审美课程,它以音乐、美术这两门课程为基础,在小学阶段试行音乐和美术的交叉融合教学,把戏曲、舞蹈、舞台剧等艺术形式引入课堂,为学生提供生动有趣的艺术空间、丰富多彩的审美素材,拓展学生的艺术视野,提高学生发现美、创造美的能力,促进学生艺术能力和人文素养的综合发展。(见表5-4)

表5-4　南昌市右营街小学"小明星"课程——艺术与审美课程设置表

实施年级	课程名称	课 程 目 标	课 程 内 容
一年级上	七彩的图画	1. 使学生初步体验儿童绘画方法的多样性,引发对美术的兴趣。 2. 通过各种形式的简笔画锻炼学生的绘画技能、表现能力,使学生掌握多种形式的简笔画技巧。 3. 用简笔画表现大自然的美景。 4. 能熟悉 7 个音符。通过过关游戏使学生认准音符,从而增强学生的识谱能力。	1. 儿童简笔画:点线面的认识、形的组合变化、常用物体的画法、人物的画法。 2. 掌握唱名、音名和音符在五线谱中的位置,唱准音符。

续　表

实施年级	课程名称	课　程　目　标	课程内容
一年级下	跳跃的音符与线条	1. 初步感受线描画的基本表现形式,学习分析和发现蕴含于线描画中的规律性与共性的知识,并学习如何发挥自己的创意去绘画,在学习中轻轻松松地体验到创造美的乐趣。 2. 用线描的形式体现美术作品的可持续性创造。 3. 知道唱名之间的关系,并能唱准音阶。学会用哼唱的方法体会音程关系,感受音色的和谐。	1. 儿童线描画:线的练习、组合构图练习、线描风景、线描和色彩结合。 2. 唱准音阶,掌握部分音程关系。
二年级上	心灵手巧—律动人生	1. 能充分利用纸制材料的特性,采用撕纸拼贴的方法,设计一幅有趣的撕贴画并表现出色彩对比鲜明、形象生动饱满的画面。 2. 利用废纸等可循环材料制作美术作品,体现美术作品的生态可循环性。 3. 让学生喜欢参与简单的音乐舞蹈活动,在韵律活动中体验表达、创造与交流的快乐,并通过优美的舞姿了解音乐的表现形式。	1. 撕纸创意拼贴画:撕纸的技巧、贴画的构图、废旧材料的辅助、色彩搭配原则。 2. 掌握简单的舞蹈动作,随音乐创作简单的舞蹈动作。
二年级下	纸上生花—星舞飞扬	1. 了解纸艺相关知识。自己动手,利用各种彩纸制作出绚丽多彩的纸艺作品来装点生活、美化生活。培养学生的想象力、观察力和创造力以及耐心、细致的习惯。提高操作技巧,促进手脑协调发展,增强生活技能。 2. 用废旧报纸、宣传单等材料制作作品。 3. 增强学生身体的灵活性,发展学生的柔韧性与和谐性。使学生热爱舞蹈,用肢体语言表现自己最美丽的一面。提高学生的审美能力。	1. 艺术折纸:折纸的基本方法;折纸蝴蝶、折纸船、折纸太阳帽、折纸青蛙。 2. 学会用肢体语言表达舞蹈动作。
三年级上	旋律魔法王国	1. 鼓励学生通过黏土活动大胆、自由、创造性地表达自身的情绪情感,充分感受黏土活动的乐趣,并在其中获得美的体验。 2. 让学生用黏土创作和自然有关的作品,并在创作中感受生态之美。 3. 通过音乐基本要素的学习,使学生了解旋律是音乐的灵魂,体会旋律的优美。	1. 创意黏土:色彩混合的方法、基本形状的制作、常见食物的制作、植物的制作、DIY组合练习。 2. 了解音乐中的旋律美,掌握音乐线条。

续　表

实施年级	课程名称	课 程 目 标	课 程 内 容
三年级下	魅力泥塑与节奏	1. 让学生欣赏泥塑艺术品,并对泥塑历史进行简单介绍,使学生对泥塑这种艺术形式形成初步了解、认知。 2. 让学生在泥塑活动中感受泥塑物品的材质性能,提高环保意识。 3. 通过学习音乐基本要素,了解节奏是音乐的灵魂,体验节奏带来的快乐。 4. 通过小组合作,培养学生的合作意识、合作技能、团队精神和人际交往的能力。	1. 少儿泥塑:泥塑创作准备材料介绍、单个形象的创作技巧、组合创作构图、利用生活场景表达创意的作品。 2. 掌握节奏在音乐中的作用,能掌握基本节奏类型。
四年级上	天马行空之旅——想像与欣赏	1. 通过学习来引导学生观察、发现和捕捉自然及生活中蕴藏的美,发掘学生的观察、审美、想象、表现及创造能力,提高学生的想象水平,开拓学生的审美视野。 2. 用想象画表现节能环保、低碳生活的主题。 3. 通过音乐欣赏,培养学生对音乐的兴趣,发展学生的音乐听觉力、记忆力和想象力,有效培养学生感受美、鉴赏美、创造美的能力。	1. 儿童想象画:手脑操调动感官想象力、构图和色彩搭配知识、创想练习、DIY 创意组合物体构成画面。 2. 通过音乐欣赏培养学生爱音乐、鉴赏音乐的能力。
四年级下	创想奇妙世界	1. 培养学生的环保意识,全面提高学生的环保素养。 2. 进一步开发和发挥学生的创造性思维和创造能力,让学生学会废物利用,提高学生的审美能力和美化生活的能力。 3. 在废物利用中学会垃圾分类,认识可回收和不可回收物体。 4. 欣赏优秀的手工制作作品与音乐作品,从中体会手工制作、音乐作品和民族文化、生活的密切联系,使学生传承民族文化,热爱生活,热爱大自然。	1. 废旧物再利用手工制作:纸造型、布造型、结绳造型、自然物造型、综合材料造型。 2. 通过音乐欣赏对中外音乐有基本的了解。

实施年级	课程名称	课　程　目　标	课　程　内　容
五年级上	民间艺术—童声嘹亮	1. 认识剪纸艺术,激发学生学习剪纸的兴趣,了解剪纸的制作、工具与材料,掌握剪纸的基本技巧,学会简单的剪纸造型。 2. 培养学生对生活的观察能力、造型能力以及动手动脑能力,学会剪制生活中自己熟悉的事物。 3. 利用废旧材料裁剪,让学生在学习中体味资源再利用的实际意义。 4. 用优美的嗓音歌唱,陶冶情操。	1. 传统剪纸:对称纹样、连续纹样、团花纹样、单独纹样、动、植物图案。 2. 了解合唱的基本形式,学会运用合唱知识来演唱歌曲。
五年级下	七彩世界—唱响童声	1. 体验水粉画活动的乐趣,培养对水粉画活动的兴趣,能愉悦、大胆、轻松地作画。 2. 认识水粉笔等绘画工具、材料,学习基本的使用方法,学习正确的握笔方法和作画姿势。 3. 在色彩中让学生感受大自然的生态之美,找到自然界中的各种颜色并将其运用到绘画中。 4. 用自然、饱满、优美的嗓音演绎歌曲,体验声部之间的和谐美。	1. 少儿水粉画:调色练习、感受各种笔触、水粉静物临摹、水粉写生。 2. 用优美的嗓音演唱歌曲。
六年级上	诗情画意—五彩民歌	1. 熟悉国画的工具、材料,感知水墨画独特的美。通过水墨的点、线、面以及墨色的浓淡变化体验笔墨的趣味。 2. 在国画水墨画中感悟我国山川的秀美与和谐的环境之美。 3. 在民歌教学中渗透传统民族文化,使学生热爱民歌,从而传承创新民歌。	1. 中国画:竹子的画法、荷花的画法、葡萄和小鸡的画法、昆虫类画法、果蔬类画法。 2. 了解民歌的基本演唱形式,体会民歌特点。
六年级下	黑白世界	1. 在对自然和社会生活的观察中,收集版画的创作元素。 2. 学习运用基本的刻画技能,创造性地表达、交流自己的情感和思想。 3. 感受和理解不同版画作品所蕴含的情感和思想,体验人类情感。 4. 了解版画作品多种材质的选择,优先重复使用环保材料,让学生体味生态发展的可持续性。 5. 以唱念做打为线索,引导学生欣赏著名戏曲选段,使学生了解我国戏曲的基本特征,感受和体验各种唱腔的魅力。	1. 少儿版画:吹塑纸板画、纸版画(奇妙的手纹)、纸版画(动物)、综合纸版画。 2. 了解我国国粹,学会基本唱法。

(四)"小标兵"课程——自我与社会课程设置

"小标兵"课程即自我与社会课程,它以学生的社会生活为基础,以使学生养成美好品德、热爱生活、善于探究为目标,致力构建一种以活动为主的综合类课程。通过本课程的教学活动,让学生了解自己,知道自己是社会中的一员,并学会与其他成员和谐共处,在课程中思考生活、体验生活。课程以学生的生活为主轴,这也是课程设计的宗旨:让课程成为学生自己的,成为有生命力的课程,使学生在课程中学会合作、探究,学会与他人交往。(见表5-5)

表5-5　南昌市右营街小学"小标兵"课程——自我与社会课程设置表

实施年级	课程名称	课 程 目 标	课 程 内 容
一年级	我的健康成长	1. 了解自己的身体特点。 2. 体会生命的来之不易。 3. 懂得做人要自尊、自爱。 4. 能够面对学习和生活中遇到的困难和问题。 5. "绿色生态入我心",善待生活中的植物。 6. 懂得感恩和基本文明礼仪。	1. 开展"和小植物共同成长"生态活动。 2. 体验活动:"我来护蛋"。 3. 回忆和交流面对困难和问题时的想法和表现。 4. 邀请家长参加感恩主题活动。 5. "小手拉大手",与家长一同参与环保活动。
二年级	我的家庭生活	1. 知道自己的成长离不开家庭。 2. 提倡低碳出行。 3. 学习料理自己的生活。 4. 懂得邻里生活中的规则,学会和邻居和谐相处。 5. 了解家庭经济来源和开支。 6. 知道家庭成员之间的关系情况。	1. 从父母等长辈那里了解他们养育自己的事例。 2. 观察和体会日常生活中父母的辛苦操劳。 3. 向父母了解他们从事的工作、家庭经济来源。 4. 组织"与父母长辈沟通"主题活动。 5. 生态课堂:"让家多一片绿"。 6. 每月和父母低碳出行。
三年级	我们的学校生活	1. 能看懂学校及周边的平面图。 2. 了解学校的历史和发展变化。 3. 爱护学校的一草一木。 4. 同学之间真诚相待。 5. 知道自己是集体中的一员,和同学和谐相处。 6. 知道垃圾分类的基本知识。	1. 认识分类垃圾桶。 2. 通过游戏,体会时间的宝贵。 3. 尝试与同学合作完成一件事。 4. 与大家一起制定校规、班规。 5. 把绿色带进校园,用绿色植物装点教室。

续　表

实施年级	课程名称	课 程 目 标	课 程 内 容
四年级	我们的社区生活	1. 能识读本社区的平面示意图。 2. 了解社区的自然环境、经济特点和人们生活的关系。 3. 学习选购环保商品的初步知识,具备初步的消费者自我保护意识。 4. 了解社区的交通情况。 5. 体验公共设施给人们生活带来的便利。 6. 了解社区的民风、民俗和文化活动。 7. 了解的社区生态环境。 8. 与社区开展可持续性手拉手活动。	1. 开展认识地图和查找地名的比赛。 2. 开展进社区环保互动。 3. 观察或访问身边的劳动者。 4. 观察和实地调查学校或家庭附近商业场所的绿化情况。 5. 列举人们经常使用的交通工具。 6. 观察生活中常见的公共设施及其使用、维护情况。 7. 观察公共场所中的公共秩序情况。 8. 实地调查,说明产生环境问题的原因,开展相关宣传活动。 9. 摄影:"美丽的小区"。 10.时装秀:废旧物品做衣物。
五年级	我们的国家	1. 知道我国的地理位置、领土面积、海陆疆域及行政区划。 2. 了解不同民族的生活习惯和风土人情。 3. 知道我国不同地区自然生态环境的差异。 4. 了解我国的自然灾害情况。 5. 了解我国的生态农业生产情况。 6. 了解我国的交通发展状况以及交通污染情况。	1. 进行查找地图竞赛和拼图游戏。 2. 选择和列举代表民族文化的实例。 3. 比较我国不同区域在气候、地形、资源等方面的差异。 4. 进行"环保徽标"大赛。 5. 收集有关地震和洪水等重大自然灾害的典型案例。 6. 了解当地一种农产品的来历并交流。 7. 编写环保标语。
六年级	我们共同的世界	1. 知道世界的大洲、大洋的位置。 2. 比较不同国家、地区、民族的生活习俗、传统节日、服饰、建筑、饮食等状况。 3. 比较各个国家的绿色植物覆盖率。 4. 了解绿色生态与人们生产、生活及社会发展的关系。 5. 了解全球环境恶化、人口急剧增长、资源匮乏等状况。	1. 开展环游世界的模拟活动。 2. 以小组为单位确定选题,收集和交流不同国家、地区、民族的生活习俗、传统节日、服饰、建筑、饮食等状况。 3. 围绕文明古国,开展交流活动。 4. 通过各种途径,调查了解日常生活中的进出口产品。 5. 围绕"生态保护"召开辩论会。 6. 手抄报活动:"还地球一片绿"。

(五)"小健将"课程——体育与健康课程设置

　　"小健将"课程即体育与健康课程,它从体育与健康这门基础课程出发,以身体锻炼为主,兼而推行发展学生的体能、增强学生的健康意识,始终致力于学生终身体育意识的培养。通过不断提高学生身体的协调性、灵活性及与他人协同合作的能力,实现人与自然、人与人的和谐共生。(见表5-6)

表5-6　南昌市右营街小学"小健将"课程——体育与健康课程设置表

实施年级	课程名称	课 程 目 标	课 程 内 容
一年级上	坐立行我最美	1. 养成良好的坐立行姿势和基本的体育课队列队形。 2. 构建和谐规范的课堂模式。	坐姿、立姿、行姿展示
一年级下	队列队形		立正、稍息 看起、报数
二年级上	风火轮	1. 让学生的身体素质得到相应的提高。 2. 通过大步走、快速跑使学生形成互帮互助、和谐的班级气氛,同时以废纸团为器材,教育孩子废旧再利用。	大步走、快速跑
二年级下	大力士		各种方式的抛接轻物
三年级上	跑跑跑	1. 让学生基本掌握跑跳类的运动,促进心肺功能的提高。 2. 通过接力跑使学生建立团结起来力量大的意识。	50米快速跑、接力跑
三年级下	跳跳跳		立定跳
四年级上	投掷实心球	1. 发展学生的力量和柔韧性,使学生形成合作意识。 2. 利用废材料制作器材,引导学生从情感上、思想上尊重自然、热爱自然。	原地投沙包 双手掷实心球
四年级下	小小体操王		基本部位操
五年级上	篮球小能手	1. 使学生了解篮球、排球,掌握基本的技术动作。 2. 通过个性与独特的篮球技能训练,使学生身心协同发展。	单身肩上投篮
五年级下	排球小能手		正面下手垫球
六年级上	武林高手	通过舞蹈、武术技能训练,使学生的身体协调性得到发展。提高学生身体各方面的协调性、韵律感、柔美度。	少年拳
六年级下	舞动青春		基本舞步

(六)"小博士"课程——科学与探索课程设置

"小博士"课程即科学与探索课程,它以"科学与探索"为基础,倡导学生在亲身经历中,通过研究性学习展开专题探究活动,培养好奇心和探究欲,从中发现自然界万物的和谐共生之道,并学会运用这些改造人类的生活,获得人类与自然和平相处的认知,为终身学习打下扎实基础。(见表5-7)

表5-7　南昌市右营街小学"小博士"课程——科学与探索课程设置表

实施年级	课程名称	课 程 目 标	课 程 内 容
一年级上	走进植物王国	从学生最熟悉的动植物入手推开科技与探索的大门,紧贴学生的生活,激发学生的好奇心和探索精神。使学生初步树立大自然主义的生态价值观。	能对校园内的植物进行简单的观察、辨认,并简单画出来。
一年级下			让学生懂得爱护植物、保护环境是我们每个人义不容辞的职责,学会做生活中的"有心人"。
二年级上	水滴旅行	了解水的特点、作用、分类等与水相关的内容,真正体会到水是生命之源,与每个人息息相关。培养和增强保护自然的生态意识。	1. 了解与水相关的现象和道理。2. 会动手模仿制作与水相关的实验,并能解释原理。
二年级下			1. 会动手模仿制作与水相关的实验,并能解释原理。2. 启蒙物理、化学学科知识,培养探索学习兴趣。
三年级上	有趣的自然界	1. 了解自然界有哪些有趣的自然规律、现象以及常识。2. 通过合作探究的方式进一步知道自然规律、现象以及常识的产生原因。3. 在探究中发挥学生的主体作用,利用集体智慧挖掘合作的力量。	1. 知道自然界中存在哪些有趣的现象、规律和常识。2. 运用讲故事、拍视频、做实验等方式,身临其境地感知自然界的趣味性。
三年级下	神秘的宇宙	1. 了解宇宙中生命的科学,知道其定义的范围。2. 利用课前整理的资料,展开进一步的探索学习。3. 在整理资料中培养学生主动参与学习活动。	1. 通过合作交流的方式,进一步知道宇宙中生命的科学(包括地球生命、太阳系以及群星之间的生命)。2. 在进行分类归纳整理后,学生形成基本的科学知识概念。

续　表

实施年级	课程名称	课 程 目 标	课 程 内 容
四年级上	膳食金字塔	1. 了解饮食中的营养结构,学习整理关于食物的资料。 2. 懂得营养搭配的重要性,爱护身体,珍惜地球资源。 3. 在合作中提高沟通和解决问题的能力。	1. 使用多种方法对食物进行分类,并通过记录的方式将分类的结果进行整理和描述。 2. 知道食物提供6种营养成分:蛋白质、糖类、脂肪、维生素、矿物质和水。 3. 学会营养搭配,珍惜地球资源,树立生态观念。
四年级下	食物里的大家族	1. 借助资料和器材完成实验,在检测中明白实践出真知的道理。 2. 在探究和与其他同学合作交流的过程中,互帮互助,汲取经验。 3. 乐于用学到的科学知识改善生活,健康成长。	1. 通过收集、查阅资料,交流等获取信息,丰富对食物中的营养成分、营养类别等方面的认识。 2. 通过实验的方法辨别食物中的脂肪和淀粉,激发探究营养成分的浓厚兴趣。
五年级上	垃圾与环境	1. 提高环保意识,树立分类观念,共创美好未来。 2. 加强宣传培训,普及分类方法,创建和谐社会。	让学生提前收集家庭一天的垃圾,然后把垃圾带到学校来进行分类和称重统计。了解目前有哪些处理垃圾的方法。引发思考,简单地填埋和焚烧垃圾会造成环境污染,设计合理的垃圾填埋场,可以有效减少对环境的污染。
五年级下	生态与环境	了解生态学、环境科学、环境生态工程的知识、方法和技术的发展趋势及应用前景,熟悉国家环境保护、生态建设的发展方向。	初步了解水污染控制、大气污染控制、固体废弃物处理与处置、噪声处理、环境规划与管理、清洁生产与循环经济等知识。
六年级上	工程与科技	1. 基于感性思维,发展学生的理性思维。 2. 探究方案,促进学生科学思维的各方面发展。	以"解决城市交通问题"为主题,通过机关组合来展现不同城市交通问题的解决方案,以科学赛事来增强青少年的公共安全防范意识,并激发青少年用科技动手改善生活、优化环境质量的科创能力。

续　表

实施年级	课程名称	课　程　目　标	课　程　内　容
六年级下	环境和我们	从科学的角度指导学生了解人类活动对环境的影响、环境保护的重要性,培养他们的环境保护意识,并能够从身边的点滴小事做起,开展环境保护行动。	创新既指一种精神,也泛指创造任何一种新的事物,同时也专指科学技术领域中的发明创造。奥地利世界著名经济学家熊彼特1921年提出的创新是指将生产要素的新组合引进生产体系,这种新组合包括引进新产品,引进新技术,开辟新市场,控制原材料的新供应来源,实现工业的新组织等五种情况。这种创新概念被国际社会广泛接受和应用。虽然创新的几种不同涵义各有其应用的领域和范围,但它们的共性都是创造性。

第四节　让每一个生命自由呼吸

"生态课堂"是右营街小学"生态教育"文化的产物和实践创新,是让每一个生命自由呼吸的课堂。通过课程实施,给学生创设成长的快乐课程,让教师享受教育的幸福,让学校彰显育人的特色。右营街小学从"生态课堂""生态学科""生态社团""生态节日""生态之旅""生态空间""生态文化""生态聚焦""生态场馆"等九方面入手推行"生态教育",践行"把绿色种子撒播到儿童心灵"的理念,使"新生态"课程"踏着生命的节律前行"。课程评价就是引领"新生态"课程开发的启明星,是把握九大类课程设计的风向标,是促进课程实施效果的进化液。课程的实施与评价体现了对课程理念的贯彻是一个动态的过程,是通过课程动态实施将课程的理念逐一呈现,最终实现课程内蕴。

一、建构"生态课堂",落实学科基础课程

(一)"生态课堂"的内涵与操作

"生态课堂"是绿色的课堂。它关注"生成",强调学生的主体地位,激发学生主动求

知的欲望;它点燃"生成",展现课堂教学的真实过程,张扬教师的教学机智和教学艺术;它点亮"生成",实现师生素养的动态生成,成就课堂教学的高效低碳。在具体操作上,"生态课堂"的教学内容要丰富,要基于教材,立足学科素养,将课程变得丰富有用。

　　"生态课堂"是共生的课堂。"生态课堂"是师生共情共荣的天地。课堂是师生之间的平等对话,是生生、师生的多元互动,是生生之间的和谐交往。在具体操作上,"生态课堂"的师生关系体现人与人之间平等、积极的互动,在多元互动中沟通、交流,彼此影响、彼此补充,进而形成师生之间的共享、共识、共长。生态课堂中,尤为关注的是"学情"。课前分析学情,聚焦实际问题——以任务单驱动学习;课初把握学情,直击重点问题——以探究开启学习;课中遵循学情,生成深度问题——以思维构建学习;课末延展学情,评价活用问题——以评价丰厚学习。

　　"生态课堂"是低碳的课堂,明确而精要。准确表达教学目标,聚焦核心问题,培养学科思想,发展综合素养,在高效中求优质。在具体操作上,"生态课堂"的教学方法要体现课堂思路的简明扼要、教学环节的简化高效、教学手段的简便有效、课堂提问的简要精准,从教学设计到课堂实施务求用最节约的模式产生最佳能效。

(二)"生态课堂"的评价标准

　　依据"生态课堂"意涵,学校进一步完善了"生态课堂"的评价标准。

　　"生态课堂"的教学理念:

　　1. 关注和尊重生命的成长,遵循个体生命发展的规律和原则,以人为本,用润物无声的方法去引导和鼓励学生,激发学生的成长潜质,促使学生习得良好习惯,成为人格健全、素质全面的人。

　　2. 创设自然的教学情境,激发学生自主学习的兴趣,让学生产生乐学情感,帮助学生在课堂里感受快乐、尝试成功、释放潜能、激活思维,成为学习的主人。

　　3. 尊重学生,师生关系和谐融洽,学习环境宽松愉悦。重视学生身心和思维的健康发展,让课堂成为师生共生的舞台。

　　4. 关注探究。积极引导学生在学习的过程中发现问题、提出问题,激发学生的探究欲,培养学生相互竞争与协同互助的能力。

　　"生态课堂"的教学设计:

1. 把握教材的结构与体系,设计要体现思想性、人文性、开放性和前瞻性。

2. 教学设计符合学生的心理需求,能调动学生的非智力因素参与学习,启迪学生的智慧,让学习达到高效化。

3. 知识容量与密度要合适,能力培养要符合学生的实际。

4. 知识层次清晰,结构紧凑且有创意,能有效突破重难点。

"生态课堂"的教学过程:

1. 教学过程自然流畅,能遵循教育教学的规律和学生身心成长的规律。

2. 能调动学生的学习主体性,引导学生主动地参与讨论、交流、汇报,使学生呈现积极的学习状态,彰显生态课堂的教学活力。

3. 教师在自主学习中能起到恰当的引导作用。

4. 让学生愉悦地参与学习,取得尽可能好的教学效果,体现教学过程的低碳与高效。

"生态课程"的教学效果:

1. 学生学习兴趣浓厚、思维活跃,各层次学生均学有所得。

2. 学习氛围轻松和谐,学生充满自信,课堂教学预设目标能顺利完成。

3. 学生个性得到张扬,自主参与性得到充分发挥,学生的智力、心理等方面得到和谐与可持续发展。

4. 学生的学习能力、行为习惯和创新潜质得到培养和训练。

"生态课堂"的教师素质:

1. 教学基本功扎实,教学技能娴熟,把课堂看作师生生命发展的共同舞台,体现人文关怀意识。

2. 教态自然大方,语言规范,板书工整美观、合理实用,课堂调控能力强。

3. 能熟练使用多媒体,能有效地整合学科资源,体现多元化知识的有机融合,促进学科之间的平衡和谐发展。

4. 重视并善于引导学生讨论、交流、研究问题,进行分析比较、归纳总结、拓展延伸,提升学生积极学习的情感态度。

二、建设"生态学科",落实学科拓展课程

"生态教育"以"生态学科"来推进学科特色课程的建设和实施。"生态学科"是

国家规定的基础课程和教师根据基础课程的设计自主开发的适合自我需求的多学科交叉渗透的课程。

(一)"生态学科"的建设路径

学校生态学科建设主要走生态"1＋N"学科课程群建设之路。"1"指的是一门基础型课程,"N"指的是教师围绕基础课程自主开发的基于儿童需求、指向核心素养、凸显学科特点的多门延展性课程。打造生态学科"1＋N"课程群,学校从两方面入手:一方面通过深挖基础学科内部或不同学科之间的逻辑来构建专业的学科课程群,另一方面充分利用地域特色、校本特色来渗透多学科。各学科教师基于特色追求,根据对学科的独特理解以及学科的独特优势、独特资源,开发课程,汇聚课程群,打造特色课程群。

1. **"语文魔方"特色课程。**"语文魔方"课程是现有的语文基础类课程的拓展,力图进一步提升学生的语文核心素养。学校以"阅读之星""诵读达人""写作明星""书法能手"等为平台推动生态语文课程的实施。(见表5-8)

表5-8 南昌市右营街小学"语文魔方"特色课程表

课程项目	课程内容	实施年级	课程资源	课程目标	课程实施	课程评价
阅读之星	绘本阅读	一、二年级	利用图书馆书籍、网络书籍、超星阅读平台,教研组推荐必读书目、选读书目。	1. 培养学生阅读绘本的兴趣,形成良好的阅读习惯,知道阅读是人终身的可持续发展能力之一。 2. 在阅读中提高语言表达能力等综合素养。 3. 指导学生读懂绘本,掌握阅读绘本的基本方法,感受绘本中精彩纷呈的世界。	绘本阅读漂移 阅读之星评选 亲子和谐阅读 作品展示	1. 活动评价法。开展协作阅读活动。倡导亲子阅读,让父母和孩子协作营建书香和谐家庭,共享阅读带来的快乐。进行班级图书漂流活动,让学生经常人手一册,轮流交换阅读,学会资源共享。 2. 作品展示法。让学生在广泛阅读的基础上以各种不同形式表现个人阅读成果,独特感受。充分利用好图书角等平台,及时展示学生的课外阅读成果。注重个性差异,使学生感受乐趣。

续　表

课程项目	课程内容	实施年级	课 程 资 源	课 程 目 标	课程实施	课 程 评 价
阅读之星	同步阅读	三、四年级	1. 课文延伸的课外读物。 2. 语文园地中的古诗词和推荐的文章或书目。 3. 利用图书馆书籍、网络书籍、超星阅读平台等进行课外阅读。 4. 推荐书目:《小学生必背古诗词70首》《昆虫记》《中国古代神话故事》《窗边的小豆豆》《可怕的科学》《神奇校车》《大林和小林》《稻草人》《狐狸列那的故事》。	1. 掌握最基本的阅读方法,学会浏览、略读、精读等读书方法。 2. 能利用多种渠道扩展自己的阅读量。 3. 会使用常用的语文工具书,借助工具书阅读浅易的古诗和简短的文言文,扩展自己的阅读面。	读书一览表 读书笔记 利用废旧材料制作书香卡 读书书记	1. 填写读书反馈表。让学生在反馈表上填写作者、主要内容,精彩片段、一句话想法、百科小知识等。 2. 每周查阅一次读书笔记、书香卡,组内互相评价给出等级。 3. 每学期进行一次课外阅读总体评价,并填写评价表。 4. 成立班级读书报告会,营造生态阅读环境。
	名著阅读	五、六年级	1. 课文延伸的课外读物。 2. 语文园地中的古诗词和推荐的文章或书目。 3. 利用图书馆书籍、网络书籍、超星阅读平台等进行课外阅读。 4. 推荐书目:《论语》《三国演义》《城南旧事》《俗世奇人》《骑鹅历险记》《童年·在人间·我的大学》《福尔摩斯探案全集》《钢铁是怎样炼成的》《朱自清散文集》《马克吐温短篇小说选》《鲁滨逊漂流记》《小王子》《草房子》《男生日记》。	1. 能主动进行探究性学习,在实践中学习、运用语言文字,学会摘记和写读书心得。 2. 在阅读中学会独立思考,具有独立阅读的能力,注重情感体验,有丰富的积累,形成良好的语感。 3. 学会选择课外阅读书籍、报刊,能初步理解、鉴赏文学作品,受到高尚情操与趣味的熏陶,发展个性。	名著阅读交流 名著经典片段展演 人物性格与他人、自然、社会和谐共处的哲理。	1. "阅读是学生的个性化行为",所以,学生在阅读活动中,由于自身的生活经验、社会阅历、文化积淀的不同,往往在对同一个阅读材料的理解上带有自己强烈的个人主观色彩,产生"仁者见仁"、"智者见智"的结果。我们应该"珍视学生独特的感受、体会和理解",给予其呵护和包容性评价。 2. 让学生回归生活世界,焕发生活的活力。引导他们自主阅读,自由表达,营造和谐共进的读书氛围。

续　表

课程项目	课程内容	实施年级	课程资源	课程目标	课程实施	课程评价
诵读达人	儿歌、童话、寓言故事、《三字经》、《弟子规》	一、二年级	每个语文园地的课外阅读故事,各年级推荐书目、选读书目。	总目标:通过诵读各民族文化的精髓,进行文学、思想的积累和熏陶。所谓积累,即积累丰厚文化底蕴,传承优秀文化,弘扬民族精神;所谓熏陶,即陶冶思想情操,形成健全人格,学会做人,为人的终身可持续发展奠基。 阶段目标:一、二年级以诵读为主;中、高年级在诵读的基础上,进行联系生活实际的理解、感悟、辩论,懂得人与世界的和谐共处。	诵读儿歌故事大王比赛 古诗文诵读 神话故事大展览 儿童诗创作比赛 散文阅读心得体会交流 唐诗宋词赏析 中外名著中最喜欢的人物评选	通过经典诵读培养学生对传统文化的兴趣,使学生受到潜移默化的道德熏陶和人格塑造。培养学生与人为善、内心安适、刚毅坚韧等道德品质。
	古诗文、儿童诗、神话故事、成语故事、经典美文	三、四年级	每个语文园地的课外阅读故事,各年级推荐书目、选读书目,散文。			
	散文、唐诗宋词、名家名篇、中外名著	五、六年级	每个语文园地的课外阅读故事,各年级推荐书目、选读书目。			

续　表

课程项目	课程内容	实施年级	课程资源	课程目标	课程实施	课程评价
写作明星	看图写话、用词造句、日记	一、二年级	利用好自然资源来培养学生的作文意愿；和有关课程整合来激发学生的作文兴趣；挖掘家庭中的语文课程资源，让作文教学充满亲和力；观察生活，让作文教学充满渗透力。	总目标：1. 注重写作兴趣、习惯的养成。2. 注重作文的生活化、交际化和文体多样化。3. 注重习作中语文知识的运用。阶段目标：一、二年级：对写话有兴趣，写自己想说的话。在写话中乐于运用阅读和生活中学到的词语。	寻找最美图画 句子大比拼	让孩子们感悟生活中的美好事物，学会与他人共享，交流对自然、对生命以及身边事物的真切感受。"我手写我心"，写出自己内心对生活的真实感受，并与他人共享。
	素描人物、摹景状物、想象作文、应用文	三、四年级		三、四年级：留心周围事物，乐于书面表达，增强习作的自信心。愿意将自己的习作读给人听，与他人分享习作的快乐。能不拘形式地写下自己的见闻、感受和想象，注意把自己觉得新奇有趣或印象最深、最受感动的内容写清楚。尝试在习作中运用自己平时积累的语言材料，特别是有新鲜感的词句。学习修改习作中有明显错误的词句。	作文之星评选 参观游览景物	
	素描人物、感悟亲情、摹景状物、参观游记、展开想象	五、六年级		五、六年级：懂得写作是为了自我表达和与人交流。养成留心观察周围事物的习惯，有意识地丰富自己的见闻，珍视个人的独特感受，积累习作素材。修改自己的习作，并主动与他人交换修改，做到语句通顺，行款正确，书写规范、整洁。根据表达需要，正确使用常用的标点符号。	"我手写我心"感悟身边亲情 想象未来 写写印象深刻的一个人	在小组合作评改、大组欣赏交流的基础上，采取小组推荐、大组评议的方式评选"最佳生态作品奖"、"最佳生态评语"、"最佳生态小老师"，由班级颁发喜报并予以鼓励，让学生体验成功的喜悦和进步的快乐。设立展台，展览习作中的优秀生态作品等。

续　表

课程项目	课程内容	实施年级	课程资源	课程目标	课程实施	课程评价
书法能手	硬笔书法	一、二年级	硬笔书法的相关字帖、课外书籍、网络资源等。	1. 了解汉字的基本笔画名称和笔顺规则。 2. 知道汉字的常用偏旁。 3. 了解汉字的基本结构。 4. 端正书写姿势。 5. 学会描红、临帖的基本方法。 6. 初步了解汉字的历史和文化价值。 7. 培养学生良好的学习习惯、行为习惯,为其他课程的学习打下良好的基础,促进学生的全面发展和终身发展。	写字姿势培训 描红临帖	1. 静心训练。习字时,能够静下心来写字。 2. 双姿训练。坐姿:一拳、一尺、一寸;握笔姿势:笔杆放在拇指、食指和中指的三个指梢之间,食指在前,拇指在左后,中指在右下,食指较拇指低些,手指尖应距笔尖约 3 厘米。笔杆与纸面保持 60 度的倾斜,掌心虚圆,指关节略弯曲。 3. 读帖能力。在临帖时,先读贴,再下笔。写前读,写时读,写后评。 4. 学会观察,乐于倾听,勤于思考,勇于发言,愿意与他人交流和合作。
	软笔书法	三至六年级	软笔书法字帖,课外与书法及相关历史人物有关的书籍资料,网络中的文本及视频资源。	1. 了解文房四宝:笔、墨、纸、砚。了解一些书法家及汉字发展的资料。 2. 掌握毛笔的执笔方法和写字的正确姿势。 3. 学会用毛笔写字,写得正确、端正、整洁,行款整齐。 4. 学习基本笔画的运笔方法,能用毛笔描红、临摹。初步养成良好的写字习惯。	认识笔墨纸砚 运笔练习 毛笔临帖	1. 形成多元化开放的评价体系,促使学生生命的自然成长。主要采用学生自评、学生互评、师生集体评的方式,采用等级评价制度。 2. 形成性评价和综合性评价相结合,要加强形成性评价。提倡采取成长记录袋的方式,收集能反应学生写字训练过程和结果的资料。

续　表

课程项目	课程内容	实施年级	课 程 资 源	课 程 目 标	课程实施	课 程 评 价
书法能手	软笔书法	三至六年级	软笔书法字帖,课外与书法及相关历史人物有关的书籍资料,网络中的文本及视频资源。	5. 学会用毛笔临帖,掌握部首、结构的一般规律,养成认真临摹的习惯。 6. 根据日常生活需要,运用书法进行人际沟通和社会交往。		3. 定性评价和定量评价相结合。组织写字比赛,激发学生的荣誉感、自豪感,激励学生更努力习字。重视书写的正确、端正、整洁,要以书面的形式了解学生对书法知识、书法名人的掌握情况,并以举办书法比赛、办小板、写春联、开书法展等实践活动深化学生对书法的认识。 4. 尊重个体差异,以鼓励、表扬等积极向上的评价为主,尽量从正面加以引导,使学生对练好毛笔字充满信心。让学生在书法练习中静下心来思考生活中遇到的各种问题,提升自己的修养水平。

　　2.“快乐英语”特色课程。基于“快乐英语”的学科理念,英语教师在教学过程中挖掘教材、生活里的资源,确立沉浸式课程,运用丰富多彩的听、说、读、写等活动为学生提供了一个自由宽松的英语交流平台,让学生在听听、唱唱、说说、看看、写写中快乐习得,为学生的英语学习和交流提供舞台。(见表5-9)

　　3.“趣味数学”特色课程。数学是一个色彩缤纷的万花筒,美丽而奇妙。通过数学学科训练学生的思维活动是重中之重。在数学教学中,让学生发现数学知识在生活中的存在,感受数学知识的价值,运用数学的思想去思考问题,是培养学生数学思维的途径之一。“趣味数学”课程群并不是一种固定的教学模式和方法,它是数学课程组教师追求的目标,其教学的形式、方法和途径是多元的,以提高学生

的学习兴趣、训练学生的数学思维、培养学生良好的学习习惯为根本目的。(见表 5-10)

表 5-9　南昌市右营街小学"快乐英语"特色课程表

课程内容	实施年级	课程资源	课程目标	课程实施	课程评价
Singing children's songs	三年级	利用教材歌曲以及相关音频、视频	1. 在儿歌学习中进行听、读、诵、唱等能力的培养,为儿童的乐学提供必要的形式。 2. 让学生能主动地认识字母、单词,接触规范的书面语言、听力材料,积累语言材料,培养语感能力。	1. 学唱少儿英语歌曲。 2. 学唱英语儿歌。 3. 做英语游戏。	1. 歌唱时发音清晰,综合音乐感觉好,有较强的理解表现能力,能深入歌曲内容。 2. 整首儿歌演唱富有感情,音乐节奏感强,歌曲演唱完整、热情,并有一定的技能技巧。 3. 整个游戏过程体现合作互助、团结友爱精神。
Picture-book reading	四年级	利用图书馆书籍、网络教材等	1. 提高学生对英语绘本阅读学习的兴趣,扩大学生英语阅读的词汇量。 2. 构建一套符合学校实际,并能发挥学生潜能,提高学生阅读技能和阅读技巧的绘本阅读教学模式,从而增强学生的语感,提高学生的阅读速度和理解的准确度,帮助学生逐步养成一定的英语阅读习惯和能力。	1. 绘本阅读。每两周从国家规定的课程中拿出一节课,指导学生阅读绘本阅读校本课程中安排的篇目。 2. 整书阅读。按章节顺序给学生大声朗读计划中的书目。	1. 能够用完整连贯的语言大胆地表述对故事内容和情节发展的理解。 2. 理解故事内容,感受绘本,并尝试运用语言将猜测阅读的内容表述出来。 3. 组内分工明确,讨论有序主动,合作互助。 4. 学生积极参与,愿意展示自己,能和同伴一起共同交流阅读心得。

课程内容	实施年级	课程资源	课 程 目 标	课 程 实 施	课 程 评 价
Funny movies	五年级	精选迪士尼精典动画中的片段	提高学生对英语国家和民族的习俗、文化、社会概况的了解程度,增强学生对西方世界的认识,培养学生的语言交际能力。	1. 在家欣赏推荐的动画,认识并记住动画中人物的名字与特征。 2. 以分组形式表现动画片段,并与同学们一起交流。	1. 能看懂语言简单的英语动画片或程度相当的英语教学节目,视听时间每学年不少于10 小时(平均每 周 20 分钟—25 分钟)。 2. 能根据电影对话合作互助模仿说话。 3. 能在教师的指导下进行简单的角色表演。 4. 中西方文化求同存异,中西方世界和谐共处。
Classic plays	六年级	《木偶匹诺曹》《绿野仙踪》《格列佛游记》	通过指导学生进行英语课本剧的创作和表演的尝试,树立学生学习英语的信心,激发和提高学生对英语的兴趣,培养学生的团队合作和创造力。	1. 讲解课本剧表演创作常识。 2. 播放英语课本剧的视频,学会欣赏。 3. 熟悉课文,创作课本剧。 4. 识记课本剧的台词。 5. 排练剧本。	1. 对话精练、地道、纯正,有一定的台词含量。 2. 动作恰当、大方、得体,表演逼真;表情自然、丰富、投入,有一定的表演技巧;配合默契,随机应变,控制场上局面的能力较强。 3. 能利用废报纸、废旧电池、旧服装等自制道具。 4. 剧本渗透生态教育,增强日常环保意识。

表 5-10 南昌市右营街小学"趣味数学"特色课程表

实施年级	课程资源	课程实施	课程评价
一年级上	数数歌歌谣；加、减法口诀歌；奇妙的数学世界；认识图形；认识钟表等游戏	1. 学唱数数歌 2. 学习加减法歌谣 3. 盲摸图形竞赛 4. 辨认方向户外活动课 5. 数字排队队 6. 认钟小竞赛	1. 能积极主动参与学习。 2. 学习中能和他人一起合作，愉悦共学。 3. 利用学得的知识，认识时钟，懂得珍惜时间。
一年级下	工作时间安排表；货品收集与整理；商品的出售；价钱的结算	1. 认识钱币 2. 收集商品 3. 我的小商店 4. 淘宝秀 5. 跳蚤小市场 6. 优秀销售员	1. 会用学得的数学知识解决生活中遇见的小问题。 2. 小组合作并且互相展示自己的学习成果，提高数学生活化的认识。
二年级上	认识七巧板；拼摆七巧板；七巧板设计赛；七巧板创意评摆竞赛等	1. 认识七巧板 2. 自由拼搭 3. 欣赏作品 4. 评比竞赛 5. 七巧板创意设计赛	1. 了解七巧板的来源、制作方法等，感受七巧板的神奇。 2. 有创意地拼搭七巧板。 3. 学会展示自己的作品，并且与他人平等交流作品创意。
二年级下	对称图形的认识；寻找大自然中的对称图形；剪纸设计美丽的对称图形	1. 认识各种对称图形 2. 收集生活中对称的物品 3. 拓印对称图形 4. 剪纸课设计对称图形 5. 对称图形作品展示会	1. 感受生活中的数学美。 2. 动手操作体验对称图形，看看谁的想象更新奇。
三年级上	扑克牌的认识；指导学生算 24 点；小组 PK 赛；大组 PK 赛	1. 介绍 24 点的计算要求 2. 抽卡片组算式，算 24 点 3. 巧算 24 点的方法训练 4. 巧算 24 点竞赛	1. 了解 24 点游戏的规则。 2. 感受算法的多样化，从而了解生活的多面性。爱数学，爱生活。
三年级下	数学广角；早餐搭配；数字搭配；服饰搭配；旅行中的学问	1. 了解搭配中的和谐之美 2. 了解搭配的组合学问 3. "我是小主厨"创意赛 4. 搭配合作跳棋比赛 5. 数字中搭配的学问	1. 有序、全面地思考问题，并且会合理搭配。 2. 在生活中发现时刻存在的数字搭配学问，体味有趣的数学、有趣的生活。

实施年级	课程资源	课程实施	课程评价
四年级上	认识数独的发展史；数独智力赛；稍复杂的数独游戏	1. 了解数独游戏的发展史 2. 玩数独游戏 3. 数独小组赛 4. 数独设计赛 5. 数独挑战赛	1. 以数独体验乐园为平台，发现生活中时刻存在的乐趣。 2. 能小组合作完成数独的游戏设计。
四年级下	《数学家的故事》(四川大学出版社，孙剑著)；数学训练习题集	1. 每周介绍一位数学家 2. 智慧提升题训练 3. "我爱数学"手抄报比赛 4. "向数学家致敬"讲故事比赛	1. 从故事中真切感受到数学家的探索精神及持之以恒的精神，敬佩数学家孜孜以求的探索精神。 2. 愿意学习前辈的精神并在自己的学习历程中探索前行。
五年级上	数学谜语书；自编数学谜语	1. 收集数学谜语，举办谜语交流会 2. 数学谜语手抄报 3. 猜谜比赛 4. 创编数学谜语	1. 愿意与其他同学和谐交流收集的谜语。 2. 与语文学科融合，自主绘制数学谜语手抄报。 3. 发挥想象，创编数学谜语。
五年级下	五年级数学统计知识；班级生日统计图；喜欢的运动项目统计图；班级身高统计图；喜爱的老师统计图	1. 我们的生日 2. 我们喜爱的水果 3. 我们热爱的运动 4. 班级身高统计图 5. 我最喜欢的老师	1. 小组合作学习，学会与同学平等交流。 2. 寻找生活中有趣的数学知识。
六年级上	手工剪纸；绘画设计；手工制作；图形创意赛	1. DIY 图案设计 2. 建造城堡 3. 制作立体图形 4. 探究奇妙的数与形	1. 学会独立思考后动手设计操作。 2. 愿意与他人一起探究奇妙的数与形。
六年级下	人教版数学书；银行年利率计算；各种理财产品、理财方法等	1. 了解勤俭节约的传统美德 2. 了解折扣、利率等知识的计算方法 3. 银行工作社会调查 4. 我的压岁钱 5. 为自己设计理财方案并交流展示	1. 从数学中学得正确的消费观念，培养初步理财能力，学习和体验简单的理财方法并愿意和家人一起在生活实际中运用。 2. 根据自己的家庭实际，敢于设计自家理财方案并和同学一起交流，比比谁的方案更具优势，更有创造力。

4. **"活力体育"特色课程群。**体育组教师以"活力体育"教学理念为核心,以学生健康成长为目标,让每一个学生都积极参与到体育活动中来,打破学校、家庭、社会的区域禁锢,随时随地锻炼自我、展示自我。(见表5-11)

表5-11　南昌市右营街小学"活力体育"特色课程表

课程项目	课程内容	实施年级	课程资源	实施目标	课程评价
滴答世界	1. 握拍的方法 2. 正手、反手发球 3. 正手推挡球	一至三年级	乒乓球、挂图、相关书籍	1. 初步了解和学习握拍、正手发球、推挡球等基本动作,并能说出动作的方法和简单的术语。 2. 培养学生对乒乓球运动的兴趣,提高运动能力。 3. 能崇尚自然、个性化发展。	1. 教师根据学生的不同水平进行评价,体现个体差异,增强自信心。 2. 主动参与,主动练习,能正确评价与他人的差距。 3. 使学生形成保护环境、创建优美校园的环保意识。
篮球之路	1. 原地运球 2. 原地传球	三至四年级	课外篮球书、篮球比赛影像	1. 初步掌握原地和行进间运球、原地双手投篮的动作,并能在比赛中运用。 2. 发展学生的力量、速度、灵敏等身体素质。 3. 通过情景导入练习使学生养成爱护环境的意识和敢于向困难挑战的乐观精神。	本课程采用分块评价,分别从出勤率、活动参与、运动成绩三方面进行评价。同时采用展演评价法,每周让学生根据所学知识自主创编动作,进一步提高技能。
小飞羽馆	1. 握拍的方法 2. 发球	三至六年级	羽毛球相关视频	1. 学生基本能说出羽毛球的规范动作;发展学生的身体素质。 2. 培养学生的体育道德精神。	本课程根据学生出勤情况,每次练习参与训练中的积极性、评出优秀、良好、及格、不及格。

续　表

课程项目	课程内容	实施年级	课程资源	实施目标	课程评价
舞动新村	1. 音律活动组合 2. 舞蹈	五、六年级	彩带、彩旗、拉拉球相关视频	1. 学生掌握音律与舞蹈的组合动作；培养学生正确的身体姿态,增强方位感,发展学生的节奏感和音乐表现能力。 2. 通过使用生活中的废旧物品制作啦啦球、彩带等道具,教育学生发现生活中的可利用资源。	本课程坚持过程性评价和参与性评价相结合原则,采用学生自评和教师评价相结合的方式,对学生舞蹈动作的技术水平、组合之间连贯性的能力进行积分考核,并结合考勤进行综合评价。
球球大作战	1. 准备姿势和移动 2. 双手垫球	五、六年级	排球、课外排球书、排球比赛影像	1. 能掌握一些简单的基本技术,如垫球、发球游戏;训练学生的灵敏性,培养学生顽强、拼搏、果断的意志品质。 2. 提升学生的力量、速度、灵敏等身体素质。	本课程采用积分制评价方式,每周对学生的考勤、课堂纪律进行积分制评价。全勤 10 分,缺课一次扣一分,违反课堂纪律扣两分。同时采用回顾课堂评价法,每周对学生进行专业技术的考核。

　　5. "创意美术"特色课程。美术组教师以"创想"为突破口,从学生实际出发,针对不同年龄层次学生的发展需要,在课堂中营造轻松的氛围,激起创新的火花,让学生收获快乐、感受艺术的魅力。(见表 5-12)

表 5-12 南昌市右营街小学"创意美术"特色课程表

课程项目	课程内容	实施年级	课程资源	课程目标	课程评价
线描涂色	线描植物涂色 线描动物涂色 线描静物涂色	一年级	学生熟知的动物卡通图片;各种花卉、树木的图片;写生静物图片	1. 通过课程学习,了解植物、动物等相关知识,认识大自然的美妙和美丽;培养学生了解自然、热爱自然、保护自然的情感和责任;掌握线描装饰画的艺术特点和表现形式。 2. 了解线描装饰画的创作过程,并尝试联系生活中的形象,创作一幅线描装饰画。热爱生活,做发现者。发展潜在的艺术个性,大胆表达自己的环保思想和情感。	1. 展示性评价(60%):学生先自主介绍作品、交流互评作品,教师再对学生所完成的线描作品按照一定的评分标准进行讲解、打分。 2. 参与性评价(40%):课前由班级的小组长检查学生工具带齐与否,课堂教授时主要考察学生在绘画学习过程中的认真度、活跃度、纪律等。(课前准备齐全20分;未准备一次扣1分。上课认真20分;违规一次扣1分)。
撕纸贴画	撕纸贴画动物 撕纸贴画植物 撕纸贴画静物 折纸动物 折纸植物 创意折纸	二年级	各种撕纸贴画的制作成品;撕纸操作方法的微课视频;折纸制作方法示意图;各种废旧纸材	让学生发现并利用身边废弃纸张学习折纸、撕纸的方法。通过看一看、想一想的过程,训练学生的想象力和创造力,转变学生对于废旧材料的观念,更正学生对于废旧材料价值的认识认知,体验废物再生利用带来的成就感,增进学生的环保使命感。让学生在表现所感所想事物的过程中,体验物品再造活动的乐趣。	展示性评价:每组推选一名评委和老师共同组成评委组,依次让每个小组拿出撕好的作品,由评委组打分,统计分数后,选出分数最高的组获胜。评价过程中如果发现撕得特别有创意的,可以让学生自己阐述设计意图。

续　表

课程项目	课程内容	实施年级	课程资源	课程目标	课程评价
黏土泥塑	黏土泥塑动物 黏土泥塑植物 黏土泥塑静物 创意黏土泥塑	三年级	名家的泥塑作品；泥塑黏土制作的操作视频；各种用泥或黏土制作好的成品	1. 通过玩泥巴的游戏感受泥性，了解雕塑工具的简单运用，同时了解黏土这种材料是一种新型环保、无毒、自然风干的手工造型材料。通过制作，培养学生对雕塑的基础认识，提高学生的环保意识。 2. 培养学生热爱大自然的情感。培养学生的观察力、分析力、想象力、创造力，提高学生的审美情趣和审美能力。	本课程采用激励评价方式，根据学生的参与程度及在活动进程中的表现给予相应的优、良、合格等级。 1. 学生上课出勤率评价：出勤率低于60%，无等级；超过90%，即优秀。 2. 课业完成情况评价，包括平时上课听讲、学习的态度、与人合作完成学习任务的能力等。 3. 课程学习结果评价，包括完成学习任务的质量和进步程度。
想象画	想象人物绘画 想象景物绘画 想象叙事绘画 想象创意手工	四年级	各种风景、人物、儿童叙事绘画的优秀作品；各种创意手工作品	通过对优美景色的欣赏和绘画，让学生解读大师作品的创作特点及表现形式，从而感受自然美，体验美。学生能通过模仿大师们的表现方法及形式来进行创作，能用简短的语言大胆表达对美术作品的感受，并能利用其概念制作富有创意的手工作品。	1. 过程性评价： (1) 利用图表对平时巧思巧画、小练笔进行自我评价。 (2) 活动中有自己独特的见解，敢于提出新奇的问题。 (3) 创意手工展示，突出主题，采用画一画、说一说、写一写的方式，展示活动中的不同收获。 2. 终结性评价： (1) 绘画创意终极测评。 (2) 活动中学生互评测评表。

续　表

课程项目	课程内容	实施年级	课 程 资 源	课 程 目 标	课 程 评 价
剪 纸	剪纸动物 剪纸植物 剪纸拼贴 水粉动物 水粉静物 水粉植物	五年级	民间剪纸艺术家的优秀代表作品;制作剪纸过程的操作步骤展示;优秀的儿童剪纸作品;优秀的水粉画作品;水粉画绘画演示视频	1. 了解中国民间剪纸艺术,掌握剪纸制作方法。继承我国民间剪纸艺术文化,更有利于教育教学。 2. 培养学生对民间剪纸艺术文化的兴趣,增强学生的民族自豪感。发展学生的个性,让学生更多地体验成功的快乐,享受愉快的童年生活。培养学生热爱生活的情感。 3. 初步了解水粉画的绘画方法,在绘画过程中学会观察事物,提高专注力和色彩搭配能力。培养学生对色彩和美的感知力。	1. 课堂评价:学生能掌握剪纸的基本技法、水粉绘画的基本绘画步骤。 2. 技法评价:剪刻线条流畅、规整,能熟练运用剪纸技能表现作品。 3. 作品评价:展示作品,自评、互评。

课程项目	课程内容	实施年级	课程资源	课程目标	课程评价
国画	国画白描 国画山水 国画花鸟 花鸟木刻版画 山水木刻版画	六年级	各类山水、花鸟、白描优秀国画作品;名家大师的书画作品;国画和版画绘画的简易操作步骤视频	1. 通过中国画的学习认识水墨画,初步了解中国写意画的工具、材料。 2. 初步了解中外美术发展概况,尊重人类的文化遗产,能对美术作品和美术现象进行简短评述。调查、了解美术与传统文化及环境的关系,用美术的手段进行记录、规划与制作。引导学生热爱祖国,理解美术文化,形成人文素养。掌握中国画写意技法的笔法、墨法、色法。 3. 培养手脑协调能力,感受传统绘画的魅力。认识版画,初步了解版画的工具、材料,学习版画的制作方法,提高动手能力。	1. 参与性评价:教师做好课堂考勤和纪律记录,在不按期交作品的学生、考勤和纪律不合格的学生的记录中加一个黑墨点,反之在绘画材料准备、学习态度以及学习能力方面合格的学生的记录中增加一个彩墨点。 2. 展示性评价:教师对学生的美术学习结果进行全面正确的评价,对学生平时的美术习作及课程小结、美术作业进行评价,以检测学生的美术知识技能水平。

　　6.“曼妙音乐”特色课程。“曼妙音乐”依托于国家艺术类课程的课程标准,通过课堂发现学生的艺术潜质,培养学生的审美能力,从而提高学生的艺术素养和能力,使学生积累深厚的艺术文化底蕴,激发学生对艺术的热爱之情。(见表5-13)

表 5-13　南昌市右营街小学"曼妙音乐"特色课程表

课程项目	课程内容	实施年级	课程资源	课程目标	课程评价
丝韵流芳——葫芦丝	指法练习吐音训练呼吸方法葫芦丝基本发音练习	一至六年级	《葫芦丝巴乌实用教程》	1. 掌握葫芦丝演奏的正确手型和良好自然的气息运用。 2. 规范常用基本技巧及练习曲等的演奏技法。 3. 练习原生态民族作品,使中国优秀传统文化可持续发展。	1. 练习评价。通过基本技巧练习,熟练掌握葫芦丝各种吹奏方法,懂得自然万物加以利用也能创造美妙的声音。 2. 活动评价。学生在活动中能充分探究葫芦丝的发声原理,热爱原生态乐器及作品。崇尚回归自然。
童声嘹亮——声音与合唱	练声视唱旋律二声部教学	三至五年级	《母亲的微笑》《四季的风》合唱比赛演出等优秀影像视频	1. 通过不同的发声练习来规范学生的音色,进一步提高学生的演唱水平和演唱技巧,并使学生通过优美歌曲的演唱抒发情感,热爱生活。 2. 通过练唱以二声部为主的少儿合唱歌曲,使学生初步建立合唱概念,建立合作团结的合唱精神。	每周学生要进行录音回课展示自己的学习成果。教师通过录音回课,从跳跃旋律、咚哒哒、甜美音色等方面对学生进行评价。看看学生是否在学唱的过程中感悟到歌曲表达出的美好情感,以及能否在团体合唱中统一协作。
星舞飞扬——音乐与舞蹈	基本形体训练 各类舞蹈组合	三至五年级	《小荷风采》舞蹈大赛等优秀视频	1. 增强学生身体的灵活性,发展学生的协调性,让学生用优雅的肢体表现自然美丽的舞姿,从而发现美、创造美。 2. 通过舞蹈练习,让学生感知生活中处处都能创造美。	学生感知美、热爱美,并从不同的角度感受自然之美,从而亲近自然,感受生活的美好,感恩生活。

（二）"生态学科"的评价要求

　　学校根据"生态学科"的内涵，依据以下评价标准，在全校范围内评选"生态学科"。

　　1. 有独特的学科理念。提炼和形成独特的学科理念有利于形成学科特色，这是"生态学科"的核心所在。

　　2. 有基于特色学科理念的学科建设方案。撰写基于特色学科理念的学科建设方案是"生态学科"建设的路径和保障。

　　3. 有丰富的课程内容，能满足学生多元发展需求，能激起学生的学习兴趣，充实学生的学习生活，丰富学生的学习体验，提升学生的学习素养。

　　4. 高品质的学科教学是保证学科质量的基础。以正确的教学目标为前提，以丰富的课堂活动为主线，以提高学生的自学能力为保证，以深度的课后反思为助推，打造"生态学科"的模式。

三、建设"生态社团"，落实兴趣爱好课程

（一）"生态社团"的主要类型

　　为丰富校园文化生活，发展学生的兴趣与特长，促进学生的全面发展，学校开展了自我与社会类、语言与交流类、艺术与审美类、体育与健康类、科学与探索类社团活动。

　　1. 自我与社会类社团。学校组织学生成立环保志愿者联盟、鄱湖生态馆观测项目小组等，让学生学会生活，做生活的小主人，让学生学会交往，做社会活动的小主人，并与家庭、社区配合，以"生活小能人"为目标落实社团课程，为学生提供主动发展机会。"学习是生活的一部分"，陶行知先生指出"生活即教育"，"生活小能人"是一个将基础课程与社会生活紧密结合的社团，目的是强化学生的学科学习能力，变革学校基础教育的课程结构，激励学生创造性地学习，拓展学生的学习视野和认知空间，培养学生良好的道德品质，使学生形成强烈的社会责任感，养成合作、分享、积极进取等良好的个性品质。（见表5-14）

表 5-14　南昌市右营街小学"生活小能人"社团表

实施年级	课程名称	课程目标
一、二年级	爸爸妈妈放心吧	1. 初步学会做简单的家务。 2. 能自己收拾书包等学习用品。 3. 能注意出行的安全。
三、四年级	动手做一做	1. 有主动提高生活本领的意识。 2. 能认识、使用常见的修理工具,修理桌椅等物品,提高动手能力。 3. 能利用废旧物品制作学具、生活用品等,形成节能环保的理念。
五、六年级	户外我也行	1. 学会几项基本的生活本领。学会辨识蔬菜的类别,能做简单的家常菜。合理搭配膳食,形成健康的生活方式。 2. 能应对简单的突发事件。 3. 能在小型灾害中自救,学会简易包扎,不断增强独立生活的能力。

2. 语言与交流类社团。为了更好地培养学生的核心素养,提升师生的人文素养,学校开始实施人文素养培育——举办"我是'人文小专家'活动"。学校以"人文小专家"为主题,立足实际情况,结合语言与交流类基础课程的课程纲要以及课程规划方案,制定了右营街小学"人文小专家"社团实施方案,以读、听、感受、表达为实施方式,促进学生人文素养的提升。(见表 5-15)

表 5-15　南昌市右营街小学"人文小专家"社团表

实施年级	课程名称	课程目标
一年级	我爱绘本	1. 识字量少的同学能借助图画读懂故事内容。 2. 识字量多的同学可以图文结合,讲述故事。 3. 能激发阅读兴趣,养成热爱阅读的习惯;通过阅读绘本产生情感体验,感受到自然生态中万物的平等和谐。
二年级	秘密日记	1. 初步了解日记的格式。 2. 学会用日记记录生活,表达真实的情绪,在生活中感受、理解、思考和学习。 3. 能够把句子写通顺,将意思表达清楚。

续　表

实施年级	课程名称	课　程　目　标
三年级	故事大王	1. 从故事中感受传统文化的魅力。 2. 培养学生的口头表达能力,能完整地讲述故事。 3. 乐于和大家交流,产生新的思考路线,朝着更符合低碳原则的方向来思考问题。
四年级	新年纳吉庆	1. 了解春节的来历及相关的历史故事。 2. 了解各地关于春节的不同文化习俗。 3. 培养学生热爱祖国、尊重传统文化的意识,从生活中不断获得终身学习的能力。
五年级	探索洪城历史	1. 了解南昌悠久的历史文化。 2. 了解南昌的古文化遗址及其历史价值。 3. 了解南昌奇妙的自然风光,体会江南文化古城的独特风貌。 4. 关注南昌未来可持续发展的方向,将对知识的探究放在更宽广的历史、政治和生态意识形态脉络下,并不断进行学习。
六年级	文化寻根谈诗词	1. 通过吟诵,感受汉语言诗文的韵律。 2. 培养学生对于汉语言诗文和中国传统文化的情感,并逐步养成吟诵的习惯。 3. 培养学生对传统古诗文的热爱,加深对祖国深厚人文历史的了解。

3. **艺术与审美类社团。**以争当"艺术小明星"活动为基础,从保证学生的艺术活动时间、拓展学生的艺术活动空间、丰富学生的艺术活动出发,开展艺术与审美类课程,并形成特色社团群,如"绿色我能行""五彩世界""百花齐放"等。(见表5-16至表5-18)

表5-16　南昌市右营街小学"绿色我能行"社团表

实施年级	课程项目	课程内容	课程资源	课　程　目　标
低段 (一、二年级)	朗诵	环保儿歌《我是花和草》	儿歌教材、多媒体课件、动画配乐、音像资料、花草道具(用旧丝袜、毛线、废旧挂历纸等废旧材料制作)	1. 听老师范读,培养认真聆听的习惯,初步感受儿歌语言的韵律和魅力。 2. 训练学生口齿清晰地吐字发音,并能有自然的表情、大方得体的肢体动作及抑扬顿挫的语感。 3. 唤醒学生保护花草的愿望,培养学生的环保意识。

续　表

实施年级	课程项目	课程内容	课程资源	课　程　目　标
低段 (一、 二年级)	朗诵	环保儿歌《拍手歌》	儿歌教材、多媒体课件、动画配乐	1. 老师以优美的语言、欢快的节拍示范表演儿歌，激发学生对语言文字的兴趣。 2. 学生能字正腔圆地合着节拍诵读儿歌。 3. 以击掌抓拍念词的形式，让学生记住儿歌内容，了解人与自然和谐共存的重要性。
	情景表演	《我是小记者》	小记者证、场景设置	1. 培养端庄大方的站姿，养成高雅仪态。 2. 培养学生的口语表达能力及表演的自信心，提高学生个性化语言的表达能力及语言创新能力。 3. 以小记者采访的形式，让学生了解更多的环保知识。
中段 (三、 四年级)	课本剧表演	环保童话《小狐狸卖空气》	多媒体课件、音像资料、角色服装、背景道具(旧报纸、挂历纸制作)	1. 倾听故事，感受童话故事的语言魅力。 2. 学会绘声绘色地复述童话故事内容，提高语言表达能力。 3. 通过角色表演，调动学生的表演热情，培养其想象力和创造力。 4. 通过表演，使学生了解城市空气污染对人身体有害，唤醒学生对环保的忧患意识。
	朗诵	配乐诗歌朗诵《给未来一片绿色》	多媒体课件、配乐、音像材料	1. 通过诵读，激发学生对绿色的赞美和对朝气蓬勃的生命力的向往。 2. 通过朗诵技巧训练，配合优美流畅的肢体动作和丰富的表情，提高学生对诗歌内容的演绎能力。

实施年级	课程项目	课程内容	课程资源	课　程　目　标
中段 (三、 四年级)	朗诵	配乐诗歌朗诵《大地》	多媒体课件、音像材料	1. 熟读诗歌,把握诗歌的内在旋律与和谐节奏。 2. 品味诗歌富有表现力的语言魅力。 3. 把握诗歌的意象,领会其象征意义。
	情景剧表演	环保情景剧《我们共同的家园》	多媒体课件、背景道具	1. 通过角色表演的方式,培养学生有感情地表达语言的能力。 2. 通过表演,再现场景,引导学生对作品内容进行二次创作,让学生深切体会环保的重要性。
高段 (五、 六年级)	朗诵	童谣《喇叭花》	多媒体课件、布娃娃	1. 进行配乐念词抓拍训练,体会童谣的内在旋律和语言感染力。 2. 通过练习,了解古南昌人民的生活习俗,培养学生对家乡的热爱之情。
		童谣《漳江门外》	多媒体课件、音像材料、折扇	1. 通过童谣诵读,了解古南昌的历史。 2. 练习用南昌方言读童谣,掌握地方语言的特点。 3. 配合肢体语言,感受古人叙述家乡典故的自豪之情,培养表演的欲望与兴趣。
	课本剧表演	课本剧《风清水绿天蓝蓝》	多媒体课件、配乐、LED屏背景	1. 通过课本剧全剧整合,激发学生对舞台表演的兴趣和热情。 2. 通过角色表演,让学生了解一代又一代南昌人为家乡环保建设所做的贡献,树立建设美丽家园的决心。

表 5-17　南昌市右营街小学"百花齐放"音乐社团表

课程项目	课程内容	实施年级	课程资源	课程目标
星舞飞扬——音乐与舞蹈	基本形体训练《傩情》排练	三至六年级	原创舞蹈《斑鸠里个叫咧起》《傩情》相关比赛演出影像视频	1. 使学生热爱舞蹈,用肢体语言表现自己最美丽的一面。 2. 让学生从自然界中找到美并学会用自己的肢体展现美。 3. 通过原创舞蹈《傩情》的学习,让学生了解非物质文化遗产傩的历史文化价值,传承中国优秀文化,并从中感知自然之美、纯净之美。感受非物质文化遗产的魅力,激发学生热爱祖国优秀文化的热情。
童声嘹亮——声音与合唱	练声视唱旋律二声部教学	三至五年级	《母亲的微笑》《四季的风》合唱比赛演出等优秀影像视频	1. 学生在合唱中能团结一致,尽力展现自己的美,同时学会多声部合作展现歌曲的动人之处。 2. 学生能从歌曲中体会生活的美丽,提升自我从歌声中发现美的能力。

表 5-18　南昌市右营街小学"五彩世界"美术社团表

课程项目	课程内容	实施年级	课程资源	课程目标
神奇的线条	线描植物线描动物线描静物	一、二年级	学生熟知的动物卡通图片;各种花卉、树木的图片;写生静物图片	1. 初步感受线描画的基本表现形式,学习分析和发现蕴含于线描画中的规律性、共性的知识。 2. 通过线描画,感受生物界的自然和谐之道。
艺术创想——环保特色手工	手工折纸特色剪纸废物造型	三、四年级	各种折纸书籍;民间剪纸图案;废物造型欣赏	1. 培养学生的科技意识,让学生学会废物利用,提高学生的审美能力和美化生活的能力。 2. 用废旧报纸、七彩宣传单、漂亮的盒子等材料制作,充分体现作品的环保性。让学生在学习中体会资源再利用的实际意义。

续　表

课程项目	课程内容	实施年级	课 程 资 源	课 程 目 标
七彩世界——儿童水粉	水粉动物 水粉静物 水粉植物	五、六年级	优秀水粉画作品；水粉画绘画演示视频	1. 体验水粉画活动的快乐,培养对水粉画活动的兴趣,能快乐、大胆、轻松地作画。 2. 在色彩中让学生感受大自然的生态之美,发现自然界中的各种颜色,并将其运用到绘画中。

4. 体育与健康类社团。学校利用自身特点因地制宜,通过多途径让学生参与活动、积极锻炼,同时,将社团活动与各级各类体育竞赛结合,激发学生参与活动的兴趣,形成"运动健康"的特色。学校开设"乒乓小能手""大灌篮""排排打""活力舞曲""羽翼青春"等课程,紧紧围绕培养活力学生的目标,不断丰富、不断完善运动与健康类课程。(见表5-19)

表5-19　南昌市右营街小学"体育小健将"社团表

课程项目	课程内容	实施年级	课程资源	课 程 目 标
乒乓小能手	1. 握拍方法 2. 垫球比多	一至三年级	乒乓球、挂图、相关书籍	1. 初步了解和学习握拍,并能说出动作的方法和简单术语。 2. 使学生得到个性化发展。
灌篮高手	1. 原地运球 2. 原地传球	三、四年级	篮球、课外篮球书、篮球比赛影像	1. 大部分学生掌握基础运球方法。 2. 对于上步上篮的动作能够熟练完成。 3. 学生敢于面对困难。
羽翼青春	1. 握拍的方法 2. 发球	四、五年级	羽毛球相关视频	1. 学生学会羽毛球发球及握拍的基本动作。 2. 提升学生的力量、速度、灵敏度等身体素质。
排排打	1. 准备姿势和移动 2. 双手垫球 3. 下手发球	四、五年级	排球、课外排球书、排球比赛影像	1. 能掌握一些简单的基本技能,如垫球、发球,提高学生的灵敏性。 2. 引导学生养成团结、和谐、共生的意识。

续　表

课程项目	课程内容	实施年级	课程资源	课　程　目　标
活力舞曲	1. 音律活动组合 2. 舞蹈	五、六年级	彩带、彩旗、拉拉球、相关视频	1. 通过练习律动组合,感受舞曲的节奏感和力度,从而让肢体动作更协调。 2. 培养学生身体各方面协调、和谐的自然美感。

5．科学与探索类社团。 学校以科技为主题成立了"探索者"模型社团,结合各级各类科技教育竞赛活动,开设了"车辆模型""建筑模型""航海模型""航空航天模型"等特色社团群。社团以科学发展为指导,以推进科学与探索特色课程为目标,以评选"科技小达人"竞赛为平台,帮助学生从小树立爱科学、学科学、用科学的思想,学习各种模型理论知识,培养学生的动手操作能力和科学探索精神。(见表5-20)

表5-20　南昌市右营街小学"探索者"模型社团表

实施年级	课程名称	课　程　目　标
二、三年级	建筑模型	1. 初步了解建筑模型的一般知识。 2. 学生能完成建筑模型的拼装,熟练掌握其操作;有自己的见解,能通过自己的日常观察、访谈、思考等来形成自己的观念,改进建筑模型,使其更科学、环保、温馨。 3. 增强学生的动手动脑能力,对今后学生各方面的发展有一定的帮助作用。 4. 培养学生热爱生活以及对建筑模型学习活动的兴趣。
三、四年级	航天航空模型	1. 初步了解航空航天模型的一般知识。 2. 学生能完成航模的拼装,熟练掌握其操作,学会通过调整重心、水平尾翼、垂直尾翼等来调整飞机的飞行效果,并能自己动手进行合理的改装。 3. 利用生活中的废旧纸张制作纸飞机,培养学生的创造力和环保意识。 4. 增强学生的动手动脑能力,对今后学生的创新能力和科学探索能力发展有一定的帮助作用。

续　表

实施年级	课程名称	课程目标
四、五年级	车辆模型	1. 初步了解车辆模型的一般知识。 2. 学生能完成车辆模型的拼装,熟练掌握其操作,学会通过调整重心、车轮、车轴等来调整模型的行驶效果,并能自己动手进行合理的改装。 3. 利用生活中的废旧材料设计制作车辆,促进学生科学探究能力的发展。 4. 培养学生的协作能力,让学生在活动中体验成功的快乐,并从组装活动的交流中获得情感体验。
五、六年级	航海模型	1. 初步了解航海模型的一般知识。 2. 学生能完成航海模型的拼装,熟练掌握其操作,学会通过调整重心、船舵等来调整模型的行驶效果,并能自己动手进行合理的改装。 3. 利用生活中的废旧材料设计制作船只,激发学生的创新意识。 4. 通过组装海模活动,培养学生的科学意识,提升学生的科学素养。

(二)"生态社团"课程评价

"生态社团"主要采用学习过程性评价和期末展示成果性评价这两大标准。教师在课程中采用的评价方法,主要遵循以下原则:1. 立足于过程性评价,而不是结果性评价;2. 采用多元互动式评价,而不是教师单向评价;3. 强调个体体验的非固化评价,而不是固化评价;4. 采取连续的动态评价,而不只是断面式的静态评价;5. 侧重正面激励性评价。

评价方式主要有以下几种:教师在学生课堂学习、活动参与、展示学习成果中,对学生进行即兴评价;在完成一个单元主题学习后,通过学习评价表对整个活动进行反思性评价,包括学生的自评、互评、教师评价;学期或学年结束时,进行阶段性评价。

教师运用标志(小红花、小五角星)、园地(生态教育宣传栏)、行动(生态环保卫士评定)等激励学生。

各社团具体评价如下：

"生活小能手"社团评价：

初步学会做简单的家务，能收拾自己的学习用品。掌握基本的自救知识，有自我保护意识。能形成生态意识，有保护环境的愿望。能掌握基本的生活技能，学会辨识常见蔬菜，学会简单急救知识，并能简易实践操作。

"人文小专家"社团评价：

一年级评价标准：

1. 能形成良好的阅读习惯，有主动阅读的兴趣。

2. 能借助图文看懂故事内容。能根据绘本，大致讲一讲故事，开展多元、多向、多层次的生态课堂教学。

二年级评价标准：

1. 能用正确的格式写一句话日记。

2. 能在日记中表达自己的真情实感。

3. 能将句子写通顺，把意思写明白，感受生活的多样化。

三年级评价标准：

1. 能完整地讲述故事。

2. 能有感情地讲述故事，培养学生学习热情的可持续发展性。

3. 能讲述神话、寓言等不同类型的故事，有向人讲述的热情。

四年级评价标准：

1. 能够了解春节丰富多彩的活动形式，讲述春节的象征意义。

2. 通过活动，学生能感受中国文化的传播、传承与发展和文化的多元性。

五年级评价标准：

1. 能够通过手抄报的形式对探究内容进行总结汇报。

2. 通过实地参观考察，正确地用文字表述自己的感悟。

3. 在活动的基础上，能够对南昌的未来发展提出自己的建议，注重学习的动态性和生长性发展。

六年级评价标准：

1. 能进行古诗文的积累，并和同学交流讨论。

2. 阅读诗歌,能大体把握诗意,了解作品情感。

3. 能够在感悟、积累和运用中,提高自己的审美情趣和欣赏品位。

"绿色我能行"社团: 主要采用每周学习过程性评价和期末展示成果性评价这两大标准。在活动过程中,学生是否能和其他同学一起合作? 是否能和其他同学和谐共处表演节目? 是否能在演出过程中用自己的肢体语言展示自己的仪态美? 是否能用自己的神态和语言帮助观众感悟作品中的美? 是否能和作品一起产生共鸣,让其他人接受话剧作品中所提倡的"生态、低碳、可持续性"的生活理念?

具体评价方法如下:

每周课堂中留充足时间进行当堂内容练习及检测,评出"每周艺术小明星"。

表 5-21　南昌市右营街小学"每周艺术小明星"评价表

姓名	明星足迹(10分)	课堂秩序和谐自律(10分)	态度积极,主动参与(10分)	仪态自然大方(10分)	互帮互助,协同合作(10分)	创新达人(10分)	一周内容完美收官(40分)	"每周艺术小明星"桂冠谁来戴

期末展示成果性评价:学期末进行表演比赛,对本学期课堂训练内容进行展示,采用专项考核的方法进行一学期表演技巧达标评价。

表 5-22　南昌市右营街小学"艺术小明星"评价表 1

姓名	语言流畅,声音洪亮(10分)	表情自然(10分)	动作优美流畅(10分)	仪态自然大方(10分)	眼神与观众交流自然(10分)	星光灿烂展风采(50分)	我是"艺术小明星"(100分)

综合性评价:根据"每周艺术小明星"得星数和期末展示考核情况评选出本学期"绿色生态杯艺术小明星",并向前五名学生颁发奖状。

"星舞飞扬"社团评价:

1. 展演评价:每学期以小组为单位,按照舞蹈组合、基本技巧进行小组展演。

2. 在学习过程中,对学生的课堂纪律和互动参与度进行课堂评价,对努力认真的学生给予肯定。

表 5-23　南昌市右营街小学"艺术小明星"评价表 2

姓名	绿野仙踪（10分）	和谐课堂（20分）	技能技巧（30分）	优雅舞姿（40分）	评价等级（优、良、中、及格）	备　注

"Do　Re　Mi"童声合唱团评价

本社团评价采用积分制评价和回课评价相结合的方法，对学生的音色、乐理知识、视唱练耳的掌握情况进行综合评价。

1. 积分制评价。每周对学生的考勤、课堂纪律采用积分制评价。全勤 10 分，缺课一次扣 1 分，课堂纪律违规一次扣 1 分。

2. 回课评价。每周学生要进行录音回课，展示自己的学习成果。教师通过录音回课，从音准、节奏、音色等方面对学生进行检测，这样能更加促进学生歌唱水平的发展和音乐基本素养的提升。教师通过学生的回课进行评价，评价结果分优秀（90—100 分）、良好（80—89 分）、合格（60—79 分）、不合格（60 分以下）四个等级。

表 5-24　南昌市右营街小学"艺术小明星"评价表 3

姓名	绿野仙踪（10分）	和谐课堂（10分）	跳跃旋律（20分）	咚哒哒（25分）	优美音色（25分）	综合表现（10分）	等级	备注

"五彩世界"美术社团评价：

美术社团课程不采用书面考试的形式，而是通过展示性评价和参与性评价相结合的形式进行评价。展示性评价查看学生平时的作品，参与性评价查看课堂考勤和纪律记录。根据两方面的得分，最后进行综合等级评价：优秀（90—100 分），良好（80—90 分），合格（60—79 分），不合格（0—59 分）。

展示性评价(60％)

对学生平时所做的作品及作品参展情况有一个相应的成绩评分。

1. 结果性评价：对每一节课学生所完成的美术作品按照一定的评分标准，进行讲解、打分。

2．综合性评价：对学习态度认真、作品有创造性且积极参加校内外美术展览活动的学生，进行鼓励，累积加分（全国级别加 10 分，省市级别加 5 分，校级别加 2 分），并将作品留校做珍藏。

参与性评价（40%）

主要考察学生在学习过程中的认真度、活跃度、纪律等。

1．课堂出勤和纪律评价：学生上课举手回答问题的次数、是否遵守纪律、是否迟到早退、请假情况等。（全勤 10 分，上课认真 20 分。违规一次扣 1 分）

2．课程准备评价：学生是否带齐本节课所需要的美术工具、课前准备的图片资料等。（满分 10 分，未准备一次扣 1 分）

"体育小健将"社团评价：

低段评价

教师教学评价

1．每个月检查乒乓球、篮球的课程设计、修改和反思。检查课堂是否低碳高效。

2．教师每两个月对学生的乒乓球、篮球技能进行测试、统计分析，为期末总结积累数据材料。

3．每个学期教师上一节以乒乓球、篮球为主题的教学课程。

学生学习评价

1．教师根据学生的不同水平，设定不同层次的评价标准，张显差异性，增强学生的学习兴趣，提高学生的自信心。

2．主动参与；能对照评价标准，了解自己的学习状态和水平。

表 5-25　南昌市右营街小学"体育小健将"评价表 1

技 能 类 别	评 价 等 级		
	优 秀	良 好	及 格
颠球比多	30 分	20 分	10 分
发球过网	15 分	8 分	5 分
投篮进筐	20 分	10 分	5 分
原地拍球比多	50 分	30	20 分

中段评价

分块测评：依据评价表中的标准，分别从出勤率、活动参与、运动成绩三方面进行分块评价。学生综合评价按出勤 20％、活动参与 20％、运动成绩 60％的标准进行评价，三个板块等级优秀计 95 分，良好计 84 分，及格计 74 分，最后折算出综合得分。综合判断等级根据综合得分，85 分以上为优秀，75—84 分为良好，60—74 分为合格，60 分以下为待合格。

高段评价：本社团对学生的评价主要采用参与性评价和展示性评价的方式。除教师评价外，还参考学生的自我评价与同学之间的互评意见。学生的最终成绩则以综合登记评定，等级分为优、良、合格、待合格四个等级，其中 90 分及以上为优秀，70—80 分为良好，60—69 分为合格，60 分以下为待合格。

参与性评价

1. 出勤情况：根据教师对学生上课的情况记录评定，缺席一次扣 5 分。音律操课缺席一次(病假，事假)扣 1 分。

2. 参与态度：守纪律，学习态度端正，能积极主动参与音律操学习。

表 5-26　南昌市右营街小学"体育小健将"评价表 2

评价项目		评价标准			评价结果		
		优秀(95分)	良好(84分)	合格(74分)	自评	互评	师评
出勤		全勤	缺3次	缺6次			
运动成绩	活动参与	积极参与	积极练习	能在教师指导下练习			
	基础动作	熟练掌握篮球、羽毛球的基本技术动作	比较熟练地掌握篮球、羽毛球的基本技术动作	基本掌握篮球、羽毛球的基本技术动作			
	技战术配合	能熟练掌握教学比赛中的规则，并形成团队互助意识	能进行简单的比赛，能进行多人配合	初步了解一些简单的比赛规则			

展示性评价

教师在考核中,对学生掌握音律操动作的质量、舞蹈的表现力以及在活动中表现出来的意志力和和谐共处的团队精神等进行评定。

表5-27　南昌市右营街小学"体育小健将"评价表3

评价指标		分值	评价			
			自评(20%)	互评(30%)	师评(50%)	综合评价
出勤情况(20%)	按时出勤	20分				
参与态度(30%)	主动参与认真练习	30分				
期末考评(50%)（活力舞蹈）	动作正确	10分				
	动作完整	10分				
	动作轻松有力	10分				
	能体现舞蹈的表现力	20分				

"探索者"模型社团评价:

1. 学生是否初步了解关于建筑模型、航天航空模型、车辆模型、航海模型的一般知识。

2. 学生能否完成建筑模型、航天航空模型、车辆模型、航海模型的拼装并熟练掌握其操作;通过自己的日常观察、访谈、思考等是否能形成自己的观念;能否改进建筑模型、航天航空模型、车辆模型、航海模型,使其更科学、环保、温馨。

3. 学生的动手能力是否得到锻炼,能否促进他们各方面的发展。

四、创设生态节日,落实节庆文化课程

生态节日课程是新生态课程的一个子项目,需要丰富的课程内涵来支撑。为此,学校开展了更多适合学生个性发展的节日主题活动课程,激发学生参与的兴

趣,丰富学生的经历和情感。

(一) 生态节日的创设方法

为浓郁校园文化,学校以传统节日课程、现代节日课程、校园节日课程为互动主题,努力营建具有校园特色的生态节日文化课程。

1.传统节日课程。传统的节日具备丰富的文化内涵,传承民族文化精神。学校通过课程系统地传递节日文化内涵,使传统的文化变得可感、可触、可见,更以节日课程为依托,让学生通过体验节日文化习俗,实现"精神寻根"。(见表5-28)

表5-28　南昌市右营街小学传统节日课程表

节　日	活 动 主 题	活 动 内 容
春　节	浓浓的亲情	剪窗花、写对联、拜年话
元宵节	烈烈的思乡情	赏花灯、猜灯谜、吃元宵
清明节	深深的思念情	忆先烈故事、制作思念花
端午节	寻根溯源、粽叶飘香	包粽子、唱歌谣、织香袋
中秋节	月是故乡明	设计月饼图案、了解月球小知识
重阳节	尊敬老人心灵美	祖孙写真拍摄、走访敬老院
腊八节	腊八粥,暖人心	了解腊八习俗、了解粗粮的营养

2.现代节日课程。现代节日包含着人们对美好生活的寄托和希望。学校通过开展现代节日课程来引导学生关注生活,增强生活仪式感,提升家庭幸福感。(见表5-29)

表5-29　南昌市右营街小学现代节日课程表

月份	节　日	活 动 主 题	活 动 内 容
三月	植树节	争做护绿小使者	种亲子树、制作树叶画
五月	劳动节	劳动最光荣	开展大扫除

月　份	节　日	活动主题	活　动　内　容
六月	儿童节	快乐的六一	年度表彰、文艺汇演
七月	建党节	党是太阳我是花	观看爱国主义电影、党的故事会
八月	建军节	忆峥嵘岁月,展爱国风尚	红歌大家唱、走访消防官兵
九月	教师节	我心中的阳光老师	制作爱心卡、征文大赛
十月	国庆节	我的中国梦	制作手抄报、歌咏比赛
十二月	公祭日	勿忘国耻,振兴中华	默哀、通过观看《南京大屠杀》视频了解公祭日的意义

3.校园节日课程。校园节日包含两大方面:一方面是生态节日,另一方面是校园节日。生态节日以生态环保理念为载体,依托湿地日、地球日等特殊环境日,开展丰富多彩的实践活动,在活动中将环保理念植入学生的意识和行为,逐渐形成一种信念、一种追求。校园节日结合校园文化特色,从本校实际出发,发现学生的成长需求点,融合德育教育,专项制定一系列有利于学生身心发展的相关活动,如体育节、科技节、读书节等。(见表5-30、表5-31)

表5-30　南昌市右营街小学生态节日课程表

月　份	节　日	活动主题	活　动　内　容
二月	湿地日	湿地——城镇可持续发展的未来	制作手抄报、湿地知识问答赛
三月	世界水日	争做节水小卫士	分享日常节水小窍门
三月	世界气象日	小小气象播报员	参观气象局、当小气象播报员
四月	爱鸟周	同在蓝天下,人鸟共家园	参观鸟的标本、美术作品展
四月	世界地球日	手拉手保护地球	制作环保服装、制作环保袋
五月	无烟日	我的无烟童年	认识烟草的危害
六月	世界环境日	美丽中国,我在行动	制作垃圾分类手抄报、看谁分得对

续　表

月份	节　日	活 动 主 题	活 动 内 容
十月	动物日	保护动物,你我同行	"我最喜爱的动物"作品大赛
	世界粮食日	天地"粮"心,珍惜粮食	观看公益宣传片、光盘行动

表 5-31　南昌市右营街小学校园节日课程表

月 份	节　日	活 动 主 题	活 动 内 容
三月	读书节	书香浸润校园	1. 各年级开展主题阅读活动 2. 高年级开展主题征文活动
四月	科技节	科技筑梦,创新成长	1. 纸飞机赛 2. 建筑模型赛 3. 纸牌塔赛 4. 创意打靶赛 5. 纸桥承重赛 6. 纸风火轮赛
五月	环保节	争做分类小能手,共创绿色大家园	1. 编写关于垃圾分类的儿歌 2. 小小画报我来绘 3. 小小问题我来解
六月	儿童节	六一任我行	1. 征集六一"金点子" 2. 开展亲子研学
九月	美食节	美食每刻,欢乐滋味	1. 每位学生带自己做的美食到学校,并与同学分享制作方法 2. 互相品尝 3. 评选最佳"高帽子"奖
十月	中医节	走近本草,了解中医	1. 邀请专业老师指导学生认识草药 2. 做香包
十一月	体育节	我运动,我健康,我快乐	1. 低年级亲子运动项目赛 2. 中高年级田径赛
十二月	晒宝节	传承好家风	展示各类证书、家里的老物件等,讲述物品背后的故事

（二）"生态节日"的课程评价(见表 5‑32)

表 5‑32　南昌市右营街小学"生态节日"课程评价表

评价内容		评　价　要　求	赋分	分值
资源整合	开发资源	善于开发来自学生身边的废旧物品,将其当作各种教学资源,打造低碳课堂;善于捕捉课堂学习过程中随机出现的资源。	20 分	
	拓展整合	向生活开放,向课外延伸,向学生精神层面和人文素养的深处拓展;跨学科整合各种有效的生态资源。		
教师引导	多方关注	既能面向全体,又能面向每一个学习小组和每一个学习个体;既关注结果,又关注生态学习过程。	20 分	
	调控有度	认真倾听,巧妙点拨;能根据学情与反馈信息对进度、难度进行适当调整,提高课堂效率,打造高效的生态课堂。		
学生活动	参与态度	生生之间、组组之间、师生之间共同参与、合作交流,培养和谐的人际关系。	30 分	
	参与广度	全员参与,学生能有充裕的时间完成每一项生态学习任务。		
	参与深度	集体协作,交流分享,环保知识不断生成,智慧或思想不断碰撞,时有创造性学习场景呈现。		
对话评价	多维对话	师生之间围绕生态学习内容进行多维度对话,信息传递交流能有多向性、互动性、生态性。	20 分	
	多元评价	教师评价关注学生,使用绿色评语,最大程度地调动学生学习的主动性、积极性。		
课堂效益	基础等级	绝大多数学生能比较顺利地完成生态学习任务,并能在学习中渗透环保理念,实现对所学知识的意义建构;学力层次不同的学生能有不同程度的收获。	20 分	
	发展等级	多数学生有良好的学习热情和较好的环保意识;能对学习内容或本学科产生强烈的求知欲望,对课堂学习有成功感和幸福感,有利于形成良好的生态价值取向。		
总体印象	特色或存在的问题			总分

五、建设"生态空间",落实创客教育课程

　　创客教育集项目学习、体验教育、创新教育等形式于一体,符合学生富有好奇心和创造力的天性,易于被学生所接纳,能激发学生的创新意识、动手能力。

(一)"生态空间"的主要维度类型

　　在创客空间的平台下,以课程为载体,融合科学、信息学、数学、艺术等学科知识,培养学生的想象力、创造力以及解决问题的能力。(见表5-33)

表5-33　南昌市右营街小学"生态空间"维度类型表

实施年级	课程主题	地　点	课　程　目　标
一至三年级	神奇的VR	VR智慧教室	1. 初步了解VR。 2. 了解VR,走进自然感受自然,关注地球生态。 3. VR浸入式虚拟环境体验可以呈现出生动的信息,直观地向人们展示什么才是有利于环境的行为,增强人们生态环保意识。
四至六年级	身临其境	VR超级教室	1. 通过VR技术探查全球的珍稀动植物。 2. "潜入"海洋深处看各种海底动物,充分感受VR技术的魅力。 3. 通过VR技术,了解生物的多样性,了解如何利用能源尽可能减轻对环境的负担,使孩子在互动体验中激发对科学的兴趣和想象空间。
一至三年级	创意智造	智造教室	1. 了解FEC智能赛车的组成。 2. 感受智能、环保、低碳小车的神奇。
四至六年级	奔跑吧,小车	智跑教室	1. 了解控制小车的方式和小车低碳、环保的重要性。 2. 感受操纵智能、环保小车的技巧。
一、二年级	立体打印——3D打印	荣誉室	1. 欣赏3D打印作品;初步认识3D打印,了解3D打印和其他打印的不同之处,培养对3D打印的爱好。 2. 了解3D打印机可以为各行各业提供高效、清洁、低碳、环保的制造材料。

续　表

实施年级	课程主题	地　点	课　程　目　标
三、四年级	神奇的画笔——3D 打印笔	机房一	深入了解 3D 打印,能熟练运用 3D 打印笔创造作品。
五、六年级	认识 3D 建模软件 AutoCAD2013 中文版	机房一	初步学习 AutoCAD 2013,能运用 AutoCAD 2013 完成基本的立体图形建模。能独立完成图形的建模,标注图形,接触切片软件,能运用切片软件打印 3D 作品。

(二)"生态空间"的评价要求

1. VR 课程:能初步认识 VR,感受 VR 的神奇;通过 VR 技术,了解生物多样性,了解如何通过高效利用能源尽可能减轻对环境的负担,使孩子在互动体验中激发对科学的兴趣和想象空间。会利用 VR 技术解决学习、生活当中的一些简单问题。

2. 智能车课程:了解控制小车的方式和小车低碳、环保的重要性。小组合作,会简单的拼装;能熟练地操控小车,感受操纵智能、环保小车的技巧。

3. 3D 打印课程:能初步认识 3D 打印,感受 3D 打印的神奇;会运用 3D 打印笔创造一些简单的低碳、环保的作品;能独立完成图形的建模,标注图形,能运用切片软件打印 3D 作品。

六、建设"生态文化",落实环境隐性课程

"生态文化"通过有效运用空间资源,创设具有开放性、教育性、生动性和安全性的校园文化环境,陶冶学生的情操,融洽师生的情感,激活学生的思维,以文化的形式传承人类认识自然、改造自然的优秀成果。

(一)"生态文化"的意涵

学校通过"班级文化"、"廊道文化"、"广场文化"三个版块把和谐、协调、秩序、稳定等观念纳入学生的伦理体系,着眼于可持续发展,让学生既关心人的价值和精

神,也关心人类的长期生存和自然资源增值,增加学生对人与自然关系的更深度的认识。

如果把校园文化比作一棵大树,那么廊道文化和广场文化就是树上的枝条,班级文化就是茂密的树叶。它们之间密不可分,息息相关。综合楼前的廊道以"绿色运动"为主题,介绍了学校的体育社团和获得的成就。教学楼的墙壁上有"播撒绿色种子"的标语并装饰有大树的贴画,昭示着绿色、和谐的主题。每一层的廊道墙壁上都装饰了主题鲜明的装饰画,使校园节日与自然融为一体。学校以校园文化为根本和依据,以"绿色生态"为依托,衍生出特色鲜明的班级文化。由低至高年段,班级文化分别以"海洋"、"陆地"、"天空"为主题。各班级充分利用废旧物品来装饰班级文化墙,变废为宝,处处体现出"生态"。三大文化主题环环相扣,层层递进,构成了有机和谐的文化体系。

(二)"生态文化"的维度

班级文化是整个班集体拥有的共同价值观、信念和奋斗目标的内在精神风貌和文化载体。班级文化建设的一个重要方面就是依赖于班级精神文化的熏陶,以文化感染人,触动人,从而改造人。班级文化的建设需要教室良好文化氛围的营造,让教室的每一面墙会说话。

廊道文化建设与学校办学特色相应和,既注重整体布置又突出个性内涵。在廊道文化整体规划上,图形、配色以及整体造型和内容定义不仅要突出教育性功能,还要兼顾学生所在年龄段的心理认知特点、生理特点、活动特点等。只有这样,切合学生需要的的廊道文化才能对学生产生潜移默化的影响,才能凸显学校的生态文化建设。

校园的广场文化是整个校园文化建设中不可缺失的一环,与廊道文化相呼应,符合整体文化风格。右营街小学的校园文化注重"绿色"与"生态"。校园的每一面墙、每一个角落都要让学生感受到"绿色生态"文化的熏陶。学生可以围坐在桂树下阅读,感受沁人心脾的花香。沿着木栈道,学生能欣赏到精美的"生态江西,绿色南昌,和谐东湖"的浮雕墙。校园的广场文化中处处有美,处处显生态文化。(见表5-34)

(三) "生态文化"的实施(见表 5 - 34)

表 5 - 34   南昌市右营街小学"生态文化"实施方法表

	项目名称	实 施 方 法	评 价 标 准
班级文化	生态文化 ——茁壮成长	1. 一、二年级以海洋为主题,三、四年级以树木森林为主题,五、六年级以陆地为主题进行教室布置。 2. 教室前门黑板两旁,展示班级教师风采、班主任寄语和班级目标、口号。 3. 教室后墙的瓷砖上沿布置"学生风采"、"我的成长"。包括:集体活动照片、个人照片、"学习之星"、"环保之星"、"文明之星"、"创新之星"等。 4. 教室左墙的瓷砖上沿布置"水墨书香"学习园地。 5. 教室右墙的瓷砖上沿张贴《小学生准则》《班级公约》。 6. 窗台摆放绿色盆栽。 7. 教室东北角设"生态图书角"。	1. 教室布置雅致有特色。 2. 班级要有洁、雅、美的学习环境。 3. 班级中有绿色植物且生长茂盛。 4. 图书角有借阅制度和管理条例。 5. 有教师风采,班主任寄语,班级目标、口号,学生风采,我的成长,文化墙,学习园地及体现班级文化的字画。
廊道文化	生态文化 ——拥抱绿色	1. 走廊上沿到地面两块瓷砖以上展示师生创作的有关拥抱绿色的想象画、诗歌、手抄报、书画作品等。 2. 走廊上沿到天花板 0.5 米处展示保护环境的名言警句、激励性的诗句、环保小知识、植树节的来历和意义、树木的作用、世界地球日、世界各国环保标志等。 3. 发挥学校建筑的美育功能,提升学生的审美能力和行为修养。	1. 布局、排版美观。 2. 图纹清晰,文字准确简要,能恰到好处地展现绿色文化内涵。手抄报主题鲜明,图文并茂。
广场文化	生态文化 ——低碳生活	1. "变废为宝"制作大赛,用废旧材料制作手工艺品。 2. 展示候鸟标本,了解候鸟的生存现状,并制作候鸟主题手抄报。 3. 设置分类垃圾箱,教孩子怎样进行垃圾分类。小手牵大手,在家也要进行垃圾分类。	1. 手工艺品制作精巧,有实用性。 2. 了解候鸟的种类,体会自然的和谐美好,有主动保护环境的意识。 3. 宣传单内容全面;小组进行垃圾分类操作,能向身边的人普及垃圾分类知识。

七、推行"生态之旅",落实研学旅行课程

为深入贯彻落实科学发展观,弘扬生态文明,学校鼓励全校师生积极参与生态文明建设,在活动中增强师生的生态文明意识,树立生态文明观念,形成广大师生植绿、护绿、爱绿、兴绿的良好社会风尚。

(一)"生态之旅"的主要做法

从强化师生的社会公德意识入手,利用南昌各类自然环境和人文环境,同时开展"与环保同行"、"建言环境保护,献策节能减排"、"倡导低碳生活好习惯"等生态文明宣传教育活动,调动师生在生态文明建设方面的主动性和能动性,树立生态文明建设的观念,让师生从身边做起、从小事做起,努力营造由点及线再到面的生态和谐、自然生长的氛围。

发挥生态文明教育基地的作用。广泛开拓生态文明教育的社会渠道,充分利用本土的生态文明教育基地,沟通国内不同地域的生态教育基地,引入资源,精选资源,多渠道、多形式地开展学生实践教育活动,不断提高生态文明教育的质量。(见表5-35)

表5-35　南昌市右营街小学"生态之旅"实施量化表

年级	主题	地点	目的
一	绿色生态行——动物	南昌动物园、南昌海洋公园、天香园候鸟保护区	了解动物,爱护动物,维持生态平衡。
二	绿色生态行——植物	南昌林科院、赣江月季园、象湖森林公园	走进大自然,培养学生养绿、护绿的意识。
三	绿色水源	艾溪湖湿地公园、八一公园、赣江市民公园	关注水资源污染,节约用水,树立节水意识。
四	绿色资源	红角洲摩天轮、八一广场、红谷滩秋水广场	呼吁垃圾分类,追求绿色时尚,拥抱绿色生活。
五	绿色出行	厚田沙漠、江西科技馆、滕王阁景区	健康出行,低碳出行,减少废气污染。
六	绿色生活	安义古村、梅岭古镇、国鸿生态园	回归本真生活,感受自然之美。

　　课时安排：小学一、二年级平均每月不少于一课时，小学三到六年级平均每月不少于两课时。充分利用寒暑假，以小组为单位开展活动。小组合作的范围可以是本班、本年级，也可以跨班级、跨年级、跨学校和跨区域。小组合作强调合作分工，做到人尽其责、合理高效。鼓励学生利用信息技术手段突破时空界限，进行广泛交流与密切合作。

(二)"生态之旅"的评价要求

　　"生态之旅"活动不是简单的师生一教一学，而是一个动态生成的过程，既有教师教，也有学生学，还有师生同学、同研、同成长。"生态之旅"的整个过程，不只是简单的知识学习的过程，更多的是学生自我成长的过程。因此，活动的评价显得尤为重要，评价的过程也将成为课程开发、创新的过程。

　　强调绿色评价的过程性。一方面，采用学生记录"绿色档案"或教师给予"绿色评语"等措施，使评价贯穿于生态实践活动的整个过程。另一方面，评价的内容主要集中于学生在生态活动过程中对生态环境的情绪情感，生态行为的参与程度，观察、感受大自然的投入程度等方面。

　　倡导绿色评价的多元化。结合家庭、社区等资源，倡导反思式学生绿色自评、交流式家长绿色评价、激励式教师绿色评价。对于学生的生态文明教育来说，学校是主渠道，每个家庭、社区也是重要的组成部分，只有多管齐下，家校联动、学校社区联动，学校的生态文明教育成果才能得以巩固，才能使生态文明意识真正深入学生的心里。具体评价方案见表5-36至表5-41。

表5-36　南昌市右营街小学"绿色生态行——动物"活动评价表

活动名称	评价内容	自我评价及分值	家长绿色评价	教师绿色评价
绿色生态行——动物	1. 认识动物的种类，识别珍稀动物的种类。	动物种类(列出一种得0.2分，最高值为2分) 举例说明： 自评分值：(　　)分		

续　表

活动名称	评价内容	自我评价及分值	家长绿色评价	教师绿色评价
绿色生态行——动物	2.选择某一种动物做观察记录表(动物的外形、颜色、生活习性、天敌)。	动物外形记录(列出一种得0.5分,最高值3分) 举例说明: 自评分值:(　　)分 生活习性记录(列出一种得0.5分,最高值为3分) 举例说明: 自评分值:(　　)分 天敌(列出一种得1分,最高值为2分) 举例说明: 自评分值:(　　)分		
	总分:10分　自评总分:(　　)分 等级: 优秀:8—10分　良好:7—8分 及格:6—7分　不及格:6分以下			

表5-37　南昌市右营街小学"绿色我能行——植物"活动评价表

活动名称	评价内容	自我评价及分值	家长绿色评价	教师绿色评价
绿色生态行——植物	1.认识并了解植物的种类、名称。	1植物种类(列出一种得0.2分,最高值为2分) 举例说明: 自评分值:(　　)分		
	2.了解植物的作用,选择一种植物了解它的形态和特点。	植物的作用、形态和特点(列出一种得0.5分,最高值为4分) 举例说明: 自评分值:(　　)分		
	3.观察生活中人们的行为哪些对植物有益处,哪些有害。	人类对植物有害处的行为(列出一种得0.5分,最高值为2分) 举例说明: 自评分值:(　　)分		

活动名称	评 价 内 容	自我评价及分值	家长绿色评价	教师绿色评价
绿色生态行——植物	3. 观察生活中人们的行为哪些对植物有益处,哪些有害。	人类对植物有益处的行为(列出一种0.5分,最高值2分) 举例说明: 自评分值:(　　)分		
	总分:10分　自评总分:(　　)分 等级: 优秀:8—10分　良好:7—8分 及格:6—7分　不及格:6分以下			

表5-38　南昌市右营街小学"绿色水源"活动评价表

活动名称	评 价 内 容	自我评价及分值	家长绿色评价	教师绿色评价
绿色水源	1. 观察当地河流的污染情况。	河流污染具体情况(列出一种得0.5分,最高值为3分) 举例说明: 自评分值:(　　)分		
	2. 记录自己和家人一周的用水情况。	自己和家人具体的用水用量情况(列出一种得0.5分,最高值为4分) 举例说明: 自评分值:(　　)分		
	3. 提供节水和防止水污染的好办法。	节水和防止水污染的好办法(列出一种得0.5分,最高值为3分) 举例说明: 自评分值:(　　)分		
	总分:10分　自评总分:(　　)分 等级: 优秀:8—10分　良好:7—8分 及格:6—7分　不及格:6分以下			

表 5-39 南昌市右营街小学"绿色资源"活动评价表

活动名称	评 价 内 容	自我评价及分值	家长绿色评价	教师绿色评价
绿色资源	1. 可回收垃圾种类;减量小妙招。	可回收垃圾种类(列出一种得0.2分,最高值为2分) 举例说明: 自评分值:(　　)分		
		可回收垃圾减量小妙招(列出一种得0.5分,最高值为2分) 举例说明: 自评分值:(　　)分		
	2. 不可回收垃圾种类;减量小妙招。	不可回收垃圾种类(列出一种得0.2分,最高值为2分) 举例说明: 自评分值:(　　)分		
		不可回收垃圾减量小妙招(列出一种得0.5分,最高值为2分) 举例说明: 自评分值:(　　)分		
	3. 有害垃圾种类;减量小妙招。	有害垃圾种类;减量小妙招(列出一种得0.2分,最高值为2分) 举例说明: 自评分值:(　　)分		
	总分:10分　自评总分:(　　)分 等级: 优秀:8—10分　良好:7—8分 及格:6—7分　不及格:6分以下			

表 5-40 南昌市右营街小学"绿色出行"活动评价表

活动名称	评 价 内 容	自我评价及分值	家长绿色评价	教师绿色评价
绿色出行	1. 上下学出行方式	出行方式 A. 自驾(1分)　B. 公交(2分) C. 共享单车(3分)　D. 步行(4分) 自评分值:(　　)分		

续　表

活动名称	评价内容	自我评价及分值	家长绿色评价	教师绿色评价
绿色出行	2. 规范停车方式	停车方式 A. 路边停车位(3分) B. 乱停乱放(0分) 自评分值:(　　)分		
	3. 文明出行,遵守规则	文明出行,遵守规则(可多选) A. 遵守交通规则(1分) B. 礼让行人(1分) C. 礼让老人、小孩(1分) D. 想怎么走就怎么走(0分) 自评分值:(　　)分		
	总分: 10分　自评总分:(　　)分 等级: 优秀:8—10分　良好:7—8分 及格:6—7分　不及格:6分以下			

表 5-41　南昌市右营街小学"绿色生活"活动评价表

活动名称	评价内容	自我评价及分值	家长绿色评价	教师绿色评价
绿色生活	1. 观察并记录生活中绿色环保的生活方式。	记录生活中绿色环保的生活方式(列出一种得0.5分,最高值为4分) 举例说明: 自评分值:(　　)分		
	2. 观察并记录生活中自己和家人不环保的行为。	记录生活中自己和家人不环保的行为(列出一种得0.5分,最高值为4分) 举例说明: 自评分值:(　　)分		
		给改正不环保行为提供小妙招(列出一种得0.5分,最高值为2分) 举例说明: 自评分值:(　　)分		
	总分: 10分　自评总分:(　　)分 等级: 优秀:8—10分　良好:7—8分 及格:6—7分　不及格:6分以下			

八、推进"生态聚焦"，落实专题教育课程

学校聚焦"弘扬生态文化、倡导生态文明、力求节约资源、保护生态环境"这一主题，与社区联合开展社区生态环境保护宣传工作，通过推广垃圾分类、宣传合理饮食、鼓励种植绿色植物，扩大了宣传的辐射范围。学生通过了解南昌湖文化，搜集鄱阳湖生态资料，提高了保护生态环境的自觉性，在实践中谨记生态环境的保护是长远发展之根本。(见表5-42)

表5-42　南昌市右营街小学"生态聚焦"实施方案及评价标准表

项目名称	实 施 方 法	评 价 标 准
右营街社区生态观测	1. 社区垃圾分类推广 (1) 以"生态社区——垃圾分类靠大家"为主题召开小区居民动员大会。 (2) 在居民区宣传栏粘贴学生手绘的垃圾分类海报。 (3) 派发垃圾分类的宣传单页、画册。 2. 使用环保袋的调查与宣传。 3. 以学生家庭为单位展开调查，了解右营街部分社区居民的饮食习惯和生活方式，明白合理饮食与健康的关系。 4. 了解社区家庭植物的栽培情况，并分发种子给学生，鼓励家庭种植绿色植物，净化空气。	1. 实施准备 (1) 成立垃圾分类宣传组，落实人员分配。 (2) 宣传海报的制作生动有趣，主题突出。 (3) 派发单页事先培训，有的放矢，确保效果。 2. 环保袋的使用调查要广泛，力求数据真实。学生宣传时要发挥主观能动性，以理服人。 3. 学生了解合理的饮食与健康生活方式。展开调查有数据记录。统计数据，小结成果，从而形成小手带动大手效果。 4. 家庭植物栽培的粗略统计。学生对植物净化空气知识的了解。爱护植物，由己及人，把环保理念植根心中。
南昌湖文化	1. 分组了解南昌现有的湖泊名称。 2. 制作南昌的"十湖一江"和四大水系分布图。 3. 用手抄报展示南昌各湖的历史文化背景及特色。	1. 学生全员参与，发挥主观能动性。 2. 图表制作准确，无知识性错误。 3. 鼓励创意发挥，力求展示人文精神和深厚的文化内涵。
鄱阳湖候鸟	1. 搜集鄱阳湖的相关资料。 2. 了解鄱阳湖候鸟的种类及相关特点。 3. 多途径了解鄱阳湖候鸟的生存现状及政府现行的保护方案。 4. 将相关资料整理成文，完成研究报告。	1. 考察学生使用多媒体查找资料的能力。 2. 了解相关候鸟知识，无常识性错误。 3. 结合政府的相关政策，分析候鸟保护的形势。 4. 能够结合之前的相关知识和资料进行研究，并有条理、有针对性地完成研究报告。

九、打造生态场馆，落实鄱阳湖生态馆实践课程

学校利用各种功能多样的生态场馆，结合身边可以利用的各种资源开展各类科普、生态文明等综合实践活动，旨在让学生在活动中思考人与人、人与自然、人与社会之间的良好生态循环，以期达到生态平衡，人与自然和谐共处，共生共盛。(见表5‑43)

表5‑43　南昌右营街小学生态场馆实施方案及评价目标表

年级	主题	地点	目的	活动内容	评价目标
一年级	花儿与少年	校园	了解学校花坛和操场四周树木的名称和特点。	漫步校园，认识校园中的花木，并把自己喜欢的花木画下来。	能说出校园中花木的名称，能画出部分花木的特点，对学校充满热爱之情。
		阳明公园	知道市花是月季和金边瑞香，市树是樟树。了解各自的特点。	欣赏南昌市市花和市树，听解说员介绍，观看视频。	能说出市花和市树的名称，能介绍各自的特点，热爱家乡，热爱大自然。
二年级	变废为宝大行动	操场	明白垃圾分类的意义，学会废物利用。	利用废旧物品做环保袋、包书皮、剪贴画等，展示环保作品。	作品设计制作有创意，作品具有实用价值，废物改造成功后具有成就感。
		社区广场	进一步提高变废为宝的环保意识。	利用废旧物品做环保服装，进行时装走秀。	服装设计有特色，材质选用合理，走秀表现自信大方，有低碳生活的意识。
三年级	亲亲大自然	南昌的湿地公园	了解南昌的湿地公园，知道湿地的重要性。	参观南昌的湿地公园，听解说员介绍。	能介绍湿地公园的特点，进一步明白环保的意义，热爱大自然。
		各处景点	了解祖国的风景名胜。	分享各地游玩的照片，介绍景点的特色。	能介绍景点的特色，热爱祖国大好河山。
四年级	人类的好朋友	动物园	了解蝴蝶的种类、习性等。	欣赏蝴蝶标本，听解说员介绍蝴蝶的知识。	能介绍蝴蝶的种类、习性等，能体会到生态和谐的美好。
		候鸟野保站	了解候鸟的相关知识，提高爱护鸟类的意识。	观察候鸟，听解说，观看有关候鸟的视频资料。	能介绍候鸟的习性特点，能从身边小事做起，保护鸟类。

续　表

年级	主题	地点	目　的	活动内容	评价目标
五年级	低碳生活	家庭	明白低碳生活的好处。	搜集低碳生活的好例子,发现低碳生活的新点子,进行分享。	能说出低碳生活的意义,能想出好方法,愿意低碳生活。
		造纸厂	了解纸的生产过程,知道纸张的来之不易,会珍惜用纸。	做实验,制造一张纸。	能制造出纸,能体会纸张的来之不易,愿意爱惜纸张。
六年级	保护母亲河	水污染处理厂	了解水污染的危害,了解污水处理的方法,增强保护水资源的意识。	参观赣江二号水污染处理厂,制作宣传牌。	能说出污水处理的方法,宣传标语有号召力,知道水资源的重要性。
		八一桥附近的赣江边	了解母亲河的现状,提高环保意识,并将其转化为实际行动。	到八一桥上拍赣江照片。到赣江边上插宣传牌,并清理江边的垃圾。	能说出母亲河的重要性,愿意为保护母亲河贡献自己的力量,热爱家乡。

　　综上所述,教育是一个关涉现实与理想的活动,它牵涉于实然与应然、本然与将然之间,因此学校课程建设就要给孩子提供合适的土壤、阳光、养料和环境,把绿色种子撒播到儿童心灵,让孩子不断地自然生长,让他们在适宜的环境中自由成长、快乐成长。这便是学校课程管理和保障的中心点。

第六章

学校建筑与
课程哲学

学校建筑与生命成长有着天然的关联。但就教育现状而言,建筑只是一个抽象概念,其教育意义在学生身上并未得到体现。要改变当前"无建筑"的现状,就需要从课程层面来强化整体教育思维,充分挖掘建筑的丰富内涵,以此来确立课程哲学和建构课程体系,从而最大程度地发挥出学校建筑的育人功能。

学校建筑与生命成长有着天然的关联。于现代教育而言,综合能力可能不是"教"出来的,而是学生与所处建筑互动生成的结果。然而,当前的教育似乎只与书本有关,而与建筑无关。学校建筑如何适应甚至参与到教育过程中这个问题,得不到足够重视,再加上应试教育把学生限定在标准化的方格教室里学习,可以说,对学生而言,建筑的教育意义并未得到体现。但是,以培养学生核心素养为目标的基础教育,必须要不断强化教师的课程意识,从思维上突破学校建筑的框架,把建筑设计看作是"一种课程的设计"和"一种意义的生成",把建筑当作一件"作品"来创作,而该作品的主题就是"人"的发展。因此,要充分发挥学校建筑所蕴涵的教育价值,让空间设计契合课程改革的需要,并与学生的学习深度对接,使其真正能服务课程和成为课程。

南昌市育新学校有着光荣的革命传统和深厚的文化底蕴。校园内矗立的三幢呈"品"字形结构的教学楼,不仅是一道亮丽风景,而且为育新人提供了课程建设的灵感和智慧,再加上对设计者梁思成先生的敬仰,学校便由此确立了"尚品"课程。学校从"讲品格、修品行、育品质、立品位"四个维度出发,建构了由"品德园""品语轩""品思坊""品创谷""品健峰"和"品艺廊"组成的课程结构,形成一个具有文化特色、结构合理、层次清晰的课程体系。看,一批批具有高尚思想、高贵品质、高雅品位的育新人正在茁壮成长。总而言之,学校建筑不仅只是一种空间概念,还应该成为打造高品位教育的一种宝贵的课程资源,使其丰富的内涵及育人价值在课程哲学中得以体现。

➡ 文化坐标　南昌市育新学校

南昌市育新学校创办于 1952 年,在当时江西省委、省政府领导邵式平、方志纯等革命前辈的亲切关怀下诞生,是一所具有光荣革命传统和深厚校园文化底蕴的学校。全校现有教职员工 259 人,拥有 83 个教学班,学生 3 800 余名,是南昌市建校早、规模大、设备齐,融自然美与人文美为一体,被誉为"城市花园"的一所最大的九年义务教育一贯制窗口学校。校园占地面积为 25 000 平方米,校舍占地面积为 16 000 余平方米,校园绿化面积达 10 000 平方米,花草树木四季常青,素有"花园、学园、乐园"之美誉。60 余载春华秋实,育新学校为社会输送了一大批德才兼备的莘莘学子,教育教学成果斐然。学校先后荣获"全国文明单位""全国现代教育示范学校""江西人民十大满意品牌学校""江西省素质教育示范学校""南昌市首批名校""南昌市素质教育示范学校""江西省数字校园示范校""全国首批百所数字校园示范校""'十二五'全国教育信息技术研究重点课题实验基地"等荣誉称号。在加快推进教育现代化、建设教育强国、办好人民满意教育的今天,学校不忘初心,牢记使命,不断开拓进取,谱写教育新篇章。

第一节　向有品位的人生迈进

进入育新校园,便可见尚品少年的卡通形象——"品仔"和"星宝"欢颜相迎。一直以来,育新师生致力于"尚品文化"校园文化建设,在"尚品文化"的引领下,在国家课程实施的校本化,校本课程实施的特色化、个性化的目标追寻中,创立符合高品位校园的"尚品教育",以实现春风化雨、润品无声的美好教育。

一、学校教育哲学: 尚品教育

三幢碧瓦红墙、中西合璧的教学楼(品真楼、品善楼、品美楼)呈"品"字形矗立在绿树红花中,端庄大气,古朴典雅,这是学校一大胜景。这三幢教学楼由我国建筑大师梁思成先生设计建造,它们见证着学校的发展历史,散发着浓浓的文化气息。出于对梁思成先生卓越才华和高尚人品的敬仰,本着让学生向有品位的人生迈进的教育理念,育新人将校园文化建设定位于"尚品"文化家园塑造。

品字,由三口组成,口代表人,三代表多数,意即众多的人。尚品,崇尚品位,其内容涵盖品格、品行、品质等多方面。学校以"尚品教育"为教育哲学,有意识、有目的地引导学生丰富自己的知识,充实自己的内心,提高自己的修养,使之拥有高尚的思想、高贵的品质、高雅的品位,为学生的美好人生奠基。

(一)"尚品教育"是培育品格的教育

"尚品教育"是对学生品格的教育。品格培养对学生的未来有决定性意义,品格的重要意义在于它为知识与能力的发展提供了方向,注入了灵魂。丰富的知识、强健的体魄、良好的品格才能最终造就一个"完整的人"。"尚品教育"培养学生的自律与合作精神,发展向善的品格,提升学生的品格修养,为明日的社会培养合格的公民,引领学生迈向有品位的人生。

(二)"尚品教育"是修铸品行的教育

"品行是一种很复杂的成果,不仅是意识的成果,而且也是知识、力量、习惯、技能、适应、健康以及最重要的社会经验的成果。"(马卡连柯)"尚品教育"在课程活动中育人,指导学生修铸品行,培养品行端正的学生,培养文明、文雅、文气的一代新人,引领学生过有品人生。

(三)"尚品教育"是着眼品质的教育

品质是指人的行为和作风所显示的思想、品性、认知等实质。"尚品教育"以学生为中心,从教育规律出发,着眼于学生核心素养的形成、终身学习和未来发展,积极探索课程的开发、实施、评价和共享机制,分层次开发丰富多样的课程,满足不同年龄段学生的需求,从而使学生拥有健康的体格、良好的思想品质、聪明的才智。

品格、品行、品质决定人的品位。品位是一个人精神世界的展示、内在气质的呈现,更是人生价值的体验。它是全面的、整体的、由表及里的综合表现。有品位的人知书达理,善解人意。

基于上述教育哲学,学校秉持"尚品育人"的理念,构建个性、多元、开放、生态的"尚品教育"体系,培育品格,修铸品行,着眼品质,培养身心健康、个性阳光、好学善思、志趣高雅、全面发展的一代新人,以打造高品位的基础教育来铸就人之大品。

我们的教育信条

我们坚信，

每一颗童心都向往高远的星空；

我们坚信，

每一位学子都胸怀"尚品"之心；

我们坚信，

学校是修铸品行、涵养品性的乐园；

我们坚信，

教育是春风化雨、润品无声的至善历程；

我们坚信，

育有品位的一代新人是教育的美妙图景；

我们坚信，

让孩子迈向有品位的人生是教育最神圣的使命。

二、学校课程理念: 向有品位的人生迈进

高品位是卓越成长的真谛，是超越自我的秘诀，是赢取未来的捷径，是时代发展的呼唤。学校着眼于调动和激发学生内在的积极性，着眼于学生的长远发展，着眼于社会进步的需要，将课程模式命名为"尚品"课程，其课程理念为：在"尚品文化"的引领下，让学生在"尚品"课程中着眼品质，涵养品性，修铸品行，过有品位的学习生活，向有品位的人生迈进。

(一) 课程即发展方向

教育就是让学生不断成长。"尚品"课程体现了以学生发展为本的核心价值观，关注学生的全面发展，培养其实践能力和创新精神，提高学生的精神境界和审美品质。其过程是能力发展的过程，是品质养成的过程。课程内容的整合补充，实施方式的延伸拓展，在明确学校课程框架的同时也明确了学生发展的内容与途径，更加明晰了学校的发展方向。

(二) 课程即文化内核

课程文化是一种自主、自律、自为的教育文化,是学校文化的内核,它能释放出强大的育人功能。通过"尚品"课程培养"讲品格、修品行、育品质、立品位"的学生,提高每一个学生的公民素养。通过课程,让我们的孩子感受阅读的愉悦,体悟文化的真谛。在穿越古代与现代、经典与趣味、国学与西学的过程中体会不同国家、不同地域文化的味道,穿越时空,对话历史,在与不同文化的相遇中感受那份深沉厚重、源远流长。

(三) 课程即品性陶冶

学校课程是陶冶学生品性的重要手段。学校通过设置品之旅、品艺廊、品健峰等课程,陶冶学生品性,培养品格高尚、品行端正、品质不凡的学生。通过课程,学生锻炼体魄,汲取丰富的知识,学习文明礼仪,培养坚忍不拔的意志力,课程让他们更自律,更自信地面对学习与生活的挑战,坚定不移地实现目标与梦想,使成长之路洒满阳光。

(四) 课程即行为铸造

行为习惯是养成教育的产物,它常常源于身边不起眼的小事,却蕴含足以改变人生的力量。良好的行为习惯培养蕴藏于各种特色课程之中。"尚品"课程改变了学生的学习方式,为学生开辟了宽领域、广角度、多层面的素质发展平台,鼓励学生主动探究、乐于实践、勤于动手,在课程学习中规范行为,促进素质的全面提升。

(五) 课程即生命旅程

生命旅程即自我探索的过程,课程的本质是促使生命的逐渐觉醒。关注生命成长是学校课程的重要支点和出发点。"尚品"课程尊重孩子的认知特点,符合孩子的成长需要,让孩子拥有不凡的品位,发现生命的美丽。"尚品"课程遵循孩子的成长规律,选取孩子感兴趣的、有发展意义的内容设计主题,加强师生互动、亲子交流、同伴互助,注重实践探索,让孩子的童年成为一段美好的生命旅程。

第二节 育有品位的一代新人

一、学校育人目标

基于实际,学校提出了"讲品格、修品行、育品质、立品位"的育人目标,让学生"品格高尚、品行端正、品质不凡、品位出众",提高每一位学生的公民素养,提升校园的文明程度,培育出有品位的一代新人。(见图6-1)

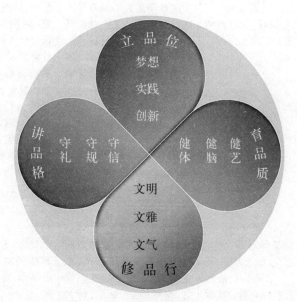

图6-1 南昌市育新学校"尚品"课程内涵图

二、学校课程目标

基于学校的育人目标和课程理念,学校从"讲品格、修品行、育品质、立品位"四个方面出发,按不同的年级将"尚品"课程的课程目标进行细化,形成了以下分年段课程目标。(见表6-1)

表6-1　南昌市育新学校"尚品"课程分年段课程目标表

课程目标	年　段		
	一、二年级	三、四年级	五、六年级
讲品格	培养良好的学习和生活习惯。讲普通话,说文明用语,懂礼貌,诚实守信,答应别人的事努力做到,做不到时表示歉意。初步学会爱护环境,不乱扔垃圾。形成对学习、对生活的自信与活力。具有爱学校,爱父母,爱班级,爱老师的真实情感。	培养良好的学习和生活习惯。待人有礼貌,说话文明,讲普通话,会用礼貌用语。诚实守信,不说谎话,答应别人的事努力做到,做不到时表示歉意,懂得基本的做人道理,具有必要的处事能力。形成基本的行为习惯。关心社会环境,养成对自己、对班级的责任感。喜欢班集体,愿意为集体服务;主动帮助他人,与人和谐融洽相处。树立较强的自信,形成爱学校、爱社区的情感。	自觉养成独立学习的生活习惯。尊老爱幼,平等待人,说话文明,诚实守信,不说谎话,答应别人的事努力做到,做不到时表示歉意,培养言行一致的风格。树立正确的人生观,具有积极的人生态度、明确的人生价值,处理好个人与集体、个人与社会的关系。爱护自然,具有环保意识。拥有强烈的社会责任感,形成较强的自信心,充满活力,充满智慧,充满创造力。具有爱家乡、爱社会、爱国家的情感。
修品行	热爱生活,热爱父母。关心父母的身体健康,为父母端水敬茶,尊敬老师,关心同学,主动问好。能对日常生活中的问题尝试探究,主动思考,对问题有自己的看法与见解。	热爱生活,尊敬父母,体贴父母,主动为家庭做力所能及的事。尊敬老师,友爱同学,见面行礼,主动问好,坐姿挺拔、端庄,行为文明守纪。能提"为什么",并能尝试独立探究问题的答案。学习积极主动,能独立思考,对自己有自信。能表达自己的感受,表达有力的观点,有与他人不一样的解决问题的方法与策略。	热爱生活,尊敬父母,体贴父母,主动为家庭担当起必要的家务劳动。尊敬老师,能主动为老师服务,能帮助同学解决困难。学会勇于担当,言行一致,文明礼貌。不弄虚作假,有正气。学习积极主动,对自己有自信,能独立思考,独立探究问题的答案。能表达自己的感受,有具有独特个性的解决问题的策略。

续　表

课程目标	年段		
	一、二年级	三、四年级	五、六年级
育品质	尊敬老师,友爱同学。能分清谁是谁非,知道基本的安全常识,具有自我保护的意识、能力和热爱生命的情感。积极参加体育活动。	尊敬老师,友爱同学,主动帮助有困难的同学。看到不良行为和现象能据理力争。初步将所学习的知识与技能运用于生活中。积极参加体育活动,并有一门自己喜欢的运动。	尊敬老师,友爱同学,爱憎分明,有爱心,主动帮助有困难的人,不粗不俗,不卑不亢,为人温文尔雅、落落大方,有君子之风范。学习从不同的角度去思考问题,尽可能多地寻找解决问题的方法。积极参加体育活动,并有一门自己擅长的体育项目。
立品位	心中拥有梦想,敢于表达梦想,自觉养成良好的学习习惯。喜欢动手动脑。主动学习解决问题的技能。乐于挑战自己,大胆尝试,不怕困难。	始终拥有梦想,不断追逐梦想,有克服困难的勇气和力量。能主动将学习方法运用到学习中去。面对生活中遇到的困难,有积极改变的意愿,并主动运用所学知识尝试解决实际问题。	有积极向上、持续进步的热情,不怕失败,向着梦想不断努力。能够主动把学习所得运用于社会生活中,做到知行合一。勤于探索,敢于质疑,具有批判性思维、创造性思维以及创新实践能力。

第三节　铸就人之大品的课程图景

一、学校课程逻辑

为了让每一位学生都能向着有品位的人生铿锵迈进,学校开设了"尚品"课程。它是富有逻辑感的课程,它将学校各项课程有机地组合成一个相互关联且有逻辑关系的育人整体,成为学校课程建设的出发点与归宿。(见图6-2)

二、学校课程结构

根据多元智能理论,"尚品"课程包括"品德园""品语轩""品思坊""品创谷""品健峰""品艺廊"六大类课程。(见图6-3)

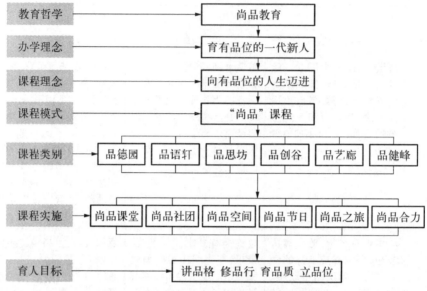

图 6-2　南昌市育新学校"尚品"课程逻辑图

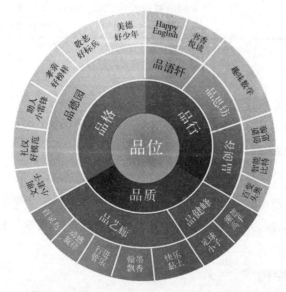

图 6-3　南昌市育新学校"尚品课程"结构图

三、学校课程设置

表6-2　南昌市育新学校"尚品"课程设置表

年级	品德园	品语轩		品思坊	品艺廊					品健峰			品创合		
	垒德成品	Happy English	书香悦读	趣味数学	快乐黏土	翰墨飘香	行进管乐	百灵鸟	动感旋律	活力体育	灌篮高手	足球小子	智能比特	创新思维	百变头奥
一上	文明小君子	/	绘本阅读	数字罗盘	原来是黏土!	龟背上的文字	熟悉乐器	走进合唱(上)	体态练习	拍皮球	趣味篮球	我的新朋友	/	形状的秘密	/
一下	礼仪好模范	/	古诗诵读	巧算点数	变魔术	一言九鼎	掌握基本演奏方法(一)	走进合唱(下)	基本手脚位	运皮球	耍球拍球	运球带球	/	形状的秘密	/
二上	助人小雷锋	/	趣味识字	测量小能手	愤怒的小鸟	书法小故事	掌握基本演奏方法(二)	齐唱《送别》	勾绷脚及软开度练习	踢毽子	玩转篮球	玩转足球	/	材料的妙用	/
二下	热心好队员	/	成语游戏	缤纷搭配	生日蛋糕	中国书法的演变	技巧训练(一)	齐唱《摇啊摇》	古典身韵组合	玩毽子	我的篮球朋友	我的足球朋友	/	材料的妙用	/
三上	美德好少年	Happy songs	阅读童话	数学错题集	喔!小黄人	楷书的笔画(上)	技巧训练(二)	表演唱《嗨哩嗨哩》	基本舞步组合(一)	软式排球	运球高手	运球高手	温度计	环境的奥妙	语言类即兴题训练
三下	时代好少年	Happy songs	表演童话	历历在目	恐龙乐园	楷书的笔画(下)	吹奏乐曲片段	表演《小白鸽》	基本舞蹈组合(二)	软式排球	运球比赛	运球比赛	控制夜灯	环境的奥妙	动手类即兴题训练

续　表

年级	品德园	品语轩		品思坊			品艺廊				品健峰		品创合		
	品德成品	Happy English	书香悦读	趣味数学	快乐黏土	翰墨飘香	行进管乐	百灵鸟	动感旋律	活力体育	灌篮高手	足球小子	智能比特	创新思维	百变头奥
四上	李来小榜样	Happy picture-books	经典国学	数学在哪里	大餐桌	楷书的偏旁(上)	演奏简单乐曲	轮唱《贵州山歌》	蒙古族舞	花样跳绳	我的篮球技能	我的足球技能	红外风扇	时间的魔法	混合类即兴题训练
四下	敬老好标兵	Happy picture-books	趣味阅读	好书推荐	海底真奇妙	楷书的偏旁(下)	乐队齐奏	轮唱《枝头小鸟》	藏族舞	花样跳绳	篮球配合	足球配合	报警器	时间的魔法	长期题解题训练
五上	阅读小书虫	Happy stories	汉字听写	有趣的七巧板	黏土画	楷书的结构(上)	乐队合奏	合唱《祁州山歌》	维族舞	抖空竹	篮球比赛	足球比赛	数字气象台	结构的奥秘	语言类即兴题训练
五下	读书小博士	Happy stories	整本书阅读、故事表演	数学小报	音乐盒	楷书的结构(下)	乐曲基训(一)	合唱《库斯克邮车》	傣族舞	抖空竹	篮球比赛	足球比赛	智能小车	结构的奥秘	动手类即兴题训练
六上	阳光好少年	Happy holiday	走近作家	数据大调查	铃儿响叮当	楷书作品的创作	乐曲基训(二)	合唱《四季的问候》	朝鲜族舞	啦啦操	战术训练	战术训练	智慧家居	/	混合类即兴题训练
六下	向尚好少年	Happy holiday	名著邀游	解密购物中的数学陷阱	赛龙舟·过端午	生活中的书法艺术	乐队表演	合唱《一窝雀》	江西采茶戏	啦啦操	心理训练	心理训练	智慧农业	/	长期题解题训练

第四节　全面推进有品位的教育

　　课程的实施与管理体现了对课程理念的贯彻与执行,是一个追求有品位的教育并全面推进有品位的教育的过程。通过课程行动,将课程的意识形态转化为老师和学生的具体行动,从而实现课程内在的意义。学校从建构"尚品课堂"、创设"尚品节日"、发展"尚品社团"、推行"尚品之旅"、建设"尚品空间"、凝聚"尚品合力"六个方面,创造各种条件,为学生开设丰富、民主、人性化的课程学习内容和学习环境,打破学科教学局限,将教学与各个"尚品"课程学习整合贯通。学生沉浸于"尚品教育"知识情境融通的实践场,在探索中激活兴趣,开发潜能,养成良好的人生态度,孕育优良的道德品质。

一、建构"尚品课堂",落实学科基础课程

　　课堂是学科教学的主渠道,围绕学校文化,学校进行了课堂教学文化的梳理,即聚焦学生核心素养,体现教学理念的开放、教学目标的饱满、教学内容的丰富、教学过程的灵动、学习体验的温暖、课堂教学的个性。

(一)"尚品课堂"的内涵与实施

　　40 分钟的课堂短小得如同"半亩方塘",要想舞动"天光云影",唯有从学生的需要出发,确定有教学支撑的可持续发展目标,重视启迪思维、提升能力、鼓励创新、发展个性,在智慧承传中打造"尚品课堂"。"尚品课堂"具有以下特征:

　　"尚品课堂"是开放的课堂。开放的教学格局,既体现鲜明的学科文化特征,又不终于教材、止于教材。能融合课内与课外,融通学科与学科,融会知识与生活,树立大教学观,有大视野、大格局,为学生的终身发展奠基。

　　"尚品课堂"是饱满的课堂。饱满的教学目标,知识与技能、过程与方法、情感态度与价值观、行为与创新体现学科特点,符合学生的身心发展阶段,遵循学生的认知规律,以"全人教育"培养人。

"尚品课堂"是丰富的课堂。丰富的课程内容,多样化的学习形态,在"互联网＋"时代有效整合各种教学资源,多种教学法并用打造"尚品课堂"。

"尚品课堂"是灵动的课堂。在灵动的教学过程中,学生主动参与,互动交流,合作探究,实验操作,创新实践,在真实的学习经历中学会求知,学会做事,学会共处,学会生存。

"尚品课堂"是温暖的课堂。课堂是师生共生共长的磁域场,民主和谐,生动活跃,欣赏包容,激励共创,创新共享,给学生带来温暖的学习体验。

"尚品课堂"是个性的课堂。在有效的学科课堂教学活动中,教师良好的修养、饱满的情绪、生动形象的语言、灵活机智的授课艺术,激其情,集其神,促其思,独具特色和韵味,彰显教师的教学智慧与个性化的教学风格。

"学习得之于课堂与课外,三七而开。"(吕叔湘)"尚品课堂"立足于课堂,连接课外,充分挖掘课堂内外资源,把握学生需求,拓宽学生的学习空间,增加学生的实践机会,延伸拓展课程内容。(见表6-3至表6-6)

表6-3　南昌市育新学校"品语轩"Happy English 英语延展课程实施计划表

实施年级	课　程	学　习　目　标	活　动　设　计
三上	Happy songs	通过学唱各种主题的快乐英语歌曲,激发学生的学习兴趣。	1. 听英语歌曲 2. 说一说歌词的意思
三下	Happy songs	激发学生的学习兴趣,培养学生的语感,让学生体会不同的语言文化。	1. 跟唱歌曲 2. 表演歌曲
四上	Happy picture-books	通过绘本的阅读,让学生观察图片,并领会大概意思,激发学生对英语的阅读兴趣。	1. 看图片理解故事大意 2. 尝试朗读英语理解意思
四下	Happy picture-books	培养学生的英语思维能力。	1. 根据图片复述故事 2. 表演故事
五上	Happy stories	培养学生的语言运用能力,进一步提高学生对英语的理解能力,培养语感。	1. 朗读故事,理解大意 2. 演一演故事
五下	Happy stories	发展学生的英语思维,从而提高学生用英语解决问题的能力。	1. 朗读故事 2. 续编故事

续　表

实施年级	课　程	学　习　目　标	活　动　设　计
六上	Happy holiday	通过中外节日的对比,学生可以在本国文化的基础上习得西方文化。	1. 网上查节日照片和活动 2. 与同伴分享信息
六下	Happy holiday	初步形成跨文化交际的能力。	1. 自创活动道具 2. 演绎一段故事

表6-4　南昌市育新学校"品语轩"书香悦读语文延展课程实施计划表

实施年级	课　程	学　习　目　标	活　动　设　计
一上	绘本阅读	培养学生的阅读兴趣,促进学生想象力的发展,锻炼口语表达能力。	1. 学习绘本 2. 畅所欲言
一下	古诗诵读	让学生在诵读古诗文的过程中获得经典的熏陶和修养,享受阅读的乐趣。	1. 和家长一起读一读 2. 与同学一起诵一诵 3. 班级欣赏
二上	趣味识字	创设各种趣味识字游戏,让学生在学中玩,在玩中学;激发学习汉字的兴趣,深化对汉字的认识。	1. 交流课外识字贴 2. 比一比谁认得多 3. 交流识字方法
二下	成语游戏	通过阅读成语故事,让学生了解历史、通达事理、积累语言。	1. 交流成语 2. 成语故事会 3. 成语接龙
三上	童话阅读	激发学生的学习兴趣,培养学生的阅读、听说能力。	1. 课内读书吧 2. 课外阅读 3. 课内交流
三下	童话表演	通过童话表演,增强童话教育效果,培养学生的表演才能。	1. 小组合作 2. 课堂表演
四上	经典国学	培养学生的注意力和记忆力;帮助学生养成良好的行为习惯,使学生身心健康、和谐发展;提升学生的语文水平,培养学生良好的语文素养。	1. 开展诵读大赛,评选诵读能手 2. 手抄报、黑板报
四下	趣味阅读	感受阅读的乐趣,积累阅读中的优美词语、精彩句段,养成读书看报的好习惯。	1. 开展阅读交流课 2. "趣味阅读"课本剧展演

实施年级	课　程	学　习　目　标	活　动　设　计
五上	汉字听写	引导学生感受汉字之美,培养学生认真、规范书写汉字的良好习惯,提升学生的文化素养,培养学生的竞争意识。	1. 交流课外积累的汉字 2. 趣味识字竞赛
五下	整本书阅读故事表演	通过整本书的阅读与表演,提升学生比较、分析、综合、推理的思维品质。	1. 故事汇 2. 阅读与表演
六上	走近作家	让学生在与作家的近距离接触中,学会学习,学会生活,学会做人,学会审美,学会创造。	1. 查找文字、图片资料 2. 交流 3. 访谈
六下	名著邀游	开阔学生的眼界,发散学生的思维,汲取名著里面的精神养分,帮助学生树立正确的人生观和价值观,使学生能够借鉴名著里面的文字瑰宝,并学以致用。	1. 读书会 2. 交流读后感

表6-5　南昌市育新学校"品思坊"趣味数学延展课程实施计划表

实施年级	课　程	学　习　目　标	活　动　设　计
一上	数字罗盘	观察相邻数字间的特点,按照规定进行加减法计算,培养计算能力。	1. 观察相邻数的特点 2. 尝试摆罗盘 3. 速算闯关
一下	巧算点数	根据掷出的点数进行加减混合运算练习,提高学生的运算能力,发展学生的数感。	1. 观察色子 2. 掷点数 3. 混合运算
二上	缤纷搭配	初步体会用排列与组合的方法解决实际问题,培养学生有序全面地思考问题的能力,进而提高学生的计算、分析和推理能力。	1. 告知搭配规则 2. 动手搭配 3. 搭配成果展
二下	测量小能手	初步感知同样的距离使用不同的标准测量,测得的数据也不同。训练思维的相对性,初步发展空间观念。	1. 测量教室 2. 记录结果 3. 畅谈收获
三上	数学错题集	通过错题集解决零散、疏漏等问题。培养学生自我剖析和自我解决问题的能力,形成良好的学习品质。	1. 分析错因与写出正解 2. 将错题系统汇总 3. 错题本展示活动

续　表

实施年级	课　程	学　习　目　标	活　动　设　计
三下	历历在目	认识年、月、日,认识24时法,并能计算简单的经过时间。在与同伴的合作学习下,获得成功的数学活动经验。	1. 活动要求 2. 制作日历 3. 成果介绍
四上	数学在哪里	透过数学延伸阅读,拓展数学视野,培养学生的数学素养。	1. 设定阅读课题 2. 探讨阅读方案 3. 展示阅读成果
四下	好书推介	通过数学课外阅读,提升解决问题的能力,感受数学的思维方式,体会数学的美妙。	1. 设定阅读课题 2. 引导学生自主阅读并提出问题 3. 好书推介
五上	有趣的七巧板	了解七巧板中各种图形的特点,发现不同图形之间的角、边和面积之间的关系。动手拼摆组合图形与创意图案,培养学生的想象力和创造力。	1. 分组合作完成研究报告 2. 分组汇报研究成果 3. 创意图案展示
五下	思维导图与数学小报	让学生学会归纳整理知识点,形成知识网络,培养学生良好的学习态度和学习习惯。	1. 整理单元知识点 2. 绘制思维导图或制作成数学小报 3. 成果展
六上	数据大调查	以数学的眼光观察生活,发展数据分析观念,感受数学与生活的密切联系,尝试理性分析,学会用数据说话,认识数学的价值。	1. 确定主题 2. 数据大调查 3. 汇报成果
六下	解密购物中的数学陷阱	通过解决购物中的折扣问题,使学生进一步巩固折扣的计算方法,能理解并正确计算出不同优惠形式的折扣,感受百分数在生活中的应用。	1. 观察记录生活中的折扣现象 2. 分析问题 3. 解决问题

表6-6　南昌市育新学校"品健峰"体育延展课程实施计划表

实施年级	课　程	学　习　目　标	活　动　设　计
一上	拍皮球	初步掌握拍球的技能,可以连续拍球。	示范讲解,小组练习,趣味竞赛

续　表

实施年级	课　程	学　习　目　标	活　动　设　计
一下	运皮球	学习直线滚球和障碍物滚球。	示范讲解,小组练习,趣味竞赛
二上	踢毽子	初步学习脚内侧和脚外侧踢。	示范讲解,小组练习,趣味竞赛
二下	玩毽子	熟练掌握不同的毽子踢法及动作节奏,能配合音乐有节奏地练习。	示范讲解,小组练习,分组演示
三上	软式排球	初步学习双手垫球和双手传球。	示范讲解,小组练习,趣味竞赛
三下	软式排球	熟练掌握软式排球传、垫技巧。	小组练习,分组竞赛,趣味竞赛
四上	花样跳绳	初步学会一级、二级动作。	示范讲解,小组练习,趣味竞赛
四下	花样跳绳	熟练掌握一级、二级动作,并能配合音乐有节奏地练习。	小组练习,分组竞赛
五上	抖空竹	初步学习将空竹放在地上,双手各握一根抖杆。	示范讲解,小组练习,趣味竞赛
五下	抖空竹	掌握滚动提拉、平衡空竹、调整方向、双手弹动、左右弹跳的动作。	示范讲解,小组练习,趣味竞赛
六上	啦啦操	学会上肢、下肢基础动作,步伐变换。	分组互助学习,小组比赛
六下	啦啦操	学会一整套套路。	示范讲解,分组教学,小型竞赛

(二)"尚品课堂"的评价标准

　　根据"尚品课堂"的内涵,学校科学地制定了"尚品课堂"的评价标准。(见表6-7)

表6-7　南昌市育新学校"尚品课堂"教学评价表

评价项目	评　价　要　素	得分(每项满分为5分)
开放的教学理念	1. 符合课程标准的理念,以学生的发展为本。	
	2. 有开放的教师观和学生观。	
	3. 教学观念新,有较强的课改创新意识。	

续　表

评价项目	评 价 要 素	得分(每项满分为5分)
饱满的教学目标	1. 教学目标涵盖三个维度,符合教材及学情特点。	
	2. 目标的制定关注学科核心素养的培养。	
	3. 教学目标达成意识强,贯穿教学过程始终。	
丰富的教学内容	1. 教材处理得当,创造性地使用教材。	
	2. 整合教学课程资源,为教学服务。	
	3. 体现学科文化特点,注重人文精神培养。	
灵动的学习过程	1. 教学方法灵活多样,学生积极参与,主动发展,合作学习。	
	2. 教学信息多项交流,反馈及时,矫正奏效。	
	3. 合理运用现代教学手段、教具等,增强直观性和实效性。	
温暖的学习体验	1. 教学民主,师生平等,课堂气氛融洽和谐。	
	2. 掌握学情,尊重个体差异,学法指导有针对性。	
	3. 关注学生动机、兴趣、习惯、信心等非智力因素的培养。	
	4. 包容欣赏,激励评价,鼓励创新。	
个性的课堂教学	1. 达成教学目标,学生学习主动,教学效果好。	
	2. 个人素质好,语言规范简洁,教态自然亲切,板书工整清晰。	
	3. 教学心理素质好,驾驭课堂能力强,调控应变得当。	
	4. 教学水平高,具有个人教学风格与特色。	
总得分		

二、发展"尚品社团",落实兴趣爱好课程

学生社团活动是课堂教学的有益延伸和补充,是校园文化建设的重要载体。学校从学生的实际需求出发,充分调动整合多方面资源,发挥教师特长和学校优势,集思广益,开设了内容丰富的"尚品社团"课程。其宗旨在于"发展兴趣,培养特长,提升修养",促进学生个性、特长发展,拓展基础知识,提高创新技能,培养审美情趣,陶冶高尚情操。

(一)"尚品社团"活动课程创设

　　"尚品社团"以学生的意愿为原则,让学生自主参与。社团按活动内容主要分为"品艺廊"管乐社团、"品艺廊"合唱社团、"品艺廊"舞蹈社团、"品健峰"体育社团、"品艺廊"黏土社团、"品艺廊"书法社团。课程具体实施计划见表6-8至表6-14。

表6-8　南昌市育新学校"品艺廊"快乐黏土社团课程实施计划表

实施年级	课　程	学　习　目　标	课　程　资　源	活　动　设　计
一上	原来是黏土啊	通过基本造型的塑形,让学生初步认识黏土,学会简单造型的制作。	课件、相关图片	球体塑形
一下	变魔术	通过两种以上黏土的调和,感受超轻黏土的特性。	超轻黏土信息资料	两种以上黏土的色彩混色
二上	愤怒的小鸟	通过不同球体的塑形,掌握球体塑造技法。学会运用多个球体进行组合塑形,能够完成一组简单的场景制作。	动画视频、实物	制作愤怒的小鸟黏土作品
二下	生日蛋糕	通过制作生日蛋糕,学会利用废弃材料结合黏土塑形,掌握揉、搓等技法。	图片、实物	制作生日蛋糕黏土作品
三上	喔! 小黄人	通过作品制作,初步掌握捏、滚、压技法,学会部件间的相接与固定。	小黄人图片、实物	制作小黄人黏土作品
三下	恐龙乐园	通过作品制作,完成一组形态各异的恐龙造型,学习使用工具辅助制作。	黏土制作相关图片	制作恐龙黏土作品
四上	大餐桌	通过制作不同的食物造型,巩固各种制作技法。	黏土制作相关图片	制作食物组合黏土作品
四下	大海真奇妙	通过作品制作,使平时笔下平面的物体立体化,色彩巧妙搭配,完成一组海底世界作品。	大海相关视频	制作海洋系列黏土作品

续　表

实施 年级	课　程	学　习　目　标	课　程　资　源	活　动　设　计
五上	黏土画	以黏土为笔,学习黏土装饰画的制作。	黏土画相关图片	制作黏土装饰画
五下	龙猫	通过制作音乐盒,完成静态龙猫的造型,巩固技法,提高作品的精细度。	龙猫视频、图片	制作龙猫音乐盒黏土作品
六上	铃儿响叮当	综合运用多种技法,自由创作完成一组与圣诞节相关的作品,培养创造与想象的能力。	圣诞节视频、图片	制作圣诞节系列黏土作品
六下	赛龙舟,过端午	通过创意制作"端午"主题黏土作品,综合运用多种技法,提升创意制作水平,弘扬中国传统文化。	端午节来历的资料、相关视频及图片	制作端午节系列黏土作品

表6-9　南昌市育新学校"品艺廊"翰墨飘香书法社团课程实施计划表

实施 年级	课　程	学　习　目　标	课　程　资　源	活　动　设　计
一上	龟背上的文字	通过辨识甲骨文、欣赏有关甲骨文的动画故事,激发学生对汉字、对书法的兴趣。	甲古文相关图片、动画	1. 欣赏:龟背上的文字——甲骨文 2. 探寻甲骨文中所蕴藏的华夏文化
一下	一言九鼎	引导学生探寻古代青铜器以及青铜器上钟鼎文的奥秘。	青铜器的相关信息、图片	1. 观看图片:古代青铜器之钟鼎文 2. 探寻钟鼎文的奥秘
二上	书法小故事	从"一字千金"谈起,引导学生趣读书法小故事,激发学生学习书法的热情。	一字千金、王羲之与鹅等书法小故事动画视频	1. 观看相关视频 2. 搜集书法小故事,开展讲故事比赛
二下	中国书法的演变	让学生感受汉字和书法的魅力,陶冶性情,提高学生的审美能力和文化品位。	文字资料、图片资料	1. 观看不同时期的书法作品 2. 查找资料,了解书法的演变,感受不同书体各具特色的艺术魅力

实施年级	课　程	学　习　目　标	课 程 资 源	活　动　设　计
三上	楷书的笔画（上）	通过学习使学生掌握楷书基本笔画的写法。	楷书笔画的相关图文	1. 教师示范书写 2. 学生探究
三下	楷书的笔画（下）	进一步学习楷书基本笔画的写法，使学生掌握楷书基本笔画的书写要点。	楷书笔画的相关图文	1. 教师示范书写 2. 学生探究
四上	楷书的偏旁（上）	了解楷书偏旁的书写方法，通过学习让学生领会楷书偏旁的书写要点。	楷书偏旁的相关图文	1. 引导学生观察楷书偏旁的基本特征 2. 欣赏视频
四下	楷书的偏旁（下）	进一步学习楷书偏旁的书写方法，提高学生毛笔书写楷书偏旁的能力。	楷书偏旁的相关图文	1. 教师示范与学生板演 2. 学生互助性学习
五上	楷书的结构（上）	通过学习楷书基本的结构规律，提高学生的楷书结字能力，养成良好的书写习惯。	楷书结构的相关图文	1. 引导学生探究楷书结构规律 2. 学生进行临帖练习
五下	楷书的结构（下）	进一步学习楷书的基本结构，感受书法中的节奏韵律之美，提升学生的审美能力。	楷书结构的相关图文	1. 对比观察，探究范字的结构特点 2. 交流学习体会
六上	楷书作品的创作	通过学习把握楷书结构与书体风格，进行楷书的集字作品练习。	楷书作品的相关图片	1. 教师课堂展示 2. 学生作品展演
六下	生活中的书法艺术	通过欣赏古今书法作品，让学生感悟书法中的美学规律，探寻生活中的书法艺术的应用。	古今书法作品信息及图片	1. 探究生活中的书法艺术应用 2. 书法作品图片展

表6-10 南昌市育新学校"品艺廊"行进管乐社团课程实施计划表

实施年级	课程	学习目标	课程资源	活动设计
一上	熟悉乐器	1. 了解乐器的音色和声音的强弱。 2. 培养学生的节奏感、乐感等音乐语言。	乐器实物 乐队演奏《国歌》视频	1. 欣赏管乐合奏 2. 介绍乐器 3. 声音强弱训练 4. 听琴模唱训练
一下	演奏方法（一）	1. 掌握正确的呼吸方法和口型。 2. 在乐器上吹奏一组音阶。	乐队演奏《七色光之歌》视频。	1. 个人的基础训练 2. 吹奏简单的旋律 3. 掌握吹奏乐器的呼吸要求
二上	演奏方法（二）	1. 强化学生的音准概念和控制力。 2. 体会长音吹奏。	乐器演奏《欢迎进行曲》视频	1. 呼吸训练 2. 长音训练 3. 学习腹式呼吸 4. 欣赏乐队演奏视频
二下	技巧训练（一）	1. 熟悉乐器的各种指法。 2. 掌握音阶指法和音准。	乐器演奏《士兵进行曲》视频	1. 音阶训练 2. 指法教学 3. 观看演奏视频,体会演奏状态
三上	技巧训练（二）	1. 体会并掌握吐音的演奏状态。 2. 要求声音纯正,富有弹性。	乐器演奏《玩具兵进行曲》视频	1. 呼吸、长音训练 2. 吐音练习 3. 不同的乐器,不同的吐音方法
三下	吹奏乐曲片段	1. 掌握琶音和模进的演奏方式和状态。 2. 吹奏耐力的训练。	演奏示范图和视频《国际歌》	1. 吐音练习 2. 参照不同乐器练习琶音 3. 模进练习
四上	演奏简单乐曲	1. 增强气息与唇部肌肉的控制能力。 2. 气息的练习要稳、均、圆、有韧性。	视频《军中绿花》	1. 个人基础训练 2. 观看教师示范 3. 纠正错误 4. 力度训练
四下	乐队齐奏	1. 充分把握音准和音色,不断提高演奏能力。 2. 熟练掌握各调乐曲的演奏。	乐队演奏《天空之城》视频	1. 个人基础训练 2. 观看教师示范纠正错误 3. 识谱 4. 尝试性演奏

续　表

实施年级	课　程	学 习 目 标	课 程 资 源	活 动 设 计
五上	乐队合奏	1. 培养合奏意识 2. 认识自己在乐队的作用	乐队表演 《咱当兵的人》视频	1. 了解合奏的意义 2. 观看视频,了解合奏意义 3. 教师介绍合奏 4. 合奏训练
五下	乐曲基训(一)	1. 加强合奏能力。 2. 解决乐曲中较难的演奏技巧。	乐队表演 《一二三四歌》视频	1. 观看视频感受风格 2. 分谱练习,加强个人训练 3. 合奏练习
六上	乐曲基训(二)	1. 加强合奏训练技巧。 2. 保持呼气时的均匀,使发音音量均衡。	乐队演奏 《红旗颂》视频	1. 观看视频感受乐曲风格 2. 分谱练习 3. 合奏练习 4. 教师抠难点
六下	乐队表演	1. 掌握乐曲并能够进行表演。 2. 音调的准确及合奏节奏的对比统一。	乐队演奏 《少先队歌》视频	1. 观看视频感受风格 2. 分谱练习,个人练习 3. 合奏练习 4. 把握演奏情感

表 6-11　南昌市育新学校"品艺廊"百灵鸟合唱社团课程实施计划表

实施年级	课　程	学 习 目 标	课 程 资 源	活 动 设 计
一上	走 进 合 唱(上)	1. 提高音乐表现力和感受力 2. 培养合作意识和集体观念	童声合唱视频	1. 了解合唱 2. 欣赏合唱 3. 气息和发声训练
一下	走 进 合 唱(下)	1. 学习正确、科学的发声方法 2. 听音和发声训练	童声合唱视频	1. 气息的控制练习 2. 发声练习 3. 听音训练
二上	齐唱《送别》	1. 进入双声部练习 2. 练唱简单合唱曲目	《送别》合唱曲目范唱视频	1. 巩固气息与练声训练 2. 通过歌曲掌握节奏 3. 旋律音程的听辨 4. 学习简单的双声部歌曲

续　表

实施年级	课　程	学　习　目　标	课　程　资　源	活　动　设　计
二下	齐唱《摇啊摇》	1. 咬字、吐字、声音的训练 2. 简单合唱曲目的表演	《摇啊摇》合唱曲目范唱音频	1. 气息与发声练习 2. 有感情地朗读歌词，注意咬字吐字 3. 声音与吐字在歌曲中的运用
三上	表演唱《嘀哩嘀哩》	1. 掌握歌曲节奏 2. 多声部节奏训练	《嘀哩嘀哩》童声合唱训练视频	1. 气息与发声练习 2. 设计多声部节奏练习 3. 在熟悉的歌曲中进行多声部的节奏配合训练
三下	表演唱《小白鸽》	1. 渗透简单的乐理知识 2. 认识常用的音符，学唱歌谱	乐理知识课件	1. 气息与发声训练 2. 节奏的听辨与练习 3. 学唱熟悉歌曲的歌谱
四上	轮唱《贵州山歌》	1. 寻找胸腔共鸣 2. 寻找头腔共鸣	发声位置图示	1. 分声部发声训练，寻找共鸣 2. 在合唱曲目中找到共鸣，增强声音的和谐性
四下	轮唱《枝头小鸟》	1. 轻声合唱训练 2. 提高声部合唱能力	经典合唱视频	1. 运用轻声高位唱法，形成正确的发声状态 2. 气息的控制练习 3. 优秀合唱曲目的训练
五上	合唱《祁州山歌》	1. 气息训练 2. 循环呼吸练习	经典合唱视频	1. 发声训练 2. 呼吸训练 3. 循环呼吸训练 4. 循环呼吸在歌曲中的运用
五下	合唱《库斯克邮车》	1. 高音谱表的识谱练习 2. 各种节奏的混合练习	混合节奏谱	1. 高音谱表的识谱视唱 2. 混合节奏的听辨与拍打 3. 外国优秀合唱作品的练习
六上	合唱《四季的问候》	1. 听辨半音音程和三部和声 2. 无伴奏合唱的排练	优秀中外童谣合唱视频	1. 听辨和声音程与半音 2. 腹式呼吸法 3. 外国童谣演唱

续　表

实施年级	课　程	学 习 目 标	课 程 资 源	活 动 设 计
六下	合唱《一窝雀》	1. 学唱合唱曲目 2. 做到声部间的和谐演唱	优秀中外童谣合唱视频	1. 巩固歌曲 2. 注意聆听其他声部的音色 3. 做到声部间声音的和谐、统一

表6-12　南昌市育新学校"品艺廊"动感旋律舞蹈社团课程实施计划表

实施年级	课　程	学 习 目 标	课 程 资 源	活 动 设 计
一上	体态练习	能够保持正确舞蹈站姿 抬头挺胸收腹提臀	幼儿舞蹈视频	模仿天鹅骄傲自信的姿态。
一下	基本手脚位	芭蕾舞手脚位及中国舞手脚位	芭蕾舞及中国舞视频	模仿生活习惯中的类似动作,学习舞蹈手脚位。
二上	勾绷脚及软开度练习	能够在勾绷脚基础上压腿、下腰	压腿动作视频	压腿时要求腹部贴大腿并朝前看,旁腰贴大腿并朝上看,下腰髋关节朝前送,脖子放松往后看。
二下	古典身韵组合	学会冲、靠、提、沉	舞蹈视频	学习画圆的动作。
三上	基本舞步组合(一)	学会芭蕾舞基本舞步	芭蕾舞视频	模仿天鹅走路。
三下	基本舞蹈组合(二)	学会中国舞基本舞步	中国舞视频	利用生活中的类似动作进行学习。
四上	蒙古族舞	学会蒙古族舞基本手位和基本动作	蒙古族舞视频	两人合作互抓手掌练习提压腕,学习笑肩动作。
四下	藏族舞	学会藏族舞基本手位和基本动作	藏族气候及习性以及舞蹈视频	了解藏族同胞的生活习性以及需要附身微屈膝行走的原因,学习缠膝等基本动作。
五上	维吾尔族舞	学会维吾尔族舞基本手位和基本动作	维吾尔族人生活场景和舞蹈视频	学习移颈以及眼神和动作。

续　表

实施年级	课　程	学 习 目 标	课 程 资 源	活 动 设 计
五下	傣族舞	学会傣族舞基本手位和基本动作	傣族舞蹈视频和生活场景	通过观察孔雀的样子学习手型和基本动作。
六上	朝鲜族舞	学会朝鲜族舞基本手位和基本动作	朝鲜族舞蹈视频	学习朝鲜族舞中敲鼓的动作,领悟舞蹈呼吸方式。
六下	江西采茶戏	学会采茶戏基本手位和基本动作	采茶戏视频及扇子	五指花头朝天,四指花头朝前,三指花打四边,二指花摇胸前。

表 6-13　南昌市育新学校"品健峰"灌篮高手篮球社团课程实施计划表

实施年级	课　程	学 习 目 标	课 程 资 源	活 动 设 计
一上	趣味篮球	在小篮球游戏中发展基本活动能力	器材、视频	1. 耍球游戏 2. 拍球游戏
一下	耍球、拍球	增进球感、球性,提高控制小篮球的能力	器材、视频	1. 传接球游戏(含递与抛) 2. 投(击)准游戏
二上	玩转篮球	在小篮球游戏中发展基本活动能力	器材、视频	1. 耍球游戏、传接球游戏(含递与抛) 2. 拍球游戏、投(击)准游戏
二下	篮球朋友	增进球感、球性,提高控制小篮球的能力	器材、视频	1. 传接球游戏(含递与抛) 2. 投(击)准游戏
三上	运球高手	在小篮球游戏中发展基本运动能力和体能	器材、视频	1. 球性游戏、传接球游戏(含递与抛) 2. 运球游戏、投(击)准游戏
三下	运球比赛	巩固左右手运球能力,并能灵活运用	器材、视频	1. 球性游戏、传接球游戏(含递与抛) 2. 运球游戏、投(击)准游戏
四上	篮球技能	初步掌握简单的小篮球基本技能	器材、视频	1. 运球游戏 2. 单手运球、左右手运球
四下	篮球配合	培养竞争意识和团队协作意识	器材、视频	1. 多人运球:"捉尾巴"游戏 2. 单手运球、左右手运球

实施年级	课程	学习目标	课程资源	活动设计
五上	篮球赛	能合理地运用技术去创造和把握时机,具备一定的对抗能力	器材、视频	1. 进行强度训练 2. 篮球对抗赛
五下	篮球赛	拼抢积极,有良好的争抢能力,掌握现代防守方法	器材、视频	1. 弹跳练习 2. 力量练习
六上	战术训练	掌握突破、掩护、空切、中锋要位、快攻;能打整体战术,有快速的转化速度,能执行指挥意图,有较好的实践水平	器材、视频	以大运动量为主,大、中、小交替进行,按照比赛的要求逐步增加强度与密度
六下	心理训练	有较好的自信心和自控能力	器材、视频	1. 无氧耐力练习为主,并与有氧耐力结合练习 2. 对抗赛

表6-14　南昌市育新学校"品健峰"足球小子足球社团课程实施计划表

实施年级	课程	学习目标	课程资源	活动设计
一上	我的新朋友	培养学生对足球运动的兴趣	器材、视频	1. 耍球游戏 2. 运球游戏
一下	运球、带球	增进球感、球性,提高控制足球的能力	器材、视频	1. 脚背运球游戏 2. 射门比准游戏
二上	玩转足球	在足球游戏中发展基本活动能力	器材、视频	1. 耍球游戏、传接球游戏(含脚背运球) 2. 运球游戏、射门比准游戏
二下	我的足球朋友	增进球感、球性,提高控制足球的能力	器材、视频	1. 传球游戏、传、运球游戏 2. 射门比准游戏
三上	运球高手	在足球游戏中发展基本运动能力和体能	器材、视频	1. 球性游戏、运球游戏(含递与抛) 2. 运球游戏、射门比准游戏

续　表

实施年级	课　程	学 习 目 标	课程资源	活　动　设　计
三下	运球比赛	巩固各种脚背运球技能,并能灵活运用	器材、视频	1. 球性游戏、传接球游戏(含递与抛) 2. 运球游戏、射门比准游戏
四上	我的足球技能	初步掌握简单的足球基本技能	器材、视频	1. 运球游戏 2. 左右脚运球
四下	运球配合	培养竞争意识和团队协作意识	器材、视频	1. 多人运球;"抓猴子"游戏 2. 脚背运球及躲避人的动作
五上	足球赛	动作正确熟练,能合理地运用技术去创造和把握时机,具备一定的对抗能力	器材、视频	1. 强度训练 2. 发展力量、躲避人、耐力等训练
五下	足球赛	拼抢积极,有良好的争抢能力,掌握现代防守方法	器材、视频	1. 运球训练 2. 力量练习
六上	战术训练	能打整体战术,有快速的转化速度,能执行指挥意图,有较好的实践水平	器材、视频	1. 个人战术的演练 2. 集体防守战术及整体配合训练
六下	心理训练	有较好的自信心和自控能力	器材、视频	1. 自控能力的训练 2. 足球赛

(二)"尚品社团"的评价

社团活动丰富多彩,学校通过对学生在社团活动中的评价,积极为学生提供一个展示交流的平台,让学生可以看到自己在为人品行、学习习惯、个人爱好等方面的潜能,并在活动中感受到教师和同学的肯定、鼓励和赞扬,激发学生参与各个社团活动的积极性,促进学生综合能力的不断发展。同时,学校鼓励不同学生社团之间进行交流、学习,加强团结合作,营造良好的学校文化氛围。(见表6-15)

表6-15　南昌市育新学校"尚品社团"评价表

评价项目	评 价 内 容	分值	自评
组织管理 (20分)	1. 成立学生社团活动工作领导小组,明确责任分工。每学期至少召开一次社团活动工作会议,研究部署社团活动工作,解决落实相关问题。	10分	
	2. 出台社团活动管理制度、经费使用制度、考核办法等,并落实。	10分	
条件保障 (20分)	1. 社团开展有合理的场地,遇到恶劣天气时,对户外社团场地保障有预案。	5分	
	2. 社团开展有相应的器械和经费保障,经费使用合理,有使用明细。	5分	
	3. 合理、科学配备社团活动指导教师。	10分	
活动开展 (40分)	1. 各社团有规范的学生名册,每次活动规范考勤。	5分	
	2. 社团活动指导教师及时到岗,按要求保证社团活动开展的时间。	5分	
	3. 社团活动计划合理、科学,指导教师有相应教案。	10分	
	4. 活动主题鲜明,内容丰富,形式生动,并有创新性,学生满意度高。	10分	
	5. 每次社团活动后有记录或反思。	5分	
	6. 活动期间秩序、组织纪律良好,活动过程中没有违规现象。	5分	
活动成效 (20分)	1. 社团活动有展示:学校每年至少安排一次社团成果集中展示活动,展示形式新颖,成效好。	10分	
	2. 社团活动有影响:学校通过公众号宣传社团活动,在各级媒体有相关报道。	10分	

三、建设"尚品空间",落实创客教育课程

随着素质教育的兴起,进行创客教育可以促使学生尽早接触各类科技创新产品,从而培养其对科技创新的研究兴趣。为建设"尚品空间",学校积极组建创客社团,开设比特实验室,辅以头脑奥林匹克课程、创新思维课程,从小就在学生的幼小心灵中播下科学的火种,让学生体验到科学的魅力,激发广大学生爱科学、学科学、

讲科学、用科学的热情,丰富学生的科学知识,提高学生的科学素质,培养学生的科学创新精神和实践能力,营造"科技成就梦想,创新成就人生"的氛围。

(一)"尚品空间"的创设

　　1. **智能比特**。比特实验室的课程结构参照了目前国内最先进的 CDIO(构思——设计——实现——运营)教学模式,并融合了激情(passion)、产品(product)、项目(project)的 3P 教育元素,在素质教育层面上推进的是针对目前中国应试教育中素质教育欠缺的部分,突出培养学生的创新意识和对科学知识的追求探索精神,激发学生自主学习的兴趣和积极性,从而提高学生的全面素质,使其成为最前沿的高端创新人才。[①] (见表6–16)

表6–16　南昌市育新学校比特实验室课程实施计划表

实施年级	课　程	学 习 目 标	课程资源	活 动 设 计
三年级	温度计 控制 夜灯	1. 认识 3D 造型模块。 2. 识别电子模块。	电子模块 3D 造型模块	1. 听话的数字温度计 2. 会说话的温度计 3. 拍手点亮的小夜灯 4. 拍手点亮的音乐流水灯 5. 人体感应的小夜灯
四年级	红外 风扇 报警器	1. 团队合作和领导能力。 2. 运用物联网最新科技的能力。	电子模块 3D 造型模块	1. 逆时针行走的时钟 2. 长眼睛的小风扇 3. 节能小风扇 4. 防火灾和禁烟的烟雾报警器 5. 会说话的超声波测距仪 6. 大脑反应速度训练器
五年级	数字 气象台 智能 小车	1. 快速获取知识和信息的能力。 2. 能掌握物联网技术基础理论、物理信息系统标识与感知、计算机网络理论与技术和数据分析与信息处理技术等知识。	电子模块 3D 造型模块	1. 数字气象站 2. 气象系统 3. 平板控制数字气象台 4. 声控彩车 5. 避障小车 6. 观光车 7. 平板控制车

① 陈鹰萍,曹伟勋.构建未来理想教室:创新课堂培育创新人才[J].中小学信息技术教育,2014(9):73–75.

续　表

实施 年级	课　程	学 习 目 标	课程资源	活 动 设 计
六 年 级	智慧 家居 智慧 农业	1. 能掌握信息计算机网络 　理论与技术、数据分析与 　信息处理技术等知识。 2. 具备通信技术、网络技 　术、传感技术等信息领域 　的专业知识。	电子模块 3D造型模块	1. 远程遥控 2. 自动警报 3. 数据采集 4. 环境控制 5. 人员物资管理 6. 视频监控

2. 百变头脑。头脑奥林匹克活动(OM)是一种融自然科学、社会科学、艺术于一体,动脑动手相结合的综合性和创造性活动。它以集体的力量为首要,活动和参赛过程并不是队员之间的简单聚集,而是具有共同利益和共同目的的联合体。它不仅有一定的活动准则,而且有集体的权威和集体成员的权利义务,队员之间是平等、团结、友好、合作的关系。头脑奥林匹克活动中,无论是长期题的制作、表演、风格展示还是完成即兴题,都需要学生之间互相配合、密切合作,都要求通过活动来联合队员并达到较好的活动效果。[1] (见表6-17)

表6-17　南昌市育新学校"头脑奥林匹克"课程实施计划表

实施 年级	课　程	学 习 目 标	课程资源	活 动 设 计
三 年 级	语言类 即兴题训练	启发学生创造性、幽默 地回答,开发学生的创 造力,用求异发散的思 维去发现创造前所未有 的东西。	自然科学、社会 科学、艺术	《控制》《每件事物都是 逆向的》
四 年 级	动手类 即兴题训练	让学生了解各种材料的 性能、用途,掌握有关技 能、技巧。	自然科学、社会 科学、艺术	《多彩的故事》《纸竿结 构》《纸的力量》《符号入 框》
五 年 级	混合类 即兴题训练	培养学生的动手、动脑、 审美、发散性思维、语言 表达能力。	自然科学、社会 科学、艺术	《创意物》《猜猜我的心 思》《绳圈》

---

[1] 陈伟新,卢晓明.挑战创造力:中国头脑奥林匹克活动20年[M].上海:上海教育出版社,2007.

续　表

实施年级	课　程	学 习 目 标	课 程 资 源	活 动 设 计
六年级	长期题解题训练	熟读题目,讨论解题,要求学生各抒己见。	自然科学、社会科学、艺术	长期题解题训练

3. 创新思维。创新时代的要求是人人必须创新,人人能够创新。学校开设的创新思维课程,抓住学生思维的关键时期,为学生未来的学习、生活以及终身发展打下基础;通过提高学生反思和控制自己思考方式的能力,使学生获得创新思维的发展;强调从学生熟悉的现实生活出发,通过发现问题、解决问题等手脑并用的创新实践活动来提升学生的创新能力。(见表 6-18)

表 6-18　南昌市育新学校创新思维课程实施表

实施年级	课　程	学 习 目 标	课 程 资 源	活 动 设 计
一年级	形状的秘密	通过各种以学生为主体的学习活动和创新实践活动,激发和引导学生创造潜能,使学生能够学习和使用多种创新方法,体验和运用基本的创新思维框架进行有效的创造性思考与行动,养成创新思维习惯和创新必备品格,为他们的终身发展奠定坚实的基础。	课件、专用教学用具、创新思维转盘、在线辅导系统	认识常见形状的性质,通过利用形状及可变化的形状、改变或设计新形状等方法来解决问题。
二年级	材料的妙用		课件、专用教学用具、创新思维转盘、在线辅导系统	认识常见材料的性质,通过利用材料、组合材料、改变材料等方法来解决问题。
三年级	环境的奥妙		课件、专用教学用具、创新思维转盘、在线辅导系统	认识环境及性质,通过利用环境、改变环境、制造局部环境等方法来解决问题。
四年级	时间的魔法		课件、专用教学用具、创新思维转盘、在线辅导系统	认识时间及其性质,通过改变时间点和时间段,即改变顺序和节奏等方法来解决问题。
五年级	结构的奥秘		课件、专用教学用具、创新思维转盘、在线辅导系统	认识时间及其性质,通过改变时间点和时间段,即顺序和节奏等方法来解决问题。

（二）"尚品空间"的评价

　　以"体验、创新、成长"为原则，学校将创客教育渗透到课堂及课外活动中，突出科学创新的特点，结合学生的年龄特点，发掘学生的科学创新意识，培养学生的科学文化素养，鼓励学生在科学活动中大胆创新，爱科学、讲科学、学科学、用科学。在小学阶段开展科技教育活动的关键不在于结果，而在于过程。为此，尚品空间的评价分为两个部分：作品评价、能力评价。（见表6‑19至表6‑21）

表6‑19　南昌市育新学校"尚品空间"作品评价表

组次	展评小组	电子模块的创意组合性	编程的合理性、制作难度	实用价值	微视频制作	表演	合计
第一组							
第二组							
……							

表6‑20　南昌市育新学校"尚品空间"能力评价表

综合素质	动手能力（10分）	创新能力（10分）	承受挫折（10分）	观察能力（10分）	自信心（10分）	领导能力（10分）	团队合作（10分）	求知欲（10分）	语言表达（10分）	审美艺术（10分）
自评										
同学互评										
教师点评										

表6‑21　南昌市育新学校"尚品空间"项目活动评价表

评价内容	评　价　标　准				评价等级
团队合作	A. 非凡领导力	B. 较强领导力	C. 具有参与性	D. 不能融入团队	
审美能力	A. 高	B. 较高	C. 一般	D. 无	
综合素养	A. 沟通交流能力	B. 动手实践能力	C. 情感品质	D. 观察表达	
等级	A. 9—10分	B. 7—8分	C. 5—6分	D. 0—4分	

四、创设"尚品节日",落实节庆文化课程

以学生真实的生活经历为背景,学校把开展各项节日活动纳入校本课程之中,抓住学生"爱过节"的特点,开展丰富多彩、寓教于乐的节日活动,把教育目标溶解于一个个具体的节庆活动中。生动有趣的活动形式使学生便于理解、易于接受,内涵丰富的节庆课程在潜移默化中促进学生良好品质的形成。

(一)"尚品节日"的创设

1. 传统节日。根据每个传统节日的特点,收集各节日特有的素材,挖掘有价值的、有意义的教育内容,围绕节日主题,精心设计实践体验活动,通过寓教于乐的方式,让学生在参与中获得良好体验、增长知识、开阔眼界、丰富情感、启迪思想、涵养品德。(见表6-22)

表6-22 南昌市育新学校"尚品节日"——传统节日课程实施计划表

时　间	节　日	主　题	活　动
四月	清明节	文明祭扫 网上祭英烈	1. 开展主题队会 2. 网上献花献词 3. 制作清明小报 4. 社区文明祭扫宣传
农历五月初五	端午节	传统文化我知道	1. 开展主题队会 2. 古诗词吟诵 3. 制作端午小报
农历八月十五	中秋节	月圆人团圆	1. 开展主题队会 2. 以诗会友 3. 制作中秋小报
农历九月初九	重阳节	话重阳,孝先行	1. 开展主题队会 2. 敬老活动
正月	春　节	红红火火闹新春	1. "多彩的春节"PPT展示 2. 制作春节、元宵小报 3. 传统手工制作

2. 现代节日。结合学生熟悉的节日,搭建更多的交流、展示平台,使学生从认知和情感层面认识和体验到这些节日的深层内涵。增强学生对国家的认同感,培

养强烈的爱国情感,树立民族自信。(见表6-23)

表6-23　南昌市育新学校"尚品节日"——现代节日课程实施计划表

时　间	节　日	主　题	活　动
一月	元　旦	新年新气象	1. 举行元旦联欢活动 2. 制作元旦小报
六月	儿童节	我的节日我做主	1. 少先队新队员入队 2. 儿童节表彰活动 3. 儿童节庆祝活动
九月	教师节	感谢师恩	1. 开展主题队会 2. 手工制作 3. 我对老师说句心里话
十月	国庆节	国旗下成长	1. 向国旗敬礼 2. 我与国旗合个影 3. 制作国庆小报
	建队日	做新时代好少年	1. 开展主题队会 2. 举办"我与队旗共成长"座谈 3. 大队委换届选举 4. 了解队的知识
十二月	感恩节	学会感恩	1. 开展主题队会 2. 制作"感恩的心"心愿卡

3. 校园特色节日。校园的一砖一瓦、一画一廊,蕴含着育新60余载的文化沉淀与积累。将校园文化与校园特色节日有机融合在一起,让每个育新学子都以自己学校的特色活动为荣,从而更深入地认同学校文化,推广校园文化。(见表6-24)

表6-24　南昌市育新学校"尚品节日"——校园特色节日课程实施计划表

时　间	节　日	主　题	活　动
四月	紫藤花节	向上好少年	1. 紫藤花下种梦想 2. 举办紫藤花下摄影、绘画展
五月	读书节	书香伴成长	1. 举行读书交流会 2. 制作个性书卡 3. 制作读书小报

续　表

时　间	节　日	主　题	活　动
十一月	体育节	我运动我快乐	1. 我行我秀开幕式 2. 广播操比赛 3. 体育项目竞赛 4. 举办体育节摄影展
十二月	"尚品少年" 评选	我是学校代言人	1. 评选"大气男孩优雅女孩" 2. 表彰宣传活动

(二)"尚品节日"的评价

"尚品节日"活动的目标具有准确、清晰、富有时代性的特点,按照简便易行、突出实践、注重实效的原则,将传统文化渗透到课堂及课外活动中,突出可操作性强、符合时事的特点。结合学生各年龄段的特点,与学生的生活息息相关并以调动学生全员参与、乐于参与作为考评的重要准则。鼓励学生在活动中大胆创新,乐于表达,勇于实践,记录自己的点滴进步,最终成就自己的梦想人生。在评价方式上采用自我评价、同学互评、教师点评的方式。(见表6-25)

表6-25　南昌市育新学校"尚品节日"活动评价表

评　价　标　准		星　级　评　价
方案设计	体现时代特点	☆☆☆☆☆
	突出实践,注重实效	☆☆☆☆☆
	符合年龄特点,与生活关系密切	☆☆☆☆☆
活动过程	大胆创新,乐于表达	☆☆☆☆☆
	形式多样,参与面广	☆☆☆☆☆
	有课外延伸	☆☆☆☆☆
活动效果	勇于实践,有优秀作品上交	☆☆☆☆☆
	广泛宣传,效果明显	☆☆☆☆☆

五、推行"尚品之旅",落实研学旅行课程

"纸上得来终觉浅,绝知此事要躬行。"走出课堂,学生才能真切地关注自然、关

注社会、关注生活。走出课堂,学生才能在真实的情境中解决问题,感知团结协作的力量,培养出独立自主的精神品质。(见表6-26)

表6-26　南昌市育新学校"尚品之旅"研学旅行课程实施计划表

年　级	活动主题	活　动　内　容
一年级上	探索之旅	1. 秋季社会实践活动之拥抱自然 2. 社会实践活动之我与国旗合个影 3. 假期实践活动之"我是城市小主人"志愿服务
一年级下	探索之旅	1. 春季社会实践活动之拥抱自然 2. 社会实践活动之了解家乡文化 3. 假期实践活动之"我是城市小主人"志愿服务
二年级上	发现之旅	1. 秋季社会实践活动之拥抱自然 2. 社会实践活动之寻访革命先辈的足迹 3. 假期实践活动之社区志愿服务
二年级下	发现之旅	1. 春季社会实践活动之拥抱自然 2. 我是家乡文化代言人 3. 假期实践活动之社区志愿服务
三年级上	筑梦之旅	1. 秋季社会实践活动之寻梦之旅 2. 少年军校自我管理 3. 假期实践活动之"美丽南昌 幸福家园"志愿服务
三年级下	筑梦之旅	1. 春季社会实践活动之寻梦之旅 2. 游学活动之红色故事代代传 3. 假期实践活动之"美丽南昌 幸福家园"志愿服务
四年级上	寻梦之旅	1. 秋季社会实践活动之寻梦之旅 2. 游学活动之红色之旅伴成长 3. 假期实践活动之"除陋习,共创文明新南昌"志愿服务
四年级下	寻梦之旅	1. 春季社会实践活动之寻梦之旅 2. 游学活动之"三色"文化伴成长 3. 假期实践活动之"除陋习,共创文明新南昌"志愿服务
五年级上	文化寻访之旅	1. 秋季社会实践活动之科技文化之旅 2. 游学活动之上下五千年历史寻访 3. 假期实践活动之"三百六十行"体验活动
五年级下	文化寻访之旅	1. 秋季社会实践活动之科技文化之旅 2. 游学活动之国际文化交流 3. 假期实践活动之"三百六十行"体验活动

续　表

年　级	活动主题	活　动　内　容
六年级上	文化传播 之旅	1. 秋季社会实践活动之科技文化之旅 2. 游学活动之城市发展我来探 3. 假期实践活动之"安全宣传大使"志愿活动
六年级下	文化传播 之旅	1. 春季社会实践活动之科技文化之旅 2. 游学活动之国际文化交流 3. 假期实践活动之"安全宣传大使"志愿活动

(一)"尚品之旅"的创设

1. 认识基地。以爱国主义教育、科普教育、军事教育、体育教育、美育、文化教育等为主题,组织学生进行参观和考察,在科技馆、博物馆、美术馆、体育馆、爱国主义教育基地等地因地制宜,结合教育资源,让学生们在场馆的大课堂里学习知识、扩宽视野。

2. 提高公民意识。到自己生活的城市社区、街道开展形式多样的公益服务活动,如保护城市绿色、社区公益拍卖、关爱孤寡老人、探望 SOS 儿童村孤儿等,养成热心公益、关爱城市弱势群体、服务社会的习惯,努力成为一名合格小公民。

3. "红色"旅程。走前辈们走过的红色之路,感受今日美好生活的来之不易,向前辈们学习吃苦耐劳、艰苦朴素的生活作风,增强为祖国做贡献、建设美好祖国的民族使命感与职责感。

4. 亲近大自然。让学生走进自然、理解自然、爱护自然,加深对人与自然和谐相处的平衡关系的理解。增强环保意识与责任,争做环保小卫士。

(二)"尚品之旅"的评价

1. 体现实践性、体验性。通过合理的行程安排和课程支撑,引导学生走出课堂,学会关注自然、社会、生活,培养学生独立自主的个人品质。在真实情境的问题中,锻炼学生的解决能力,为学生创设更多动手动脑的机会。通过各种形式的评比展示活动,让学生更有激情地投入其中,激发他们的潜能,提升他们对自然、社会、生活的热爱。

2.学会关注集体。每一个孩子都不是孤独地长大的,成长的道路上有伙伴和同龄人的交流与陪伴。通过集体活动,让学生培养与人沟通、相处、合作的能力,共同探讨学习,增长见闻,开阔视野。对学校课堂和校园生活的延伸,让学生在成长过程中记住集体生活的美好,培养学生在集体生活中的团队意识与合作意识,为"长大成人"打好底色。(见表6-27)

表6-27 南昌市育新学校"尚品之旅"研学旅行课程评价表

评　价　标　准		星级评价
方案设计	主题鲜明,符合时代要求	☆☆☆☆☆
	突出实践,注重实效	☆☆☆☆☆
	符合年龄特点,与生活关系密切	☆☆☆☆☆
准备情况	分工明确	☆☆☆☆☆
	制定相关活动评比要求	☆☆☆☆☆
活动开展	态度积极主动	☆☆☆☆☆
	完成活动要求	☆☆☆☆☆
	小组合作融洽	☆☆☆☆☆

六、凝聚"尚品合力",落实家校共育同行

学校、家庭、社会教育合作同行,才能达到最佳教育效果。从学生身心发展的角度来看,这也是培育学生最正确的模式之一。在实施过程中,学校与家庭、社会三个方面合力协调,拓宽渠道,不断求同,以期办好人民满意的教育。

(一)"尚品合力"课程的创设

家庭和学校是学生成长和学习的两大主要阵地,两者各有特点、各有所长,优势互补之下形成合力,让教育的百花园更加芬芳与迷人。学校多渠道、多形式开展家校合力项目,以活动为载体,拉近家校之间的距离,通过交流、对话、研讨、专家报告等形式让家长参与学生的教育活动。尚品合力课程充分发挥家长的专业优势,

邀请"爸爸老师""妈妈老师"走进课堂,传播专业知识,培养生活技能,形成家庭、学校相结合的教育网络,家校携手为教育注入新活力。(见表 6-28)

表 6-28　南昌市育新学校"尚品合力"课程实施计划表

年　级	活动主题	活　动　内　容
一年级上	学守礼守纪	1. 做好幼小衔接工作 2. 孩子在校日常常规
一年级下	学守礼守纪	1. 培养孩子的学习兴趣 2. 融入集体生活
二年级上	习互助互爱	1. 培养孩子的良好习惯 2. 学会赏识你的孩子
二年级下	习互助互爱	1. 家长如何肩负起家庭教育的责任 2. 正面管教之体验式活动
三年级上	塑美好人生	1. 培养孩子的社会责任感 2. 正确与人交往
三年级下	塑美好人生	1. 家庭环境对孩子发展的影响 2. 与孩子有效地沟通交流
四年级上	造快乐梦想	1. 尊重本身也是一种教育 2. 如何唤醒孩子的同情心
四年级下	造快乐梦想	1. 教会说"真好" 2. 孩子是在生活中塑造的
五年级上	锻自主管理	1. 自主学习方法 2. 提高学习效率
五年级下	锻自主管理	1. 培养阅读兴趣 2. 孩子课外可以做些什么
六年级上	炼阳光心态	1. 正确对待优缺点 2. 培养孩子的自信
六年级下	炼阳光心态	1. 成功人人有份 2. 关注青春期心理健康

(二)"尚品合力"的评价

　　"尚品合力"课程是家校合作互动式课程,课程评价以过程和评价榜样促进为主,要求做好平时的沟通交流记录,建立完善的家校联系档案。每学期教师家长互相评价,大力表彰优秀的教师及家长,并将此项工作纳入到教师的工作考评当中,充分调动家校合作双方的积极性,不断开拓新的社会教育资源,为学生提供尽可能多样的受教育形式,将有限的课堂不断延伸。(见表6-29)

表6-29　南昌市育新学校尚品合力课程评价表

评 价 标 准		星 级 评 价
组织领导	家校组织健全	☆☆☆☆☆
	家校活动有方案,有具体措施	☆☆☆☆☆
家校合作行动	多渠道沟通交流	☆☆☆☆☆
	发掘教育资源 开拓第二课堂	☆☆☆☆☆
多方成效	活动形式丰富	☆☆☆☆☆
	定期反馈交流成果	☆☆☆☆☆
	教育效果明显	☆☆☆☆☆

　　综上所述,学校将继续坚持在"尚品文化"的引领下,根据"尚品教育"哲学来积极构建多元、开放、生态的"尚品"课程体系,以打造高品位的基础教育,给孩子的美好未来奠基,朝着"育有品位的一代新人"的办学目标不懈奋斗!

第七章

学校特色与
课程开发

课程是学校教育的心脏,有什么样的课程就有什么样的学校教育。只有构建符合学校特色的课程,才能走出特色办学之路。因此,学校要坚持正确的课程立场,以课程开发来强化学校特色,使学校始终保持生长发展的状态,同时为学生的个性化发展提供更多更好的平台。可以说,没有特色课程做支撑,学校就不会有真正的特色。

　　课程是创建学校特色的重要载体,而学校特色创建则是课程开发的基本旨归。但当前许多中小学的课程开发却偏离了学校整体特色发展的要求,使学校特色脱离了课程支撑,从而导致了课程开发与特色建设对学生的个性化发展关照不足,最终影响了学校的发展和学生的成长。因此,在创建学校特色的过程中,应以校本课程为载体,使学校特色真正根植于课堂,实现课程开发和学校特色建设的有机整合。可以说,有什么样课程,就有什么样的学校特色,课程特色就是学校特色。学校只有开发出属于自己的特色课程才能充分凸显办学特色,同时满足学生的个性化发展需求,从而提升学校品质。

　　近年来,爱国路小学为了解决因择校热而导致的生源逐年减少、生源质量下降的问题,在不断发展"微笑教育"特色的基础上,紧紧依托课程建设,坚持走内涵发展之路,使学校品质不断得到提升。学校基于对"微笑是最美的表情,也是最直观、最生动的施爱手段"的深刻认识,自主开发了特色课程——"SMILE"课程,主要包括自我与社会类、艺术与体育类、逻辑与思维类、语言与交流类、科学与探索类五大类,并依托"微笑学科""微笑节日""微笑之旅""微笑舞台"等路径,让"每一个微笑都灿烂"的课程理念得以落地,使学生学会微笑,养成乐观、自信、关爱、友善的品性,并引导教师悦纳、宽容和尊重学生,营造出和谐的校园氛围,最终走出了一条"微笑服务型学校"的特色发展之路。可见,鲜明的学校特色可以在课程开发中得以彰显和浓郁,而课程又需要依托学校特色得以丰富和生动。

➡ 文化坐标　南昌市爱国路小学

　　南昌市爱国路小学位于八一桥南畔的爱国路 87 号,始建于 1906 年,是东湖区为数不多的几所百年老校之一。学校校园总面积为 5 047 平米,校舍建筑面积为 3 316 平米,体育运动场馆面积为 2 081 平米。多年来,学校以微笑教育作为"一校一品"办学特色,形成了"关爱为本,微笑服务"的校园文化,努力打造特色、精品学校。近年来,学校在全区教学质量抽测、学生健康体质达标检测以及学生艺术、体育、科技、语言表演等各项赛事和教师的教科研工作中屡创佳绩。曾获南昌市家庭教育目标管理一等奖,南昌市"滕王阁杯"青少年篮球联赛东湖赛区第五名,南昌市少先队鼓号队、管乐队风采展示大赛一等奖,东湖区中小学生体质抽测和广播操比赛中一等奖,东湖区中小学生广播操比赛中一等奖,东湖区中小学生"我与知识产权"竞答活动团体总分一等奖,东湖区第五届"创新、体验、成长"中小学生、幼儿科技活动综合团体总分三等奖,并连续3年在东湖区教育学会年会论文评选中获优秀组织奖。

第一节　微笑着迎接每一天

一、学校教育哲学: 微笑教育

　　21 世纪初,由于城市的变迁、择校热的盛行,学校在校人数逐年减少,生源大多来自学校周边受教育程度低的城市贫困家庭和进城务工人员家庭,生源质量对学校教育提出挑战。为弘扬教师爱生、敬业的职业精神,学校提出了"微笑教育"的理念,积极倡导在师生中建立关爱、民主、平等、尊重的新型师生关系,营造和谐的校园氛围。十余年来,"微笑教育"的理念不断得到传承和发展,时至今日,我们又赋予它更丰富的内涵。微笑是人类最美的表情,是治愈心情的自然良方。对自己微笑,自信满满面对新的一天;对身边的人微笑,脉脉温情丰富平凡的日子;对陌生人微笑,瞬间融化隔阂和冷漠。让这个世界灿烂的不是阳光,而是我们的微笑。微笑是努力地调整心态,转换心情,学习平静地看待现实,学会坦然地面对厄运,学会积极地看待人生,学会凡事都往好处想。这样,阳光就会顺其自然地流进心里,赶走恐惧与黑暗,留下温暖。微笑,不仅仅是一个表情,更是一种境界、一种心态、一种情怀。基于此,学校确立了"微笑教育"的教育哲学。"微笑教育"的核心价值理念是"关爱、自信、健康、快乐",旨在教会学生学会微笑,培养学生乐观、自信、关爱、友善的品性,使他们能自由、潇洒、幸福地学习生活;旨在引导教师爱学生,做到悦纳、鼓励、宽容、尊重学生,师生共融共生。微笑是极为可贵的教育资源,也是最直观、最生动的传递表达爱的途径。我们认为：

"微笑教育"是一种自信的教育。

"微笑教育"是一种悦纳的教育。

"微笑教育"是一种自由的教育。

"微笑教育"是一种温暖的教育。

"微笑教育"是一种有情怀的教育。

"微笑教育"是一种有境界的教育。

我们的教育信条

我们坚信，

以微笑示人，人亦诚而应；

我们坚信，

以微笑待人，融化凝固的世界；

我们坚信，

以微笑感人，拉近彼此心灵的距离；

我们坚信，

以微笑动人，用无声的语言绽放优雅；

我们坚信，

用微信迎接每一天，让每一天都灿烂。

二、学校办学理念: 今天，你微笑了吗?

"微笑教育"培养学生阳光、自信、健康、向上的个性品质，"微笑教育"促使教师转变角色定位，改变学生被动、单一的学习方式。基于教育哲学，学校提出"今天，你微笑了吗"的办学理念。通过提醒式的话语将"微笑教育"的理念日复一日地传达到每一位师生的心中，让每一个人发自内心地去思考和践行。

三、学校课程理念: 每一个微笑都灿烂

我们希望通过课程，让孩子们不仅收获知识，更能在这个物欲横流的时代中拥

有平静的心情,培养坚定的意志,并将这如阳光般的积极心态通过微笑传递给他人、给这个世界! 我们认为:

——**课程是生命的底色**。学校的课程为孩子们的成长提供丰富的体验,让孩子们在快乐的学习情境中学会知识、学会应用、学会合作,萌发创新的种子。

——**课程是理想的起点**。学校的课程同样是对未来的准备,我们不能预测孩子们的未来,但微笑课程可以为孩子们准备多姿多彩的体验平台,让孩子们在健康的游戏里探索未来发展的更多可能。

——**课程是自强的营地**。顺境是课程,逆境与失败更是重要的课程,正是在不断失败与探索中,孩子们才能学会接受不完美,培养意志力。学校课程为孩子们准备了许多爱的阳光,让孩子们学会微笑面对生活中的风风雨雨。

根据学校教育哲学以及课程理念,我们提出"SMILE"课程的学校课程模式,致力实现培养"品正雅行、乐学创新、体健阳光、审美雅趣"的育人目标。

第二节　让每一个微笑都灿烂

"千岩万壑不辞劳,远看方知出处高",建构学校课程体系首先应当有明确的课程目标和育人目标,这样才能真正实现"让每一个微笑都灿烂"的课程愿景。

一、学校育人目标

学校将"微笑教育"的育人目标定为培养"品正善思、乐学创新、体健阳光、审美雅趣"的爱国学子,从而让每一个学生都能自信、从容、优雅地面对生活,让每一个微笑都灿烂。具体内涵如下:

品正善思——心怀感恩,悦纳宽容,文明和谐。

乐学创新——快乐学习,合作共进,求知创造。

体健阳光——热爱运动,身心健康,勇于挑战。

审美雅趣——发展兴趣,培养特长,涵养美感。

二、学校课程目标

为了实现"品正善思、乐学创新、体健阳光、审美雅趣"的育人目标,学校搭建多元平台,让每一个学生在个性化体验中幸福快乐成长。具体分年段课程目标见表7－1。

表7－1　南昌市爱国路小学"SMILE"课程分年段课程目标表

育人目标	分年段课程目标		
	低 年 级	中 年 级	高 年 级
品正善思	关心同学,爱老师,爱班级,愿意帮助他人;文明有礼,有初步的规则意识。	懂得感恩,善于发现同学的优点,学会与小伙伴友爱谦让;帮助他人,获得成功,悦纳自我。	热爱祖国、家乡,关爱社会,增强责任感与使命感,培养健康向上的社会公德意识;关爱自然,与自然和谐共处;树立正确的人生价值观;体验成功,有发现快乐的能力。
乐学创新	适应小学学习生活、环境,体验快乐学习;有努力目标,初步培养求知欲,掌握良好的学习方法,养成良好学习习惯。	明确学习目的,培养刻苦认真、不怕困难、虚心好学的学习态度;对知识和新奇现象有好奇心,敢于提问。	有专心踏实、勤奋好学的学习态度与主动、积极、认真的学习方法和习惯;激发创造欲,多角度看问题并思考简捷有效的方法途径来解决问题,有初步的质疑欲,大胆质疑,提出多种解决问题的方案及最佳方法。
体健阳光	有参与体育活动的积极心态,动作协调;与同学友好相处,互帮互助。	进一步培养对体育运动的兴趣和热情;根据体质达标要求,掌握基本技能,有1或2项个人体育特长;谦和有礼,有克服困难的意识。	身体协调能力有显著提升,增加耐力训练,再发展1或2项个人特长体育项目;增强体育竞争意识,培养自强精神;有积极阳光的心态,正面面对挫折并积极应对;有竞争意识,懂得竞争是为了共同进步成长。
审美雅趣	初步感受美、发现美;体验艺术课程带来的乐趣,有正确的审美观。	学习和参与丰富的艺术实践活动,涵养美感,和谐身心,感受艺术带给自己的愉悦体验;发展兴趣特长,探究、发现、领略艺术的魅力。	会发现、创造美,并表达对美的感受;学会运用正确的方法去观赏美;培养热爱中华民族传统文化的情趣。

第三节　学习用最美的姿态生长

一、学校课程结构

在"微笑教育"这一哲学以及"每一个微笑都灿烂"的课程理念的指导下,同时基于多元智能理论,学校设置了"SMILE"课程体系,以无声的方式让每一个学生绽放优雅。"SMILE"课程主要包括自我与社会类、艺术与体育类、逻辑与思维类、语言与交流类、科学与探索类五大类,力求让每一个学生学习用最美的姿态生长。"SMILE"课程逻辑示意图见图7－1。

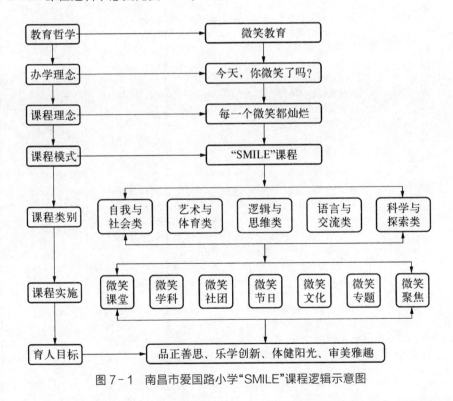

图7－1　南昌市爱国路小学"SMILE"课程逻辑示意图

自我与社会类课程,即 S 课程(society);艺术与体育类课程,即 M 课程(movement);逻辑与思维类课程,即 I 课程(ideas);语言与交流类课程,即 L 课程

(language)；科学与探索类课程，即 E 课程(exploration)。

二、学校课程设置(见表 7‐2)

表 7‐2　南昌市爱国路小学"SMILE"课程设置表

年级	课程				
	自我与社会类	艺术与体育类	逻辑与思维类	语言与交流类	科学与探索类
一年级	道德与法治	音乐、美术、体育 合唱：《时间像小马车》《这是什么?》 欣赏：《在钟表店里》《调皮的小闹钟》 表演：《粉刷匠》《数鸭子》 画房 勇敢的我 虫虫的世界 跑过独木桥 点将短跑赛 闯三关 看谁动作快	数学 《0 和 1》的故事 做时间的小主人 七巧板大比拼 小小商店	语文 诗歌有韵 平仄有致 盛唐风流 田园风光	科学
二年级	道德与法治	音乐、美术、体育 合唱：《共产儿童团歌》《卖报歌》 欣赏：《中国少年先锋队队歌》《都有一颗红亮的心》 表演：《两只老虎》《小蜜蜂》 造型多样的生活用品 风向标 剪窗花 进客厅 长江黄河 套藤圈 推球进圈	数学 速算与巧算 猜猜我有多重 小小设计师——对称美 我是小柯南	语文 词牌趣话 倚声填词 苏辛豪迈 柳李婉约	科学

续　表

年级	课　　程				
	自我与社会类	艺术与体育类	逻辑与思维类	语言与交流类	科学与探索类
三年级	道德与法治	音乐、美术、体育合唱:《嘀哩嘀哩》《春天举行音乐会》欣赏:《杨柳青》《春》表演:《摇船调》《顽皮的杜鹃》色彩的变化与运用吉祥虎活动课表秋冬的色彩多拉快跑十字接力好邻居当城门	数学认识数学家小小测量员百变搭配王玩转扑克牌(巧算24点)	语文、英语曲牌种种散曲套曲泣诉特色汉卿第一字母宝宝认一认字母歌儿唱一唱一起做做字母操大家一起ABC	科学
四年级	道德与法治	音乐、美术、体育合唱:《小小少年》《红蜻蜓》欣赏:《牧羊姑娘》《彼得与狼》表演:《癞蛤蟆和小青蛙》《我是少年阿凡提》快乐丰收忙比赛场上瓶花戏曲脸谱夹球接力越过岗哨钻山洞打龙尾	数学花纹设计大比拼最佳收银员算盘童子大数比拼	语文、英语《论语》选读《孟子》选读《大学》选读《诗经》选读欢乐歌谣我会唱经典歌谣我会演律美歌谣我会编歌谣之美齐欣赏	科学

年级	课　　程				
	自我与社会类	艺术与体育类	逻辑与思维类	语言与交流类	科学与探索类
五年级	道德与法治	音乐、美术、体育 合唱:《采花》 《编花篮》 欣赏:《我是中国人》《京调》 表演:《对花》 《迷人的火塘》 多彩的田园风光 亮丽的城市风景 结构素描 古桥古塔 夺红旗 看谁得分多 抱腿比赛 挤人出圈	数学 玩转魔方 小小调查员 飞行棋中的"概率" 包装设计师	语文、英语 《老子》选读 《庄子》选读 英文故事齐分享 故事你我都来讲 趣味故事我来演 故事大王就是你	科学
六年级	道德与法治	音乐、美术、体育 合唱:《滑雪歌》 《DO RE MI》 欣赏:《海德薇格主题曲》《爱是一首歌》 表演:《明天会更好》《两颗小星星》 名楼名阁 吉祥物 字体的变化 标志设计 两人蹲跳 投沙包 织布机 背人接力	数学 小小设计师美丽的校园 神奇的编码 小小理财师 祖冲之与圆周率	语文、英语 《孙子兵法》选读 《吴子兵法》选读 《孙膑兵法》选读 《三十六计》选读 中西文化大不同 你说我说聊名著 经典名著来欣赏 名著片段演一演	科学

第四节　展示微笑互动的幸福过程

实施课程的过程就是展示师生微笑互动的过程、让师生享受教育幸福的过程、让学校彰显育人特色的过程。学校从"微笑课堂""微笑学科""微笑节日""微笑之旅""微笑文化""微笑社团""微笑专题""微笑舞台""微笑聚焦"九大方面入手，践行"微笑教育"，以"今天，你微笑了吗"的办学理念，实施"SMILE"课程，实践"每一个微笑都灿烂"的课程理念。课程评价就是引领"SMILE"课程开发的"航向标"、把握九大类课程设计的"指南针"、检验课程实施效果的"试金石"。课程的实施与评价体现了对课程理念的执行是一个行动的过程，通过课程行动将课程的意识形态转化为教师和学生的行动，从而实现课程内在的意义。

一、开展"微笑课堂"，落实基础课程

(一)"微笑课堂"的内涵与操作

1. "微笑课堂"是自主的课堂。 实现学生自主学习，教师必须对以往"传道、授业、解惑"的"权威角色"进行转变。长期以来，教师往往以复制式的传统理念教育、塑造学生，很少考虑学生的个性化教育，造成师生沟通方式单一。根据时代要求，教师需要营造更加平等、民主、亲切、和谐的教育氛围，引导学生主动参与；充分运用积极评价、树立榜样等方式促进学生认同自我价值，摆正目标导向，优化学习过程，并鼓励学生互助。基础教育课程改革的一个显著特征就是要转变学生的学习方式，正如《基础教育课程改革纲要》中指出的，要改变课程实施过程中过于强调接受和掌握学习、机械记忆训练的现象，倡导培养学生主动参与、乐于合作探究、勤于动手实践的意识及习惯，培养学生的批判意识和质疑意识，培养学生收集和处理信息的能力。教师应积极鼓励学生的富有独特性和个性化的理解和表达，引导学生从事实践活动，帮助学生掌握学习的方法。同时，教师必须具有较强的民主意识，要经常转换角色，作为学生中的一员共同参与学习。这也正是"微笑教育"的宗旨：

尊重学生的主体地位,张扬学生的个性发展,构建和谐的师生关系,加强师生的沟通意识,讲究育人的施爱技巧,让课堂氛围更融洽,让课堂张力更充分凸显,以此促进师生共同提高。

2. "微笑课堂"是合作的课堂。 良好的课堂秩序是教学质量保证的基础,但如何在有序的课堂中让学生思维绽放? 我们所追求的"合作学习"应该是合理地引导学生"学而乐群",以共同的兴趣爱好使一些学生聚在一起朝着一个目标努力。以"微笑教育"为契机,以《微笑教育守则十条》为依托,微笑课堂营造了一个轻松、愉快的课堂氛围,使学生充分交流、资源共享、融汇思维,从而达到共同进步、1+1>2 的目的,而不是三五人扎堆交谈,这不仅影响到课堂的纪律,更使合作学习流于形式。小组合作的形式也不应拘泥于课堂上,教师可以给学生提出完成任务的时间段,让学生根据喜好自由组合。同时教师应让学生"走出去",寻找自己需要的有效信息。生活、网络等,无不是知识的沃土,使学生能通过各种途径吐故纳新。在课堂上,要让学生带上各自小组的成果"走进来"再进行交流,这样把过程留在课外,把成果放在课内,在保持课堂秩序的同时让小组合作真正有效起来。

3. "微笑课堂"是创新的课堂。 在培养学生的探索精神时,课堂中要保持学生探究的创新性,激发学生内在的探究欲。为学生搭建平台,营造争鸣气氛,从而提高学生的学习能力。如在语文阅读教学中,我们经常遇到这样的问题:学生不能针对文本内容有目的地质疑。我们知道,学生所学得的任何知识及从中受到的熏陶,一定是在这些教学资源唤醒和丰富学生内部需要的基础上完成的,所以制造文本与已有认知的碰撞成为引导学生交流、探索的有效方法,即让学生进入文本情境与角色发生碰撞,达到融合。这样做,才能真正发挥探究学习的作用,有效地培养学生的创新意识,在润物无声中提升了学生的语文学习素养。因此,为学生营造一个微笑教育的氛围是新课标下的首要任务,是以情育人、以心换心教育的要求。

(二)"微笑课堂"的评价标准

依照"微笑课堂"的内涵,学校制定了如下评价标准。(见表 7-3)

表 7-3　南昌市爱国路小学"微笑课堂"评价表

学校		姓名		授课班级				
学科		时间		总分				
课题				等　级				得分
评 价 指 标			分值	优	良	中	差	
教学目标 （10分）	按照学科课程标准和教材的基本要求,教学目标明确、具体、多元化。		10	10	8	6	4	
教学内容 （12分）	1. 准确把握教学内容,突出重点,突破难点,贴近学生实际。		6	6	4	3	2	
	2. 合理、科学地创造性使用教材,注重学科整合与相互渗透,努力发掘教材中的"微笑"因素,精心创设轻松、和谐的课堂环境。		6	6	4	3	2	
教学策略 与方法 （32分）	1. 围绕目标创设灵活的、有助于学生学习的情境,营造民主、平等、互动、开放的学习氛围。		8	8	6	5	4	
	2. 善于引导学生主动学习、合作学习,敢于质疑创新,指导具有针对性、启发性、实效性。		8	8	6	5	4	
	3. 善于抓住课堂生成,迅速、准确地做出判断,智慧地采取行动。		8	8	6	5	4	
	4. 根据年段特点,以学定教,优化教学设计,能激发学习兴趣,培养思维品质。		8	8	6	5	4	
教学效果 （22分）	1. 学生获得的基础知识扎实,掌握解决问题的基本策略和能力。		10	10	8	6	4	
	2. 学生发言自信,提问大胆,思考独特,讨论热烈。		6	6	4	3	2	
	3. 情感得到熏陶,态度、价值观等方面得到相应的发展。		6	6	4	3	2	
教师素养 （24分）	1. 把握学科的知识、思想和方法,重视教学资源的开发与整合。		8	8	6	4	2	
	2. 课堂组织灵活,调控有效,有教改创新精神,有独特良好的教学风格。		6	6	5	4	3	

续　表

评　价　指　标	分值	优	良	中	差	
教师素养 (24分) 3. 现代教学技术手段设计、应用适时适度有效，操作规范、熟练。	6	6	5	4	3	
4. 语言准确，笑容温和，批评善意，鼓励热情，讲解精细，辅导耐心，板书工整、合理。	4	4	3	2	1	
简　评						
备注 各项累计得分 90 分以上为优,89—80 分为良,79—60 分为中,60 分以下为差。	评议人					

二、开展"微笑学科",落实学科拓展课程

"微笑教育"学科特色课程的建设和实施推进就是"微笑学科"的研发。学科特色课程是指国家规定的基础课程和教师根据基础课程的设计自主开发的适合学生需求的课程,形成了"1＋X"的课程群。

"1＋X"学科课程群,"1"指的是一门基础型课程,"X"指的是教师围绕基础课程自主开发的基于学生需求、突出学生特点的多门延伸课程。学校从两方面入手打造"1＋X课程群:一方面通过挖掘学科内部或学科之间的逻辑来构建专业的学科课程群,另一方面充分在学科中渗透地域特色。各学科教师基于特色追求,根据对学科的独特理解和学科的独特优势、独特资源,开发课程,汇聚课程群,打造特色课程群。

(一)"多彩语文"课程群

1. 设置(见表 7－4)

2. 实施

韩愈说"文以载道"。党的十九大报告中指出,中国特色社会主义文化,源自于中华民族五千多年文明历史所孕育的中华优秀传统文化,熔铸于党领导人民

表 7-4　南昌市爱国路小学"多彩语文"课程群表

年 级	主 题	课 程	年 级	主 题	课 程
一年级	诗如画	诗歌有韵	四年级	儒者仁	《论语》选读
		平仄有致			《孟子》选读
		盛唐风流			《大学》选读
		田园风光			《诗经》选读
二年级	词如茶	词牌趣话	五年级	道家智	《老子》选读
		倚声填词			
		苏辛豪迈			《庄子》选读
		柳李婉约			
三年级	曲如酒	曲牌种种	六年级	兵法谋	《孙子兵法》选读
		散曲套曲			《吴子兵法》选读
		泣诉特色			《孙膑兵法》选读
		汉卿第一			《三十六计》选读

在革命、建设、改革中创造的革命文化和社会主义先进文化,根植于中国特色社会主义伟大实践。学校结合小学生语文核心素养的培养目标,借助"多彩语文"特色课程群,将学生引领到优秀传统文学的精神圣地。课程组依据课标,依托学情,依靠活动,开发了丰富多样的语文课程群。

　3. 评价(见表 7-5)

表 7-5　南昌市爱国路小学"多彩语文"课程群评价表

评 价 项 目	分值	评 价 等 级					
		自 评			学 校 评		
		优	良	一般	优	良	一般
以学生为主体,让每个学生都得到发展和提高。	20 分						
通过课程内容实施,丰富学生的语言积累,促进学生的语文素养的形成。	20 分						
通过课程实施,在学习活动中培养学生的学习习惯。	20 分						

续　表

评　价　项　目	分值	评　价　等　级					
		自　评			学　校　评		
		优	良	一般	优	良	一般
全体学生积极参与,尊重学生个体的独特体验。	20分						
课程实施达到预期目的。	20分						

(二)"动感数学"课程群

1. 设置(见表7-6)

表7-6　南昌市爱国路小学"动感数学"课程群表

年　级	主　题	课　程	年　级	主　题	课　程
一年级	走进数王国	《0和1》的故事	四年级	数学趣味馆	花纹设计大比拼
		做时间的小主人			最佳收银员
		七巧板大比拼			算盘童子
		小小商店			大数比拼
二年级	小小神算子	速算与巧算	五年级	数学拓展营	玩转魔方
		猜猜我有多重			小小调查员
		小小设计师——对称美			飞行棋中的"概率"
		我是小柯南			包装设计师
三年级	玩转数学	认识数学家	六年级	奇妙的数学之旅	小小设计师——美丽的校园
		小小测量员			神奇的编码
		百变搭配王			小小理财师
		玩转扑克牌(巧算24点)			祖冲之与圆周率

2. 实施

"动感数学"是通过生活化、游戏化、实践化的手段,拓展数学的智趣空间,它并不是一种固定的教学模式和方法,它是数学课程组教师追求的目标,其教学的形式、方法和途径是多元的。

3. 评价(见表7-7)

表7-7 南昌市爱国路小学"动感数学"课程群评价表

评 价 项 目	分值	评 价 等 级					
		自 评			学 校 评		
		优	良	一般	优	良	一般
充分激发学生兴趣,让学生经历体验、探索、发现,获得学习的成功。	20分						
通过课程内容实施,培养合作探究团队意识。	20分						
通过课程实施在学习活动中建立自信,学习能力得到提升。	20分						
学生参与度、动手能力得到提高,潜能得到开发,个性得到张扬。	20分						
遵循学生的认知规律,关注学生的学习差异,学生会善于提出问题、解决问题,具有创新意识。	20分						

(三)"欢动英语"课程群

1. 设置(见表7-8)

表7-8 南昌市爱国路小学"欢动英语"课程群表

年 级	主 题	课 程	年 级	主 题	课 程
三年级	律动ABC	字母宝宝认一认	五年级	精彩故事会	英文故事齐分享
		字母歌儿唱一唱			故事你我都来讲
		一起做做字母操			趣味故事我来演
		大家一起ABC			故事大王就是你
四年级	歌谣我能行	欢乐歌谣我会唱	六年级	名著文化汇	中西文化大不同
		经典歌谣我会演			你说我说聊名著
		律美歌谣我会编			经典名著来欣赏
		歌谣之美齐欣赏			名著片段演一演

2. 实施

基于"One World, One Dream"的学科理念,英语教师在教学过程中、发掘教材中以及生活中实施嵌入式课程,以营造微笑育人环境,渗透"微笑教育"理念。

3. 评价(见表7-9)

表7-9　"欢动英语"校本课程评价表

定量评价	笔试(100分)	三年级、四年级: 听力+ 笔试(40%+ 60%)	
		五年级、六年级: 听力+ 笔试(30%+ 70%)	
	阅读(5分)	熟练朗读或背诵。(1分)	
		语音、语调正确,节奏感较强。(2分)	
		吐字清晰,表情自然。(2分)	
	口语交际(5分)	语音、语调正确。(1分)	
		吐字清晰,表情自然,肢体语言形象、生动。(2分)	
		能恰当地运用语言材料,在虚拟的情景中进行交流,语言流畅。(2分)	
定性评价	语言表达(5分)	语音、语调正确。(1分)	
		吐字清晰,表情自然,肢体语言形象、生动。(2分)	
		能恰当地运用语言材料,在虚拟的情景中进行交流,语言流畅。(2分)	
	情感态度(5分)	积极参与平时学习中的提问、回答、交流、讨论。(1分)	
		大胆回答问题,自觉遵守纪律。(2分)	
		认真完成作业,包括听、说、读、写各方面。(2分)	
总分			

注: 定性评价主要从学生的学习表现、学习资料准备、考核结果来分析,从中发现学生的个性特长,用最具代表性的事实描述学生的进步,对学习中的不足提出建议。

(四)"乐享体育"课程群

1. 设置(见表7-10)

2. 实施

体育组教师以学生健康成长为目标,坚持"乐享运动、乐享健康、乐享自信、乐享快乐"的理念,让每一个学生参与到体育活动中来,以培养学生自信并收获健康与快乐。

表 7-10 南昌市爱国路小学"乐享体育"课程群表

年　级	课　　程	年　级	课　　程
一年级	跑过独木桥	四年级	夹球接力
	点将短跑赛		越过岗哨
	闯三关		钻山洞
	看谁动作快		打龙尾
二年级	进客厅	五年级	夺红旗
	长江黄河		看谁得分多
	套藤圈		抱腿比赛
	推球进圈		挤人出圈
三年级	十字接力	六年级	两人蹲跳
	好邻居		投沙包
	当城门		织布机
			背人接力

3. 评价(见表 7-11)

表 7-11 南昌市爱国路小学"乐享体育"课程群评价表

评　价　项　目	分值	评　价　等　级					
		自　评			学　校　评		
		优	良	一般	优	良	一般
符合学生生理、心理状况和体育水平实际,对运动项目教材化处理。	20 分						
既要面向全体,又要注意个体差异,因材施教。	20 分						
通过课程实施在学习活动中建立自信,学习能力得到提升。	20 分						

续　表

评 价 项 目	分值	评 价 等 级					
		自　评			学 校 评		
		优	良	一般	优	良	一般
指导学生选择和运用学习方法;通过观察、讨论、比较、自我评价等方法,培养学生的体育学习能力。	20分						
原有教材进行再加工,创新,具有地域性、民族性和民间性特征。	20分						

(五)"莺歌音乐"课程群

1. 设置(见表 7 - 12)

表 7 - 12　南昌市爱国路小学"莺歌音乐"课程群表

一年级	时间的歌	合唱:《时间像小马车》《这是什么?》
		欣赏:《在钟表店里》《调皮的小闹钟》
		表演:《粉刷匠》《数鸭子》
二年级	难忘的歌	合唱:《共产儿童团歌》《卖报歌》
		欣赏:《中国少年先锋队队歌》《都有一颗红亮的心》
		表演:《两只老虎》《小蜜蜂》
三年级	春天的歌	合唱:《嘀哩嘀哩》《春天举行音乐会》
		欣赏:《杨柳青》《春》
		表演:《摇船调》《顽皮的杜鹃》
四年级	童年的歌	合唱:《小小少年》《红蜻蜓》
		欣赏:《牧羊姑娘》《彼得与狼》
		表演:《癞蛤蟆和小青蛙》《我是少年阿凡提》
五年级	故乡的歌	合唱:《采花》《编花篮》
		欣赏:《我是中国人》《京调》
		表演:《对花》《迷人的火塘》
六年级	银屏之歌	合唱:《滑雪歌》《DO RE MI》
		欣赏:《海德薇格主题曲》《爱是一首歌》
		表演:《明天会更好》《两颗小星星》

2. 实施

开放的"微笑课堂"里总有黄莺鸟一样的歌声。通过音乐课堂充分发掘学生的艺术潜质,培养学生的音乐审美能力,激发学生对艺术的热爱,提高学生的艺术修养,是音乐教师拓展艺术课堂的追求。

3. 评价(见表7-13)

表7-13 南昌市爱国路小学"莺歌音乐"课程群评价表

评 价 项 目	分值	评 价 等 级					
		自 评			学 校 评		
		优	良	一般	优	良	一般
通过贴近生活地欣赏、演唱、演奏等形式呈现内容,注重实践性,内容深度的选择要根据学生的年龄、心理特征而定。	20分						
会"聆听":通过聆听提高艺术品味。	20分						
会"演示":通过演唱、演奏、律动等将音乐技能展示出来。	20分						
会"合作":通过合唱、合奏、共同演绎等形式培养合作能力。	20分						
会"创造":体验音乐,发挥音乐想象力,拓展音乐形式。	20分						

(六)"动彩美术"课程群

1. 设置(见表7-14)

表7-14 南昌市爱国路小学"动彩美术"课程群表

年级	主题	课程
一年级	童心趣画	画房
		勇敢的我
		虫虫的世界

续　表

年　级	主　题	课　程
二年级	手创童趣	造型多样的生活用品
		风向标
		剪窗花
二年级	流动的笔触	色彩的变化与运用
		吉祥虎
		活动课表
		秋冬的色彩
四年级	永恒的动感	快乐丰收忙
		比赛场上
		瓶花
		戏曲脸谱
五年级	有趣的影像	多彩的田园风光
		亮丽的城市风景
		结构素描
		古桥古塔
六年级	多样的立体造型	名楼名阁
		吉祥物
		字体的变化
		标志设计

2. 实施

丰富的色彩,流动的线条。美术组教师从流动艺术的角度出发,从生活实际出发,针对不同年龄层次学生的发展需要,不断提升学生的审美意识,充分感受动感艺术魅力,用创造诠释艺术的美。

3. 评价(见表 7 - 15)

表 7-15　南昌市爱国路小学"动彩美术"课程群评价表

评 价 项 目	分值	评　价　等　级					
		自　评			学　校　评		
		优	良	一般	优	良	一般
通过大量的图片、文字、数据资料,引发学生对色彩情感的共鸣。	20 分						
通过撕、剪、贴、画等各种手法来让作品更有创意性。	20 分						
欣赏分析,范画讲解,创意设计,动手表现	20 分						
根据创作主题,合理选择色调、背景、创作手法等,体验创作乐趣。	20 分						
在作品的创作过程中,启发学生的想象力,提高学习积极性。	20 分						

三、创设"微笑社团",落实学生兴趣课程

(一) 设置(见表 7-16)

表 7-16　南昌市爱国路小学"微笑社团"课程设置表

课程能力培养	课程名称	课　程　总　体　目　标
语言表达能力	启蒙国学	着重于培养学生勤于阅读、写作的能力和语言表达能力,弘扬传统文化,提升学生的文学素养和鉴赏能力。
	经典阅读	
	叮当主持	
	漫游文学	
身心锻炼能力	心灵通道	有助于提高学生的身体素质,培养学生的竞争意识、合作精神和坚强毅力,促进学生的心智发展,增强学生的体质。
	知行礼仪	
	智弈围棋	
	少年篮球	
	阳光田径	
	扇面翻转	

课程能力培养	课程名称	课 程 总 体 目 标
动手创新能力	趣绘瓷板	以培养学生的动手能力和创新思维为目的,最终使学生形成热爱创造、热爱科学、热爱自然的兴趣。
	巧手彩塑	
	航模科技	
	绿色种植	
艺术审美能力	微笑管乐	引导学生感受美、欣赏美、热爱美,发挥他们的艺术潜能,提高艺术素质,开发与传承传统地方艺术课程。
	悦音丝竹	
	百灵合唱	
	蓓蕾舞蹈	
	古韵国画	

(二) 实施

"微笑社团"围绕"自信""健康""快乐"的微笑教育理念,从学生感兴趣的社团课程出发,让多彩的社团活动成为学生身心发展和拓宽兴趣的阵地,成为展示学生个性、内化能力的第二课堂,让学生在兴趣潜能和综合素质的培养中收获成长,获得快乐与自信。

(三) 评价(见表 7 - 17)

表 7 - 17 南昌市爱国路小学"微笑社团"课程评价表

考核项目	考 核 标 准 和 办 法	考核形式	评分
社团管理(20 分)	1. 社团活动指导老师及时到位。(5 分)	日常检查	
	2. 活动安全保障有力,无安全事故出现。(10 分)		
	3. 每次活动学生出席率高。(5 分)		
材料管理(20 分)	1. 活动点名及时,社团名册记载翔实。(5 分)	材料核实	
	2. 活动前有计划,活动后有记录,活动主题、内容、形式有创新。社团活动计划合理、周密、可行,每次社团活动有辅导设计并有系列性。(15 分)		

续　表

考核项目	考核标准和办法	考核形式	评分
活动管理 (50分)	1. 活动内容丰富,形式生动,学生满意度高。进行学生调查,确定该社团学生对社团活动开展的喜爱程度。(5分)	师生座谈、期末评估	
	2. 能积极配合学校开展的各项活动,认真落实各项工作。(期末评估)(5分)		
	3. 活动期间秩序、组织纪律良好,活动过程中没有违规现象。(5分)		
	4. 每学期能组织一次展示活动,活动有条不紊,活动时间安排合理,能成功地完成活动,达到预期效果。活动的气氛热烈,社员热情参与,通力合作。(展示展演汇报)(35分)		
场地管理 (10分)	1. 内部物品管理有序,无丢失等现象。(5分)	实地检查	
	2. 活动后场地内地面干净,桌椅整齐,墙壁无污迹,教学具无破损。(5分)		
特色成效 (此项不封顶)	1. 活动有一定影响,有报道。校级每篇加10分,区级每篇加5分,以此类推。	展示活动	
	2. 日常活动展示,参加校内展示加10分,校外展示加20分,以此类推。		
备注	合计得分:		

四、开展"微笑节日",落实节庆文化课程

(一)"微笑节日"的设置

1. 传统节日课程。传统节日具有丰富的文化内涵。通过课程实施,可以使传统文化变得可感可触,生动形象。学校以节日课程为依托,通过体验节日文化习俗来进行"精神寻根"。(见表7-18)

表7-18　南昌市爱国路小学"微笑节日——传统节日"课程设置表

时　间	节　日	主　题	课　程　目　标
一月	春　节	浓浓亲人情	通过了解年的传说、学剪窗花、书写拜年贺词来弘扬春节所凝结的优秀传统文化。

续　表

时　间	节　日	主　题	课　程　目　标
二月	元　宵	烈烈思乡情	通过猜字谜、贺元宵活动的开展,让学生认识和了解祖国的传统文化。
四月	清明节	深深思念情	通过缅怀先烈、诵经典活动的开展,了解清明节是我国的传统节日,也是最重要的祭祀节日。
五月	端午节	拳拳爱国情	通过学包粽子、念屈原、诵经典活动的开展,让学生了解民俗文化,让民俗真正地融入他们的生活。
八月	中秋节	淳淳民族情	通过赏圆月、吃月饼、讲故事,感受中秋节文化的多样性。
九月	重阳节	真真敬老情	通过敬老人、献爱心的系列活动,感受尊老、敬老作为中华民族几千年的灿烂文化之精华源远流长。

2.现代节日课程。现代节日包含着人们对美好生活的寄托和希望,学校开展"现代节日"课程,旨在引导学生关注生活,增强生活仪式感。(见表7 19)

表7-19　南昌市爱国路小学"微笑节日——现代节日"课程设置表

时　间	节　日	主　题	课　程　目　标
一月	元　旦	新年新气象	通过列计划、畅理想等活动,增强班级凝聚力,增进同学间的友谊,活跃节日气氛,以崭新的姿态迎接即将到来的新年。
三月	妇女节	我爱妈妈	通过活动,让孩子们在系列活动中养成孝敬父母、尊敬师长、关心他人、回报社会的崇高道德风尚。
五月	劳动节	劳动最光荣	开展主线的教育活动,让学生通过学习去体验劳动所带来的快乐,知道热爱劳动是我们中华民族的传统美德,从小养成自己的事情自己做的好习惯。
六月	儿童节	少年强则国强	通过活动,帮助学生度过一个美好的节日,留下童年的回忆,以更好的姿态迎接以后的学习和生活。
七月	建党节	我是优秀的少年队员	通过活动,回顾党的光辉历史,讴歌党的丰功伟绩,增强学生的荣誉感、责任感。

续 表

时 间	节 日	主 题	课 程 目 标
八月	建军节	拥军爱军	通过活动,发扬拥军优属的光荣传统,发挥每个学生热爱公益事业的热心。
九月	教师节	老师,您辛苦了!	通过活动,弘扬尊师重教的良好风尚,激励广大教师热爱教育事业、积极进取、开拓进取、开拓创新。
十月	国庆节	祖国妈妈,我爱您!	通过活动,激发少先队员的爱国主义情感,增强少先队员的民族自豪感。
十一月	感恩节	感恩周围的人	以弘扬和培养民族精神为宗旨,以孝敬父母、尊敬师长、关爱他人、学会感恩为主要内容,结合学校实际开展感恩活动。
十二月	收获节	自信的我们	通过活动,让学生体验收获的快乐,分享学习的成果。

(二)"微笑节日"的实施

"微笑节日"课程是微笑德育活动课程的一个子课题,需要丰富的课程内涵来支撑。开展节日主题的活动课程,可以充分激发学生的参与兴趣,培养学生热爱传统节日的情感,同时养成继承优良传统的好习惯。为此,学校以传统节日、现代节日为互动主题,建构校园文化课程,使校园文化更加浓郁。

(三)"微笑节日"的评价

学校根据"微笑节日"课程的内涵,以评选最受欢迎的"微笑节日"课程为契机,设计了如下评价细目量表。(见表 7-20)

表 7-20　南昌市爱国路小学"微笑节日"课程评价细目量表

评价指标	评 价 内 容	评价分值
主题 (10分)	1. 主题鲜明,立意新颖,寓意深刻。 2. 主题具有时代性、科学性、针对性、实效性、教育性。 3. 根据学生身心发展和成长中遇到的共性问题确定主题。	

续　表

评价指标	评 价 内 容	评价分值
目标 (10分)	1. 目标明确,有明确的导向和时代性。 2. 达到学生情感态度价值观的转变。 3. 学生有认识、有感悟,自我教育能力得到增强,能促进学生身心健康发展。	
内容 (30分)	1. 贴近社会现实,贴近学生的实际生活,贴近学生的身心发展规律。 2. 紧扣主题,准确定位。 3. 分出层数,突出重点。	
实施 (30分)	1. 情景设计合理,操作性强,能体现综合运用知识的能力。 2. 要依据所确定、分解、细化的具体内容选择活动。 3. 采取多种形式呈现。 4. 面向全体学生,关注学生的个性和差异,注重培养学生的实践能力,教育作用明显。 5. 师生互动,学生参与面广,能充分体现以学生为主体、以教师为主导的新课程理念。	
方式 (20分)	1. 新颖、多样,让学生充分展示自我。 2. 注重学生的感悟和体验。 3. 重视活动的群体性,要引导学生合作学习。 4. 能创设生动、活泼、有效的课堂氛围。	

五、开展"微笑文化",落实校园环境课程

(一)"微笑文化"的设置(见表7-21)

表7-21　南昌市爱国路小学"微笑文化"课程设置表

实施年级	课程名称	总 体 目 标	负责教师
一年级	亲近校园	由教师带领孩子,初步认识校园,了解校园设施,熟悉校园环境,懂得爱护校园。	
二年级	找找校园里的"绿"	科学教师带着孩子,认识校园各种花草树木,知道名称。	对应年级 班主任
三年级	聆听校园	聆听四年级的小讲解员们对"校园文化"的介绍,初步了解"微笑"校园文化。	

续　表

实施年级	课 程 名 称	总 体 目 标	负责教师
三年级	我是校园小主人	孩子们在经过两年的校园生活,对校园已经熟悉后,以"美丽校园"为主题开展操场写生绘画活动,进一步感受校园,表达对校园的热爱。	对应年级班主任
四年级	我是校园讲解员	选拔、培训"小主持人",给参观校园的低年级小朋友讲解"微笑"校园文化。增强校园主人翁意识,展现自我。	
五年级	校园志愿服务	认领校园服务岗,建立志愿服务"时间银行",以一小时为一星逐步升级。志愿服务岗位有"志愿广播""志愿环保小卫士""志愿门岗"等。培养学生为校园服务的意识。	
六年级	寻找身边感动人物	找找校园中的"自信达人""关爱使者""健康之星""快乐宝贝",然后将其推荐给微笑广播站,播送"身边感动人物"故事。以行动做示范,深化校园文化涵义。	

(二)"微笑文化"的实施

　　"微笑文化"充分发挥环境育人的功能,依托校园内"微笑主题墙""自信浮雕""关爱主题走廊"等环境设施将微笑理念融于校园的每一处,旨在通过一系列年级递进式的活动形式将"微笑文化"内化于每一位师生心中。

(三)"微笑文化"的评价

　　1. 班主任对"微笑文化"课程应有计划、有进度、有记载、有考勤评价记录,把握学生参与面达到班级 60%以上,有班级、学生计分体系。

　　2. 建立"微笑文化"课程实施过程活动资料档案,如过程照片、学生体会等。

　　3. 根据每个学生参与活动的态度与成果进行评价,可分为优秀、良好、加油等各种等级,并将评价结果作为评比"优秀学生"的一个重要条件。

六、体验"微笑之旅",落实研学旅行课程

(一)"微笑之旅"的设置(见表 7 - 22)

表7 - 22　南昌市爱国路小学"微笑之旅"课程设置表

实施年级	课程主题	课　程　目　标
一年级	自然之心	利用春游、秋游,带领孩子走进大自然,近距离感受季节、环境变化,培养孩子热爱自然、爱护动植物、保护环境的意识,拥有博爱之心,培养生态意识和公益意识。
二年级	爱国小镇	以班级为单位,走进以孩子为主角的模拟小镇,进行各种职业体验,让孩子在体验中亲身感受职业的功能、责任,满足好奇心,树立奋斗志向。
三年级	打捞岁月	到博物馆参观,了解江西的历史文化,知道江西的特产、名人、著名景点、名小吃,逐步形成对家乡的亲切依恋之情,激发爱家乡的情感。
四年级	红色南昌	组织南昌一日行,通过重温南昌起义的革命历史,祭扫方志敏墓等活动,了解中华民族勇敢、智慧、顽强,热爱自由与和平的传统美德和革命先辈的光辉业绩,为英雄城南昌而骄傲。激发学生对烈士的崇敬之情,让学生懂得珍惜烈士用生命换来的幸福生活,健康成长。
五年级	科技幻想	带领学生到科技馆参观,探索科学的奥秘,体验先进的科学技术给人类发展带来的变化,激发学生学科学、用科学的兴趣,开发学生的创造性思维和想象力,培养学生科学探究的精神。
六年级	奶场探秘	通过参观,了解牛奶的生产过程,感受现代化的生产工艺,培养学生热爱科学的精神,激发学生勤奋学习的愿望。同时,通过参与社会实践,让学生走进社会,了解社会,在实践服务中感受生活,教育学生感恩父母,感恩社会,感恩自然。

(二)"微笑之旅"的实施

　　"微笑之旅"课程是全面培养学生创新精神、实践能力和综合素质的重要举措,也是克服"应试教育"倾向,全面推进素质教育的重要内容。学校以"微笑德育"为核心,开展了各类社会实践活动,让学生走近自然、融入社会,在亲身参与少先队活动、场馆活动、爱国主义教育活动等的过程中,寻找知识,体验生活,获得有积极意

义的价值体验,为培养学生的创新探索精神和实践能力提供机会,同时指导实践活动的开展,让学生实现全面发展。

"微笑之旅"课程遵循"开放性、综合性、体验性、生活性"的原则,积极开展具有"一校一旅一特色,彰显个性与快乐"的亮点课程,包括考察探究、职业体验、走访调查等。其中,考察探究是指学生在教师的指导下,从兴趣出发,选择与自然、社会、生活相关的问题,确定研究主题,开展探究性学习,从而在探究过程中获得分析、解决问题能力。

(三)"微笑之旅"的评价

"微笑之旅"课程要做到"学"之扎实、"研"之尽兴、"旅"之有获、"行"之成长。

1. 重点应在于"学","旅"是服务于"学"的方式。因此,每次的研学旅行应有明确的研学目标、研学内容、评价方式,而不仅仅是简单的游玩,同时要更多地体现出实践性和创新性。

2. 充分的课程实施准备。做好实施准备是提高研学旅行课程效果的必然需要,也是培养学生养成良好学习习惯的需要,同时还是促进教师专业成长的需要。

3. 精致的课程实施安排。精致的课程实施安排有利于进行深度有效的学习,也有利于多种学习方法的内化。

4. 丰富的课程实施体验。学生在课程中所获取的丰富体验是最真实的学习经历,这些最真实的场景中所留下的最独特、美好的感受将促进学生更自然、更生动地成长。

5. 足够的安全保障。在实施研学旅行计划时一定要做好安全方案和应急预案,以确保课程顺利进行。

总而言之,应根据不同学段、年龄特点的学生,设计更具针对性的课程评价方案,对学生的学习效果不能简单地以分数来评价。在研学旅行过程中,教师对学生给予形成性和发展性评价。

七、细化"微笑专题",落实专题教育课程

（一）"微笑专题"的设置（见表 7 – 23）

表7 – 23　南昌市爱国路小学"微笑专题"课程设置表

专题版块	课程主题	课程目标
红色成长	"兴家风、淳民风、正社风"三风教育活动	通过"兴家风、淳民风、正社风"活动的开展,传承中华文化精神,记录、宣传、传承最美家风。
	社会主义核心价值观	通过学习社会主义核心价值观,让学生拥有正确的三观,实现自我价值和社会价值。
	红旗飘飘引我成长	通过"红旗飘飘引我成长"演讲、征文等活动的开展,深化学生的爱国主义情感。
	祭先烈,颂中华	通过主题班队会活动的开展,在学生中间弘扬红色文化和爱国主义教育。
综治安全	美丽南昌,幸福家园	结合学校开展的"美丽南昌·幸福家园——南昌教育在行动"的环境综合整治活动,组织学生开展环保、清理卫生死角、送温暖、文明出行、文明旅游、不燃放烟花爆竹等系列活动课程,增强学生的安全意识、文明意识,小手牵大手,从而提高学生社会生活、学校生活、家庭生活的文明指数。
法制教育	我是小法官	在日常生活和学习中,对学生进行国家法律法规、社会公共规范的教育,培养学生从小养成良好习惯,加强自我修养,提高自我调节、自我完善的能力,自觉抵制违法犯罪行为的引诱,增强辨别是非和自我保护的能力。

（二）"微笑专题"的实施

　　为贯彻落实习近平总书记系列重要讲话精神,落实立德树人的根本任务,不断增强中小学德育工作的时代性、科学性和实效性,学校开设了包含爱国教育、安全教育、法制教育等内容的"微笑专题"课程,使中小学生懂得如何依法履行维护国家安全的义务,从而全面实施素质教育,促进学生的全面发展。

　　首先,把德育内容充分渗透到日常教学中,将课堂作为主阵地,并严格按照义

务教育课程方案和标准来上好道德与法治课、品德与社会课、少先队活动课以及班队会课。其次,按照《中小学德育工作指南》所提出的,结合地方地理特点、民族特色、传统文化及重大历史事件、历史名人等,引导学生了解家乡的历史文化、自然环境、人口状况和发展成就,培养学生爱家乡、爱祖国的情感,同时开展文明礼仪、红色教育、廉洁教育等丰富的专题教育,培养有志向、明是非的微笑好少年。

(三)"微笑专题"的评价(见表 7-24)

表 7-24　南昌市爱国路小学"微笑专题"课程活动评价表

评价指标	分值	评　价　内　容	评价分值
教学目标	10 分	1. 符合课程标准和学生实际。2. 在情感与态度、行为与习惯、知识与技能、过程与方法等方面,目标定位全面、准确、具体可行。	
教学过程	20 分	组织(整体设计):1. 组织的教学活动体现课标基本理念,课堂结构合理,条理清楚。2. 教学内容科学准确,处理得当。3. 活动组织有条不紊,课堂民主开放;师生互动,生生互动。4. 体现活动性、生活性和开放性。	
	20 分	引导(教师行为):1. 尊重参与,鼓励求新;面向全体学生,注意每个学生的特点和需求,组织引导有效,重视教育性,富有启发性,突出实效性。2. 具有积极、多样的评价方式,教师富有激励性和启发性的语言。3. 应变能力强,对学生在课堂上生成问题能给予正确引导。4. 充分、合理地开发和利用课程资源。5. 合理、熟练运用各种教学媒体,操作得当。	
	20 分	参与(学生行为):1. 全员主动参与学习活动,活动时间充分。2. 学生能动脑筋,具有创造性,能与他人合作、交流、分享感受。3. 能够提出问题,思维活跃,畅所欲言,善于发表见解,能尝试用不同的方法进行探究活动。	
教学效果	30 分	1. 课程目标能落实到位。2. 能联系学生思想和社会生活实际,有针对性和实效性。3. 师生参与活动有一定的广度和深度。4. 情感体验充分,不同程度的学生得到应有的发展。5. 教师情绪饱满、热情,学生体验到成功的愉悦。	
总　计	100 分		

八、开展"微笑聚焦",落实主题特色课程

　　围绕"微笑教育"文化的核心价值理念,学校根据学生的年龄特点,由全校教师共同参与,创编了以"关爱""自信""快乐"为核心思想的校本特色教材,对学生进行较为系统、全面的"爱"的教育和"自信心"的培养,为学生幸福快乐的人生奠基。

(一)"微笑聚焦"设置

　　学校创编了《微笑教育之关爱篇》《微笑教育之白信篇》《微笑教育之快乐篇篇》等教材,涵盖 1—6 年级,各 12 册,同时每周开设了一节"微笑教育"校本课。课程具体内容见图 7-2。

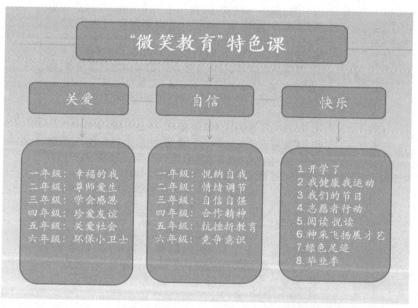

图 7-2　南昌市爱国路小学"微笑教育"特色课一览图

(二)"微笑聚焦"的实施

　　在校本课程实施评价过程中,注重三种评价标准相结合,即形成性与终结性评价、定性与定量评价、反思与鼓励评价,以确保校本课程的实施。

(三)"微笑聚焦"的评价

1. 评价原则

一是发展性原则。校本课程的开发是基础课程的拓展和延伸,与基础学科教学密切关联又超越其本身。校本课程评价的根本性原则是评估校本课程对促进学生更全面、可持续发展所起的作用。

二是适应性原则。校本课程的开发必须与学生的身心发展相适应,不能超越学生发展的基础。

三是科学性原则。校本课程的内容设计应尊重学科领域的客观规律。

四是动态性原则。校本课程是动态发展的,每年将对课程目录进行重新修订,在实施中不断更新更为成熟的课程资源,并根据教学效果动态调整内容。

2. 评价内容

校本课程评价体系由三部分组成:

一是课程计划与目标的评价。主要包括课程设计的意义、既定目标,课程设置的必要性、适用性、可操作性等,评估与学校培养目标的一致程度。

二是课程实施准备与过程的评价。主要包括教师开设课程的准备情况,如教师知识储备、教学资料的准备、教学组织与教学安排等;对课堂教学过程性的评价,如教师教学策略、水平,对学生的评价侧重于了解学生的兴趣、学习的感受等。

三是课程实施效果的评价。主要是了解课程实施的实际效果以后评定与起初设定的教育目标是否达到一致,若不一致,思考偏差,重新设定实施策略。

九、展示"微笑舞台",落实艺术特色课程

(一)"微笑舞台"的设置(见表7-25)

表7-25 南昌市爱国路小学"微笑舞台"课程设置表

课程类别	课程名称	总 体 目 标	实施对象
秀秀坊	环保艺术作品设计	1. 对学生社团活动作品成果提供展示舞台。2. 发掘学生的艺术特长,提升校园的艺术氛围。3. 为学生提供展示自我的舞台,增强学生的自信心。	各年级
	泥塑作品展		4—6年级
	瓷板画作品展		各年级

续　表

课程类别	课程名称	总　体　目　标	实施对象
彩韵音符	缤纷管乐节		4—6 年级
	唱响五线谱		2—6 年级
	丝竹声声		3—6 年级
律动童年	放飞篮球梦		2 年级
	篮球对抗赛表演		6 年级

（二）"微笑舞台"实施

"微笑舞台"给予学生以充分展现特长与自我的机会，培养学生乐观自信与懂得欣赏他人的优秀品质。

（三）"微笑舞台"评价

1. 评价形式：展示、展演、汇报

2. 具体要求

（1）展示。在注重作品累积的基础上，以作品展的形式将学生的优秀作品进行展示。

（2）展演。通过舞台节目表演的形式将学习成果进行展现；让有艺术特长的学生登台表演。

综上所述，课程是学校教育教学的核心，是实现教育目标的根本保证。学校课程的有效管理和实施有助于全面推进素质教育，对教育资源优化、教育观念更新、学校文化品位提升和办学水平提高发挥着积极作用。

第八章

文化样态与
课程图景

"诗"有着丰富的文化蕴含,是一种非常有感染力的文化样态。课程作为文化样态的承载者和传播者,离不开文化样态的关照和滋养。课程的破与立、增与减、收与放、整与合,其实都是在特定的文化样态中得以实现。可以说,有怎样的文化样态就有怎样的学校课程图景。

　　"诗"这一文化样态既是与过去的对话,也是与当下的晤对,更是与未来的对接。通过课程建设的驱动、关注和定格,一方面,这一文化样态可以更稳定地介入学生的生活,呈现出开放、生动和丰富的课程特点,也有助于实现呵护自由诗心的理想;另一方面,课程因为有了文化样态的融入而显得更有深度和富有情感,最终走向课程的"诗和远方"。

　　在南昌市向荣小学,诗文化元素跳跃在校园的每一个角落,彰显着"以诗育人"的教育思想。学校基于多年诗歌教育的深厚积淀,并不断赋予其更丰富的内涵,确立了"诗蕴教育"之哲学。生长的教育、花开的教育、美好的教育都是对"诗蕴教育"的生动诠释。同时,学校还根据暗含校名且饱含深意的一句诗——"木欣欣以向荣,泉涓涓而始流"提出了"涓流式"课程,寄托着让诗意的涓涓细流滋润学生心田的美好期望。"在儿童的心田里作诗"的课程理念,"诗语坊""诗艺廊""诗创谷""诗慧泉""诗德园"和"诗韵峰"等多元课程内容,还有"诗蕴节日""诗蕴之旅""诗蕴空间"等实施途径,无不展现了课程图景的丰富多彩,同时也促进一批批蕴真、蕴善、蕴美的"诗蕴少年"不断成长。

➡ 文化坐标　南昌市向荣小学

　　南昌市向荣小学坐落在赣江之滨八一桥畔,创办于 1911 年,是一所百年老校。它占地 7.42 亩(约 5 000 平方米),现有教师 42 人,教学班 18 个,学生 800 余人。春华秋实,在求新思变的教育发展中,学校以培养学生良好的身心素质和健全的人格为根本,以"诵读经典诗词,启智明理学做人"的主题文化战略为切入点,着力培养学生的行为习惯,提升校园文化品位,把诗种在每个孩子的心田。近年来,学校先后被评为首届"江西省文明校园""江西省未成年人保护工作先进集体""南昌市文明单位"和"南昌市文明校园"。

第一节　在儿童的心田里作诗

一、学校教育哲学: 诗蕴教育

向荣小学是一所具有百年历史的老校,蕴聚着几代向荣人的不懈努力。基于学校多年的诗歌教育实践,我们认为教育不是一件立竿见影的事,应该有诗,有远方。作为教师,我们的责任是在孩子的心田里播种下希望的种子,并使孩子具有朝着目标前行的动力和能量,最终达成在儿童的心田里作诗的美好期望。

在学校多年的诗歌文化的基础上,根据学生的实际情况,我们蹲下身,平视孩子的热情眼光,慢慢见证孩子的点滴进步。在这样的深耕细作之下,让每一个孩子都成为"蕴积"能量的种子,拔节向上,努力成长,成为有情怀、有梦想的新一代。用诗蕴文化浸润纯真好少年,用内涵发展培养善美优学子,为此,我们提出"诗蕴教育"的学校教育哲学。

人之初,性本善。每一个孩子都是一块等待开垦的田地。一块地在种上粮食前,是要经过耐心培土的——翻地、除草、挑土,反复为之,在精心伺候之后种上的第一季果蔬往往被直接翻入土里做肥料。在我们小学课本中有一篇课文叫《父亲的菜园》,很好地解释了这么做的原因:"我们不能光顾眼前。也真难为了这片荒地,它是拼了命才养出这一片豌豆来的。就这样榨干它,以后就别想吃瓜吃菜了。这一季豌豆就用来肥土吧。"正是因为有这样的等待与付出,才有了"直到现在,那一块坡地,仍是我家的菜园。春有菠菜、莴笋,夏有黄瓜、茄子,秋有辣椒、南瓜,冬有萝卜、白菜。一年四季,都是一片诱人的翠绿"。

"诗蕴教育"即生长的教育。有很多家长认为自己的孩子不够好,缺点太多,让自己很失望。家长产生这种感觉,主要是因为对孩子的认识不够全面深入。通常,当你觉得孩子不够好时,并不是孩子有问题,而是你没有读懂他。而"诗蕴教育"则讲究尊重每一个孩子,相信每一个孩子都是一颗种子,只不过有的早早展露出自己的美好,有的却把自己的美好深植于土壤中,慢慢成长。教育是一个成长的过程,它教会了我们怎样为人处世,怎样与人沟通,更重要的是让我们明白了怎样才能成为一个有用的人。每一个孩子都是独一无二的,最终都会成长为不一样的自己,走出一条属于自己的路。

"诗蕴教育"即花开的教育。每一个孩子都是一朵花,我们要接纳每一个孩子,期待每一个孩子都能花开课堂。德国哲学家雅斯贝尔斯在《什么是教育》中有句名言,"教育就是一棵树摇动一棵树,一朵云推动一朵云,一个灵魂唤醒另一个灵魂",强调了教育对于受教育者来说就是一个潜移默化的过程。我们的教育以培养学生的创新精神和实践能力为重点,全面实施素质教育,疑难反馈,师生共同研讨。"诗蕴教育"就是尊重"每一朵花,每一棵树,每一朵云,每一个灵魂"的独特性,给予学生指引,用耐心去呵护每一朵花,陪伴学生迎来花开的日子。

"诗蕴教育"即美好的教育。教育的本质是什么? 是美好。"诗蕴教育"是美的。教育的过程是发现美、享受美和理解美的过程。教育为追求美好而生,那么,追求美好的道路应如何铺设?"诗蕴教育"是基于美好体验与独立人格的教育,是多元共生与和谐包容相统一的教育。它有利于发展学生的各种智能,更重要的是,将在心理方面给学生以支持和滋养。对孩子来说,家长的接纳、认可和鼓励会让他们更有安全感和归属感,更自信和自尊,而这些比智能的发展更重要。就这样耐心地等待,细心地观察,发现潜能,适时培养,利用孩子的天赋去帮助孩子学习,引导孩子合理发挥自己的智能。深入细致地了解孩子就好比是看到了每个孩子的"说明书",这样我们就能有针对性地帮助孩子,用他的强项去帮助他发展弱项。正所谓"木欣欣以向荣,泉涓涓而始流",我们的孩子都不是全能的超人,所以我们才更应该尊重孩子,尊重他这颗"小种子"的秘密,允许他长成他独特的样子。

我们的教育信条

我们坚信,

以诗蕴情,以词涵雅;

我们坚信,

诗蕴会让教育更加美好;

我们坚信，

诗是洗礼心灵的语言艺术；

我们坚信，

诗是生命的表达，是内心世界的外显；

我们坚信，

诗化德育会为学生的幸福成长塑造一副生命图腾；

我们坚信，

诗蕴教育会让孩子尽情释放童真，快乐享受诗意童年；

我们坚信，

在儿童的心田里作诗会收获越来越多的生命惊喜和幸福美好。

二、学校课程理念：在儿童的心田里作诗

育人和种庄稼也是有异曲同工的地方的，需要等待，需要大量的投入，才会有收获的美好。教育，需要等待，需要岁月静好，如清代诗人袁枚的《苔》所云："白日不到处，青春恰自来。苔花如米小，也学牡丹开。"我们期待把诗种在孩子的心田里，让孩子有梦想，有远方，有诗的情怀。于是，我们提出课程理念是"在儿童的心田里作诗"。诗词，蕴含着中华民族的价值观念，滋养着华夏儿女的精神生命，充实着孩子的内涵，给他们种下梦想的种子。

我们认为：

——**课程即生命的田园**。课程为学生的发展服务，要唤醒学生的心灵，让学生在丰富多彩的活动中自然成长。

——**课程即个性的张扬**。课程给学生一个舞台，学生还课程一片精彩。

——**课程即美好的拥有**。课程帮助学生绽放生命之花，带领学生感悟生命的美好。

——**课程即生长的过程**。课程学习是一个让学生成长的过程，让学生明白怎样才能成长为一个有用的人。

基于学校课程理念，我们提出了饱含"木欣欣以向荣，泉涓涓而始流"深意的"涓流式"课程模式。

第二节　种下诗和梦想的种子

一、学校育人目标

"把诗种在孩子的心田"是学校育人的美好追求,也是学校课程改革的初心。基于此,学校确立了育人目标:培养蕴真、蕴善、蕴美的"诗蕴少年"。在成长的道路中,让学生具有诗的情怀,诗的和谐,诗的美感,诗的智慧。

——蕴真:勤学习,会思考,乐探索,擅表达。

——蕴善:爱家人,亲师友,会助人,明和谐。

——蕴美:思情趣,享智慧,能创造,善欣赏。

二、学校课程目标

根据育人目标,学校设计了分年段的课程目标。(见表8-1)

表8-1　南昌市向荣小学"涓流式"课程分年段课程目标表

育人目标		分年段课程目标		
		低年级	中年级	高年级
蕴真	勤学习	热爱学习,培养学习兴趣;会倾听,愿表达;大声读课文;正确工整书写。	热爱学习,形成浓厚的学习兴趣;能读整本书;知道生活即学习;认真上课,仔细倾听;认真完成作业;培养自主学习的好习惯。	热爱学习,保持浓厚的学习兴趣;擅读整本书,并能熟练地将所学知识和技能运用于实践。
	会思考	遇到事情能保持冷静;养成在各类学习生活中动脑筋、想问题的习惯;遇到有兴趣但不太懂的事情可以请教教师、家长、或者伙伴。	遇到事情保持冷静,并做出判断;能大胆提出问题;学习从不同的角度去思考问题;能提出复杂的有一定深度的问题;尽可能多地寻找解决问题的方法。	能比较全面地看待学习生活中发生的事件,处理生活中发生的问题;对所提出的问题进行比较和评价,并会探究问题,解答问题;会动手查资料、找答案。

续　表

育人目标		分年段课程目标		
		低年级	中年级	高年级
蕴真	乐探索	热爱生活，学会提问，对日常常见问题提出"为什么"。	有自信，并主动探索，学习积极；能独立思考；基本能表达自己的观点与感受。	会根据自己的疑问查找资料，并独立思考；有与他人不一样的解决问题的方法与策略，并乐于与别人探讨。
	擅表达	敢于举手发言，懂得等待发言，在各种交际活动中学会倾听与表达；能够向同桌或在小组内表达清楚自己的意见并且声音响亮；养成先思考再发言的习惯。	有表达的愿望，相信自己能表达清楚；对感兴趣的话题，能在思考后再发表自己的意见；在交谈中能认真倾听，并能就不理解的地方向他人请教，就不同的意见与他人商讨。	发表意见，知道有理有据；与人交流懂得尊重、理解对方；参与讨论，敢于发表自己的意见；听他人说话认真耐心，能提取关键信息，并能简要转述；能根据交流的对象和场合，稍做准备，做简单的发言。
蕴善	爱家人	父母叫，应勿缓；学会与父母分享心情与美食。	好好学习；懂得节约，不过多地向父母索取物质，减轻父母的负担。	懂得设身处地为父母考虑；承担力所能及的家务；与父母和睦相处，遇到问题和矛盾时懂得耐心解释，商量解决。
	亲师友	主动向老师问好；懂得对老师的付出表示感谢；试着交朋友。	懂得老师工作的辛苦，以热爱学习为回报；与朋友能和睦相处。	对师友给予的关爱和帮助感恩，并转化为学习和前进的动力。
	会助人	能帮助他人做些力所能及的事；知道哪些事是自己能做的，哪些事是自己不能做的。	学会关心师长和同学，并会动脑筋帮助别人解决困难；明确自己助人的范畴。	有正确的是非观，懂得什么是真正的帮助，并试着找到帮助别人的最佳方法和途径；学会开导师长和同学。
	明和谐	能与他人和睦相处，可争论但不争吵。	能积极和同学分工合作，友好相处，集体的事情商量着办。	劳动、小组交流、参与各种活动时，能在与他人的合作中合理分配任务，配合默契。

育人目标		分年段课程目标		
		低 年 级	中 年 级	高 年 级
蕴美	思情趣	穿着得体的服饰,学会搞好个人卫生;知道内心美更重要。	懂得小学生穿衣打扮的尺度;懂得关心别人;善于将好奇心转化为浓厚的兴趣,从而培养自己高雅的生活情趣。	知道不同场合有不同的着装要求;学着照顾师长朋友;能从日常平凡小事中发现乐趣,体验情趣;追求美好生活,保持乐观的生活态度和健康的心理。
	享智慧	知道亲情、友情是生活的快乐源泉。	理解他人,懂得珍惜亲情、友情,学会互让、互谅、互敬。	有情有趣,懂得换位思考,尊重他人。
	能创造	热爱生活,喜欢小动物和植物,并保有童心、爱心和好奇心。	能动手做些小实验、小作品,并且爱动脑筋,举一反三;能提出新观点;有旺盛的求知欲。	做出有创造性的小作品,并能简要地介绍原理和自己的想法,同时知道安全操作的重要性。
	擅欣赏	喜欢唱歌、乐器演奏、舞蹈、画画、抖空竹等活动,对学校专业队有着无限向往之情。	试着欣赏名家作品,感悟经典,激发对艺术、体育的热爱之情。	提高艺术、体育方面的综合素养和能力,积累艺术、体育文化底蕴;有一定欣赏美、鉴赏美的能力。

第三节　让诗意涓涓细流入心田

　　学校以"国家课程的高质量校本化实施"为基础,以"精品特色校本课程的开发"为补充,构建了与学生内在发展需求相一致的,有利于夯实学科基础、促进专业发展、提高综合素养、形成自主能力的课程体系。我们希望用涓涓细流的诗意来不断滋润每一个学生的心灵。

一、学校课程逻辑(见图 8-1)

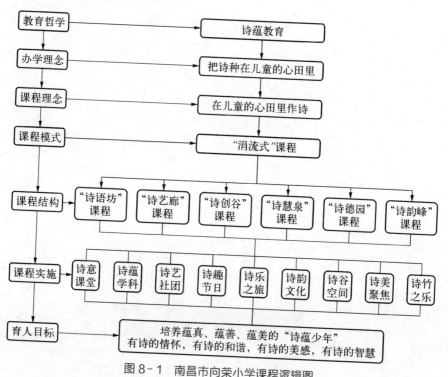

图 8-1 南昌市向荣小学课程逻辑图

二、学校课程结构(见图 8-2)

"涓流式"课程由六大块组成:"诗语坊"课程、"诗艺廊"课程、"诗创谷"课程、"诗慧泉"课程、"诗德园"课程、"诗韵峰"课程。其中,"诗语坊"课程是语言类课程,"诗艺廊"课程是艺术类课程,"诗创谷"课程是科学技术类课程,"诗慧泉"课程是抽象思维类课程,"诗德园"课程是德育类课程。

三、学校课程设置

学校按国家规定的课时计划来开设基础型课程,其他课程设置如下。(见表 8-2 至表 8-11)

图8-2　南昌市向荣小学课程结构图

表8-2　南昌市向荣小学"诗语坊"课程之语文课程设置表

年级	课 程 内 容	学 习 目 标
一年级	诗言诗语	1. 能正确、流利地朗读古诗。 2. 能背诵古诗。 3. 根据诗歌内容,能想象画面。 4. 初步感受诗歌描绘的景象。 5. 能够初步懂得归类积累诗歌。
二年级	诗言诗语	诵读并背诵浅近的古诗,展开想象,获得初步的情感体验,感受语言的优美;有自己的感受和想法,乐于与人交流。
三年级	诗言诗语	对学习古诗有浓厚的兴趣,能联系上下诗句理解古诗的大概意思。能诵读优秀诗文,注意在诵读过程中体验情感,展开想象,领悟诗文大意。
四年级	诗言诗语	对学习古诗有浓厚的兴趣,能联系上下诗句,理解古诗大概意思。能诵读优秀诗文,注意在诵读过程中体验情感,展开想象,领悟诗文大意。

续　表

年级	课　程　内　容	学　习　目　标
五年级	1. 天之涯,地之角,知交半零落——离别诗 2. 一草一木总关情——咏物诗 3. 明月出天山,苍茫云海间——明月诗 4. 落叶而知秋——思乡诗 5. 夜阑卧听风吹雨,铁马冰河入梦来——走近陆游	通过阅读诗歌,大体把握诗意;通过反复吟诵诗歌,把握诗歌的声调、节奏等,体味作品的内容,想象诗歌描述的情境,体会诗人的情感。受到优秀作品的感染和激励,向往和追求美好的理想。
六年级	1. 杨万里 2. "诗圣"杜甫 3. 边塞诗	1. 通过古诗文诵读,培养学生对祖国语言文字的热爱,培育学生的民族自豪感,为学生的成长奠基的文化之旅。 2. 通过诵读中华文化经典,加强学生对成语、格言警句和精美句段的积累,从而将其内化为自己的语言。 3. 诵读与写作结合起来,培养学生的写作水平,积累学生的人文素养。

表 8-3　南昌市向荣小学"诗语坊"之英语课程设置表

年级	学　习　内　容	学　习　目　标
三年级	1. 聆听、模仿、诵读短小的关于色彩、动物、朋友、家人等主题的英语儿童诗。 2. 感受英语儿童诗的韵律美。	让学生在英语儿童诗的诵读中,乐于模仿,敢于表达,对英语儿童诗具有一定的感知能力。
四年级	1. Food 2. London Bridge's Falling Down 3. Baby Bumblebee 通过聆听演唱并参与食物,友谊和家人等主题。让学生在英语儿童的歌曲中,感受快乐,敢于表达,对英语产生浓厚的兴趣。	1. 激发小学生学习英语的兴趣和热情,营造课堂气氛。 2. 保持和提高学习英语的自信心。 3. 训练口语和英语交际能力。
五年级	1. Weekend 2. Cherish 3. Nature 4. 聆听、模仿、诵读较长的关于时间、感恩和自然等主题的英语儿童诗。 5. 感受、赏析英语儿童诗的韵律美。 6. 编创简单的英语儿童诗歌。	1. 让学生在英语儿童的诵读中,乐于模仿,敢于表达,对英语儿童诗具有一定的感知能力。 2. 感受英语儿童诗的韵律美。

年级	学　习　内　容	学　习　目　标
六年级	1. 聆听、模仿、诵读较长的关于天气、季节、周末、节日等主题的英语儿童诗。 2. 感受、赏析英语儿童诗的韵律美。 3. 编创简单的英语儿童诗。	让学生能在聆听、诵读英语儿童诗的同时，感受到英语儿童诗的韵律美，培养学生正确的语音语调。引导学生展开想象，仿照儿童诗中的例句，写出自己的英语儿童诗。

表 8-4　南昌市向荣小学"诗慧泉"课程设置表

年级	课　程　内　容	学　习　目　标
一年级	诗与数字	我国古代诗词是华夏文明的重要组成部分，是文学的瑰宝。在文学这个百花园中，有的诗同数学时有"联姻"，如把数字嵌入诗中，有的诗就是一道数学题。学生在读联吟诗时，既提高了文学修养，又学会了解题，还能得到美的享受。
二年级	1. 有趣的数字诗——诗词中的数学 2. 有趣的杨辉三角——数学与诗歌的对称美 3. 诗歌趣题 4. 数学诗歌我会编——四则混合运算的顺序	在读数字诗、做诗歌趣题、自编数学诗等活动中让学生感受数学与诗歌的相似与相通，体会数学中的韵律美与对称美，提高学习数学的兴趣，在诗歌中得到美的享受。
三年级	1. 数学与诗词 2. 诗歌与趣题 3. 数学与诗词对称美	雨果说："数学到了最后阶段就遇到想象，在圆锥曲线、对数、概率、微积分中，想象成了计算的系数，于是数学也成了诗。"数学与诗歌具有相似性，数学是表达客观的自然规律的语言，诗歌是表达人内心世界的意志情感的语言，两者都很抽象，但都表达得十分深刻、准确、整齐，而且都有对称美。
四年级	诗趣数学——"鸡兔同笼"	"鸡兔同笼"问题是我国民间广为流传的数学趣题，最早出现在《孙子算经》中。解决这类问题的方法包括列表法、假设法、方程法等。教材把这一问题安排在四年级，此时学生还没有学过方程，因此这里主要引导学生通过猜测、列表、假设等方法来解决问题，培养学生猜测、有序思考及逻辑推理的能力，体会假设法的一般性。在解决"鸡兔同笼"问题时，学生选用哪种方法都可以，不强求用某一种方法。 在"鸡兔同笼"问题的导入阶段可以采用诗歌形式导入新课。

续　表

年级	课　程　内　容	学　习　目　标
五年级	1. 数学与诗词的表象关系 2. 数学与诗词的结构巧合 3. 数学与诗词的意境结合 4. 欧氏几何和中国古代的时空观 5. 诗词中的数学关系 6. 推递公式与顶真	了解数学与诗歌的表象关系、结构巧合、意境结合、欧氏几何和中国古代的时空观、诗词中的数学关系、推递公式与顶真。学会用数学的思维和方法认识诗歌，发现诗歌的别样美丽；学会从诗歌的角度来欣赏数学，发现数学的别样精彩。
六年级	诗趣数学	了解宝塔诗：它形如宝塔，从一字句或两字句的塔尖开始向下延伸，逐层增加字数至七字句的塔底终止。宝塔诗每层字数从一开始递增，直至七结束，从中发现等差数列的特点。

表 8-5　南昌市向荣小学"诗创谷"之信息课程设置表

年　级	课程内容	学　习　目　标
三到六年级 Scratch 兴趣小组	Scratch 诗歌故事	1. 了解古诗词。 2. 掌握 Scratch 的基本工作方式。 3. 能够使用计算机思维来思考问题。 4. 能够使用 Scratch 制作诗配动画作品。通过 Scratch 诗配动画制作了解古诗的含义。

表 8-6　南昌市向荣小学"诗创谷"之科学课程设置表

年级	课　程　内　容	学　习　目　标
一年级	1. 我们周围的物体 2. 校园里的动物	1. 学习生活中周围物体的分类。 2. 认识常见动物的几种类型，如昆虫类、鱼类、两栖类、爬行类、鸟类、哺乳类。 3. 了解保护动物特别是保护濒危动物的重要性。
二年级	1. 我们的地球家园 2. 材料	通过观察发现地球自转的规律和季节的变化、月相的变化，知道太阳的光和热对地球生物有着重要影响。辨别生活中常见的材料。了解人类生产生活需要从自然界获取资源，同时会产生垃圾，有些垃圾可以回收利用。但存方寸地，留与子孙耕。珍惜自然资源，共营生命绿色。日没不周西，月出丹渊中。
三年级	1. 植物的生长变化 2. 动物的生命周期 3. 温度与水的变化 4. 磁铁	1. 通过栽培植物了解植物生长的过程，观长松落落，赏卉木蒙蒙。 2. 了解不同生物的生命过程是不一样的。 3. "赤日炎炎似火烧，野田稻禾半枯焦。"引导学生探

续　表

年级	课 程 内 容	学 习 目 标
三年级		究热量和物质状态变化之间的关系。 4. 知道温度是表示物体冷热程度的,知道温度的单位,会使用温度计。 5. 认识磁铁的性质,了解磁铁在生活中的应用。
四年级	1. 生活中的电 2. 新的生命 3. 食物 4. 岩石和矿物	1. 认识电是生活和工作中常用的能量来源,了解安全用电常识。 2. 能用一些基本组件连接一个简单电路。 3. 获得对生命的理解。 4. "淮山侧畔楚江阴,五月枇杷正满林。"了解人类需要哪些营养及其来源,懂得营养全面合理的重要性。 5. 对保护、开发和利用地球资源的重要意义有进一步的了解。
五年级	1. 沉和浮 2. 热 3. 时间的测量 4. 地球的运动	1. 知道生活中常见的重力和浮力。 2. 知道热能从一个物体传到另一个物体。 3. 知道热胀冷缩现象。 4. 认识计时工具的工作原理,以及其对人类生活和发展的影响。 5. 认识地球自转带来的变化。 6. 认识地球公转带来的变化。
六年级	1. 微小世界 2. 物质的变化 3. 宇宙 4. 环境和我们	1. 知道对于不同的问题要用不同的探究方法。 2. "大鹏一日同风起,扶摇直上九万里。"知道为什么使用工具比感官更有效。 3. 体验科学探究中证据、逻辑推理及运用想象建立假设和理解的重要性。 4. 知道科学探究可为进一步研究提供新经验、新现象、新方法、新技术。

表 8-7　南昌市向荣小学"诗艺廊"之音乐课程设置表

学段	课 程 内 容	学 习 目 标
低段	1. 聆听短小的古诗音乐作品。 2. 用歌唱表演的形式学习诗。 3. 有表情地演唱古诗歌曲。 4. 即兴创造古诗舞蹈。	1. 注重低段学生以形象思维为主,好奇、好动、模仿力强的身心特点,将古典诗词融入音乐课堂中,将古诗画卷与音乐互相结合,让学生领略古诗词的美好,直接看到诗人所表达的意象,并能从音乐中获得心灵的愉悦。 2. 善于利用儿童自然的嗓音和灵巧的形体,采用歌、舞、图片、游戏相结合的综合手段,进行直观诗歌教学;利用身体的动作或者声音的音调、音量等辅助语言。

续　表

学段	课　程　内　容	学　习　目　标
中段	1. 用不同表现形式演唱古诗歌曲。 2. 用乐器表现古诗歌曲。 3. 进一步加强古诗歌曲创编。 4. 运用体态感知古诗歌曲的段落。 5. 运用旋律线感知古诗歌曲的力度变化。	将古典诗词的美丽图卷展现在小学音乐课堂之中,培养学生的鉴赏能力和审美能力,这是教师教学的应有之义,也是音乐、古诗词与童心之间的必然共鸣。根据学生的生活范围和认知领域进一步扩展,增强学生的体验感受,提高其探索创造的活动能力。引导学生对音乐进行整体感受,丰富教学曲目的体裁、形式,增加乐器演奏及音乐创造活动的分量,以生动活泼的教学形式和艺术的魅力吸引学生。
高段	1. 运用体态感知古诗歌曲的段落。 2. 运用旋律线感知古诗歌曲的力度变化。	将古典诗词融入音乐课堂当中,让学生在情感上建立对中国文化的音乐情结。将古典诗词与音乐教学相融合,使得音乐课堂具备更深厚的文化底蕴与美学特质,对古典诗词的弘扬具有积极影响。把古诗的内容与音乐的曲调进行改变。教师从多方面、多角度进行教学创新,考虑小学生的心理,探索更容易被学生所接受的教学手段,让学生的想象力和创造力尽情发挥。

表8-8　南昌市向荣小学"诗艺廊"之美术课程设置表

学段	课　程　内　容	学　习　目　标
低段	1. 欣赏诗配画作品。 2. 用简单的线条给学过的故事配画。 3. 用撕、剪、贴的方式来体现有关景色描写的诗句。	尝试不同工具,并用画、撕、剪等方法简单地表现诗歌意境,从而激发学生参与背诵古诗、了解诗意的兴趣,在轻松愉悦的艺术氛围中,促进学生的古诗欣赏能力和想象绘画能力。
中段	1. 用不同的绘画形式来表现古诗的意境。 2. 用水墨画来表现古诗。	学习线条、形状、色彩和肌理的基本知识,并用于描绘事物,表达情感。让学生了解文学语言与绘画语言之间的联系,掌握用单幅水墨画或者彩墨的方法给古诗配画的方法,同时使学生受到艺术的熏陶,提高审美情趣。以生动活泼的教学形式和艺术的魅力吸引学生。
高段	1. 观图猜诗。 2. 读一首古诗,体会一下诗的意境,然后发挥自己的想象,为这首诗配一幅画。	让学生明确古诗是中国传统文化,配画的形式手法应该与诗相协调,应体现出中国传统文化的精神。充分发挥学生的想象能力和形象思维能力。融合诗意与画,让学生从中得到美的启示、美的陶冶、美的感受,让学生的想象力和创造力尽情发挥。

表 8-9　南昌市向荣小学"诗韵峰"课程设置表

学段	课程内容	学习目标
水平一	1. 朗诵古诗。 2. 根据朗诵古诗的节奏完成空竹动作。	根据水平一学生的特性——好奇、好动、模仿力强,将古诗与空竹相结合,让学生领略古诗词的美好,感受诗人所表达的意象。 将空竹动作与朗诵古诗的节奏相结合。
水平二	空竹表演用古诗歌曲来伴奏。	根据水平二学生的特点——好玩、协调性较差、想象创造力丰富、学习兴趣易激发,通过古诗曲伴奏,让学生更好地了解空竹的特性。
水平三	空竹表演用古诗歌曲来伴奏。	水平三学生具备了一定的运动能力,学生身体素质差异较大,在体育活动中尊重与关爱运动能力弱的同伴。 朗读关于空竹的古诗,了解空竹的特征和乐趣。

表 8-10　南昌市向荣小学"诗德园"之品德与社会课程设置表

学段	课程内容	学习目标
一至三年级	1. 我的健康成长 2. 我的家庭生活 3. 我们的学校生活	1. 热爱生命,自尊自信,乐观向上,意志坚强。 2. 亲近自然,爱护环境,勤俭节约,珍惜资源。孝敬父母,尊重他人,乐于助人,诚实守信。 3. 热爱劳动,注重实践,热爱科学,勇于创新。 4. 尊重规则,尊重权利,尊重法律,追求公正。 5. 热爱集体,具有责任感、竞争意识、团结合作精神和奉献精神。
四至六年级	1. 我们的社区生活 2. 我们的国家 3. 我们共同的世界	1. 热爱集体,具有责任感、竞争意识、团结合作精神和奉献精神。 2. 热爱社会主义祖国,热爱和平,具有世界眼光。 3. 培养爱护自然、鉴赏自然、保护环境的能力。 4. 发展观察、感受、体验、参与社会公共生活的能力,初步培养交往与沟通的能力。增强自我调适、自我控制的能力,学会理智地调控自己的情绪。

表 8-11　南昌市向荣小学"诗德园"之诗趣节日课程设置表

年级	课程内容	学习目标
一至六年级	低段收集春联 高段写春联	春节,学生深入社区,与社区居民一同开展"迎新春,送春联"活动,为人们送上一幅幅寓意吉祥的春联。

续　表

年级	课 程 内 容	学 习 目 标
一至六年级	与父母同诵元宵诗《正月十五夜》《正月十五夜灯》	元宵节,在家里与家人一起朗诵元宵诗歌,小手拉大手欢度元宵。出一期元宵节的手抄报。
	分班开展清明、英烈诗歌朗诵《清明》《蝶恋花·答李淑一》	清明节,各班开展清明、英烈诗歌朗诵活动,表达对英烈的崇敬之情。
	在校包粽子	端午节,通过亲子包粽子活动锻炼学生的动手能力和学习能力,增进家校交流,让大家一起在浓浓的亲子氛围中进一步了解中国传统节日的内涵。
	在校猜灯谜	中秋节,在学校举办猜灯谜活动,弘扬民族文化,让学生体会到中秋猜灯谜的传统习俗,更重要的是丰富学生的校园文化生活,使整个校园的文化氛围更具活力。

第四节　谱写童年的美好诗篇

我们相信,所有的付出不仅让"诗蕴教育"渗入孩子的心灵,让"诗蕴教育"的办学特色更加浓郁,而且也为谱写童年的美好诗篇奠定了厚实的基础。为此,学校通过"诗意课堂""诗蕴学科""诗艺社团""诗趣节日""诗乐之旅""诗韵文化""诗美聚焦""诗竹之乐"等丰富多样的课程来践行"诗蕴教育"的理念,实现"涓流式"课程,培养蕴真、蕴善、蕴美的"诗蕴少年"。

一、建构"诗意课堂",落实学科基础课程

在原有课堂文化的基础上,学校进行了课堂教学文化的重新调整,聚焦学生核心素养,体现出教学理念的解放、教学目标的饱满、教学内容的丰富、教学方法的互动、教学评价的激励。

(一)"诗意课堂"的内涵与操作

什么是"诗意课堂"? 诗意本身就是一种感受,一种心灵的悸动。诗意的课堂

应当包括三个方面的内容：教师、学生和教材。三者互动生成,形成一个整体。我们去感受"文学气息"和"浪漫情怀",用"缤纷的语言"、对"文化的膜拜"及"智慧与幽默"来构建一个诗意的课堂。"诗意课堂"是开放的课堂,是一扇打开的大门,让学生能够从中看到一个缤纷的文化世界。

1. "诗意课堂"是温暖的课堂,营造宽松、友爱的课堂氛围。

2. "诗意课堂"是开放的课堂,营造平等、公正的课堂氛围。

3. "诗意课堂"是自主的课堂,营造民主、和谐的课堂氛围。

4. "诗意课堂"是阳光的课堂,营造多彩、缤纷的课堂氛围。

(二)"诗意课堂"的评价标准

学校注重科学的教学评价,因此根据"诗意课堂"的内涵制定了如下评价标准。(见表8-12)

表8-12　南昌市向荣小学"诗意课堂"学生课堂学习评价表

项目	等　　级			评　　价		
	A级	B级	C级	个人评价	同学评价	教师评价
认真	上课认真听讲,认真完成作业,参与讨论时态度认真	上课能认真听讲,作业依时完成,参与讨论	上课无心听讲,经常欠交作业,极少参与讨论			
积极	积极举手发言,积极参与讨论与交流,大量阅读课外读物	能举手发言,参与讨论与交流,阅读课外读物	很少举手发言,极少参与讨论与交流,没有阅读课外读物			
自信	大胆提出和别人不同的问题,大胆尝试并表达自己的想法	提出自己的不同看法,并做出尝试	不敢提出和别人不同的问题,不敢尝试和表达自己的想法			
善于与他人合作	善于与他人合作,虚心听取别人的意见	能与他人合作,能接受他人的意见	缺乏与他人合作的精神,难以听进他人的意见			

续　表

项目	等　级			评　价		
	A 级	B 级	C 级	个人评价	同学评价	教师评价
思维的条理性	能有条理地表达自己的意见,解决问题的过程清楚,做事有计划	能表达自己的意见,有解决问题的能力,但条理性稍差	不能准确表达自己的意思,做事缺乏计划性、条理性,不能独立解决问题			
思维的创造性	具有创造性思维,能用不同的方法解决问题,独立思考	能用老师提供的方法解决问题,有一定的思考能力和创造性	思考能力差,缺乏创造性,不能独立解决问题			
我这样评价自己:						
同伴眼里的我:						
老师的话:						

二、建设"诗蕴学科",落实学科拓展课程

近些年来,随着课程改革的进一步深化,特别是信息化时代的到来,对"多样化、个性化、创新型"复合型应用人才的需求更迫切,光靠单一的国家课程、地方课程或者校本课程"线状"建设与实施已经无法满足社会发展对教育的需求,必须实现三级课程的科学整合。

(一)"诗蕴学科"的实施途径

根据学校各学科的师资力量,倡导教师在国家课程校本化实施的基础上总结经验,以某学科为原点,设计基于该学科特色的"1+X"课程群。"1"是指教师所教授的国家基础性课程,"X"是指教师根据国家课程开展的拓展性课程,是基础性课程的延伸。

1. 建设"诗语坊"课程群

(1)"诗语坊"之语文学科课程群

中国古典诗词一直是中小学语文教育的重要内容,诗词教学也一直是中小学

语文教育的传统之一。学校依托课程,让诗词走进语文教育,培养学生的审美能力,提高学生的文化品位。(见表8-13)

表8-13　南昌市向荣小学"诗语坊"之语文课程群表

年级	主题	课程	年级	主题	课程
一年级	走进诗歌王国	春花开	四年级	诗言诗语	王维的山水人生
		冬雪飘			也无风雨也无晴
		草木皆有情			大唐李白少年游
二年级	走进古诗中的大自然	最美是花	五年级	走进传统文化	诗歌中的农历节气
		祖国那山			论语中的礼仁智信
		祖国那水			历史中的兴衰损益
三年级	走进古诗乐园	田园风光	六年级	走进诗意写作	循环日记
		夏日美			诗韵风采
					向荣诗社
		忆童年			诗意写作

(2) 建设"诗语坊"之英语课程群

基于"诗语坊"英语学科的学科理念,考虑到学生的兴趣及需求,学校在国家课程的基础上开发拓展性课程,组成"诗语坊"之英语特色课程群。(见表8-14)

表8-14　南昌市向荣小学"诗语坊"课程之英语课程群表

年级	主题	课程	年级	主题	课程
三年级	我会说英语	字母对对碰	五年级	文化节日	感恩节
		字母迷宫			时间的诗
		动物大集合			我爱大自然
四年级	英文乐园	学唱英文歌	六年级	英语脱口秀	我吟我诵
		绘本阅读			朗读者
		我爱美食			课本剧场

2. 建设"诗慧泉"数学课程群

"诗慧泉"数学课程群是以激发学生学习兴趣为特色的拓展性课程群,志在培

养学生的数学素养。(见表8-15)

表8-15　南昌市向荣小学"诗慧泉"数学课程群表

年 级	主 题	课 程	年 级	主 题	课 程
一年级	诗趣数学	诗词中的数学	四年级	玩转数学	小小设计师
		数字游戏			神机妙算
		百变七巧板			数独
二年级	游戏数学	24点游戏	五年级	动手能力训练	几何图形摆一摆
		趣味数学游戏			计算能力大作战
		火柴智力游戏			数独
三年级	数学游戏	珍惜时间	六年级	数学与诗词	诗歌数学题
		计算大比拼			数字入诗
		图形大作战			数字诗谜

3. 建设"诗创谷"科学和信息技术课程群

提高学生的创造力是教育者的责任与使命。学校以培养学生的核心素养为目标,建立了"诗创谷"课程群。(见表8-16)

表8-16　南昌市向荣小学"诗创谷"科学和信息技术课程群表

年 级	主 题	课 程	年 级	主 题	课 程
一年级	走近生活	我们周围的物体	四年级	科技生活	沉与浮
		校园里的动物			热与冷
二年级	科学启蒙	植物的生长变化	五年级	信息时代	Word报刊制作
		动物的生命周期			PPT简报制作
三年级	生活与科学	生活中的电	六年级	新兴科技	Flash动画制作
		认识磁铁			Scratch创意编程

4. 建设"诗艺廊"课程群

(1)"诗艺廊"之音乐课程群

让学生在快乐的歌曲中学习古诗,在优美的旋律中亲近经典。将古典诗词与音乐教学相融合,使得音乐课堂具备更深的文化底蕴与美学特质,对古典诗词的弘扬具有积极的影响力。采用音乐的不同表现形式传播古典诗词,诗乐一体,既能完成"诗言志,歌咏言"的本真回溯,又能激发学生学习诗歌的兴趣,提高其学习积极性与学习效率。优美典雅的诗词配以清新的音乐旋律,得到了孩子们的热烈喜爱与推崇,优美的韵律、真挚的情感和浓厚的古典韵味打动了孩子们的心。(见表8-17)

表8-17　南昌市向荣小学"诗艺廊"之音乐课程群表

年　级	主　题	课　程	年　级	主　题	课　程
一年级	"诗"的春天	合唱:《春晓》《江南》 欣赏:《咏鹅》《清明》	四年级	"诗"的校园	欣赏:《晓窗》《一字歌》 吟唱:《静夜思》
二年级	"诗"的朋友	表演:《悯农》《游子吟》 舞蹈:《春夜喜雨》《村居》	五年级	"诗"的故乡	欣赏:《水调歌头》《相思》 合唱:《塞下曲》《长歌行》
三年级	"诗"的快乐	诗歌吟唱:《出塞》《明日歌》 改编创作音乐会:《寻胡隐君》《登鹳雀楼》	六年级	"诗"的深情	诗配乐朗诵:《七步诗》《赋得古原草送别》 民乐演奏:《浣溪沙》

(2) 建设"诗艺廊"之美术课程群

古诗配画的教学是美术教师带领学生在如画的诗词间漫游,在醉人的诗韵里畅谈,在绝美的意境中挥毫,让学生在"美"中作画,提升了学生的审美情趣。(见表8-18)

表 8-18　南昌市向荣小学"诗艺廊"之美术课程群表

年　级	主　题	课　程	年　级	主　题	课　程
一年级	诗艺线条	简笔画	四年级	诗艺印染	印染创作
		诗歌配画			诗染合一
二年级	诗艺童趣	儿童画	五年级	诗艺水墨	儿童水墨画
		以诗入画			水墨古诗词
三年级	诗艺色彩	水彩画	六年级	诗艺创新	创意作品
		水粉渲诗歌			诗之创新画

5. 建设"诗韵峰"课程群

学校的体育特色项目是空竹,空竹与跳绳这两门课程日趋成熟。由于学校的活动场地较小,限制了体育活动的开展,因此,学校以多样的活动内容对课程进行扩充,形成了"诗韵峰"课程群,解决了活动场地小的问题。(见表 8-19)

表 8-19　南昌市向荣小学"诗韵峰"课程群表

年　级	主　题	课　程	年　级	主　题	课　程
一年级	宝贝加油	空竹	四年级	活力赛跑	空竹
		投掷能手			挑战迎面接力
		跑步达人			障碍跑
二年级	花样跳绳	空竹	五年级	田径为王	空竹
		双人摇			投掷我最准
		混合跳			十字接力
三年级	快乐体验	空竹	六年级	快乐篮球	空竹
		跳竹竿			运球能手
		两人三足			篮球比赛

6. 建设"诗德园"课程群

"高行微言,所以修身",为促进学生良好的品德形成和社会发展,为学生认识社会、参与社会、适应社会,成为具有爱心、责任心、良好行为习惯和个性品质的人,学校建立了"诗德园"课程。(见表 8-20)

表 8-20 南昌市向荣小学"诗德园"课程群表

年级	主题	课　程	年级	主题	课　程
一年级	我的健康成长	我能行,你也行	四年级	我们的社区生活	地图、地名我知道
		收集古诗文中关于诚信的例子			观察或访问身边的劳动者
		寻找身边同学的长处			了解本地区的生态环境
二年级	我的家庭生活	古诗中的感恩	五年级	我们的国家	古今交通的区别
		主动承担力所能及的家务			逃生模拟
		与父母等长辈沟通			民族文化我知道
三年级	我们的学校生活	寻找学校设施	六年级	我们共同的世界	环游世界大模拟
		古诗中珍惜时间的名句			人类文化遗产
		我是班级一份子			全球环境恶化,环保小主人

(二)"诗蕴学科"的评价标准

课程群建设通过建立评估体系来保障其有效实施。评估体系应具有以下几项标准:

1. **课程哲学内涵丰盈。**学科课程哲学,与学校教育哲学保持一致,体现学校的办学理念,并具有其学科特色,内涵丰盈。

2. **课程目标指向清晰。**学科课程群目标指向应依据学科课程标准及学校育人目标,基于学校实际,应将目标定得高于学科课程标准。

3. **课程内容丰富多维。**除规定的国家课程之外,拓展类课程应丰富多彩,以学生需求为主,为学生的全面发展搭建平台。

4. **课程实施科学高效。**课程实施方法得当,措施有力,充分体现学生的主体地位,有利于激发学生的兴趣。教师教学效率高,教学效果好。

5. **课程评价规范全面。**课程评价做到多元、全面。结合过程性评价和终结性评价,发挥评价的诊断和激励功能,对学生学习情况进行整体评价。(见表 8-21)

表8-21　南昌市向荣小学"1+ X"课程评价细则

A级指标	B级指标	评估标准	评估方式	权重	得分
课程哲学	课程哲学	课程哲学与学校教育哲学相一致。	查看课程方案	10%	
	课程理念	课程理念彰显学科特色,特色鲜明。		10%	
课程目标	课程总目标	总目标指向清晰,高于学科课程标准,与核心素养相对应。	查看课程方案	10%	
	分年级目标	年级目标与学生年龄特点相符合,设定科学、可行,具有层次性。	查看语文课程方案、学科课程纲要	10%	
课程内容	整体设置	课程内容丰富,整体设置具有逻辑性,有梯度,有难度。与课程目标相一致,暗含课程目标,内容与学生实际相结合。	查看学科课程纲要	10%	
	教材资源	教材准备充分,适合学生学习,资源丰盈,形式多样。	查看语文学科教材	5%	
课程实施	课时安排	课时安排合理,有一定的科学性。	查看学科课程纲要	5%	
	课堂教学	课程实施方法得当,措施有力,充分体现学生的主体地位,有利于激发学生的兴趣。组织有序,指导学生运用探究、合作等方法。	入班观课、用"诗意课堂"评价表评价	20%	

三、建设"诗艺社团",落实兴趣爱好课程

　　学生社团是现代学校建设的重要资源。随着课程内容的不断拓展,学生社团已经成为发展学生自主管理的新型课程,是实施素质教育的重要内容。"诗艺社团"是课堂教学的延展和深化,可以不分年级,由兴趣爱好相近的同学组成,旨在通过丰富多彩的社团活动挖掘学生特长、关注兴趣爱好、培养公民意识,为学生的发展提供更广阔的时间与空间,真正做到"在儿童的心田里作诗"。

(一)"诗艺社团"的建设

根据学生特色和学科特点,学校将社团活动的时间安排在课堂教学之外。此外,充分利用家长及社区资源,为学生提供实践机会,将社团活动立体化、生活化。(见表8-22)

表8-22 南昌市向荣小学"诗艺社团"的主要类型表

社 团 活 动	活 动 内 容
体育类	开展田径和空竹项目训练
	篮球、乒乓球、羽毛球、棋类等社团活动
艺术类	舞蹈队
	合唱队
	鼓号队
	书法社
科技类	头奥社
	模型社
学科类	诗文诵读社
	绘本小广角
实践类	社区花圃小插牌
	重阳节敬老、端午节为老人包粽子、春节为老人写对联等
	彩色印染

(二)"诗艺社团"的实施步骤

1. **规范的团队建设。**小社团由兴趣爱好相同的少先队员自发组成。有5名以上的学生,有1名辅导员。社团小干部由学生民主选举产生,报学校体艺处批准,有较为明确的分工。

2. **鲜明的社团章程。**(1)有名称:社团提倡有特色、有亮点,有符合社团特色、富于童趣的社团名称。(2)有标志:社团的标志由学生自己创立,能够充分鼓舞士气,反映出大家的愿望。(3)有团训:有一句响亮的团训,以团员为本,突出社团丰富多彩的活动、积极向上的精神面貌。(4)有要求：章程中要条目化地明确规定社团成员、辅导员的相关职责，以及活动性质、活动内容等的具体要求。

3. 丰富的社团活动。(1)有完整的年度活动计划、活动记录、活动总结。(2)有固定的活动时间、活动地点。(3)在开展常规活动的同时，能重视特色活动的开展。

4. 精彩的成果展示。在每一次的活动中注意积累各种原始材料(方案、计划、总结、活动图片)，为日后的展示活动提供充分的保障。每年六一儿童节或元旦举行庆祝活动时对家长开放展示。

5. 考核与奖励。对社团活动中表现突出的学生，社团负责人可上报体艺处给予该学生表彰以资鼓励；对活动中表现突出的社团，给予社团负责人表彰奖励。学生累计有3次以上(含3次)不参加社团活动的，即被取消资格。

(三)"诗艺社团"的评价要求

"诗艺社团"的评价目的和方法等应具有全面性、系统性，应按照动态生成、真实情境、多元评价、尊重差异、注重过程、关联结果的基本取向开展评价工作。(见表8-23)

表8-23　南昌市向荣小学"诗艺社团"评价表

评估内容	评　估　标　准	评　估　方　式	得　分	
			自评	督评
课程方案 (30分)	社团有规范、健全的组织机构，有活动场所。社团指导教师能够指导学生建设社团。(15分)	访谈学生、查阅资料		
	有社团章程和管理制度，有计划，有总结。工作计划任务明确，重点突出，措施得力。工作总结全面具体。(15分)	访谈学生、查阅资料		
课程实施 (40分)	社团活动常态化、规范化，做到前有计划，后有总结。每学期活动不少于15个课时，过程性资料翔实。(20分)	访谈学生、查阅资料		
	社团每学年至少进行一次校内交流展示。(20分)	查阅资料		

续　表

评估内容	评 估 标 准	评估方式	得　分	
			自评	督评
课程评价 (30 分)	有固定的招收团员办法,根据社团现状,适时招收团员。社团规模建制不少于 10 人,每学年至少对团员进行一次评定。(15 分)	访谈学生、查阅资料		
	积极参加本社团组织的各项活动,并积极参加各级比赛,取得荣誉表彰。(15 分)	访谈学生、查阅资料		

四、创设"诗趣节日",落实节庆文化课程

(一)"诗趣节日"的创设

　　把节日文化作为课程资源,这是很多学校通行的做法。本校也有着独特的节庆文化课程,通过它们来为学生提供表现与展示自我的平台。本校的节日庆典方式多样,有的是结合传统节日而开展的,比如清明节的"网上祭英烈"活动;有的是根据现代节日而形成的课程,比如国庆节的"向国旗敬礼"活动。这些特别的"节"都是学生的所爱。

　　1. 传统节日课程。开展以传统节日为主题的活动,目的是让学生大力弘扬中华民族优秀传统文化,增强学生对民族传统节日的喜爱,激发他们对传统文化的热爱与认同。(见表 8 - 24)

表 8 - 24　南昌市向荣小学传统节日课程实施方案表

时　间	节　日	主　题	活　动
四月	清明节	网上祭英烈	开展主题队会、献花留言、小报制作评比
农历五月初五	端午节	粽香飘端午	包粽子、制作端午小报
农历八月十五	中秋节	品中秋圆月	举办"中秋"诗会、写中秋小诗
农历九月初九	重阳节	看重阳习俗	我读"重阳"、敬老活动
正月	春　节	年味大观园	写对联、贴年画、制作春节元宵小报

2.现代节日课程。激发学生热爱生活、热爱学习、热爱校园的情感,为更多有才华的学生搭建展示自我的平台。学校通过现代节日课程,对学生开展爱国主义教育以及进行多样文化的熏陶。(见表8-25)

表8-25　南昌市向荣小学现代节日课程实施方案表

时　间	节　日	主　题	活　动
一月	元　旦	同伴巧手迎新年	手工制作、剪贴窗花、致辞新年
五月	科技节	争做科创小达人	废物利用、小小发明
六月	儿童节	咱要上六一	元旦联欢、节目展示、社团展示
十月	国庆节	向国旗敬礼	学唱国歌、争当升旗手
	建队日	致敬建队日	了解红领巾的来历、举行入队仪式、合唱《我们是共产主义接班人》
十二月	平安之夜	平安你我他	了解节日习俗及典故、为老师同学、亲人送祝福卡

3.校园节日课程。校园里各具特色的节日具有仪式感与教育性,已经成为学生们感受校园文化、陶冶情操、进行自我展示的一个特殊载体。(见表8-26)

表8-26　南昌市向荣小学校园节日课程实施方案表

时　间	节　日	主　题	活　动
四月	戏剧节	走进课本剧	课本剧、舞台剧展演
五月	读书节	最是书香能致远	开展一系列读书活动及书香家庭的评选活动
十月	音乐节	感受音乐之美	开展校园合唱、器乐及小歌手争霸赛等系列活动
十二月	圣诞英语周	圣诞节的传说	营造运用英语的环境庆祝圣诞,了解节日习俗
	体育节	体育"2+1"	开展花样跳绳、广播操评比等系列体育赛事

(二)"诗趣节日"的评价要求(见表 8-27)

表 8-27 南昌市向荣小学"诗趣节日"评价表

评价指标	评 价 内 容
目　标	课程目标的达成度。课程目标应准确、清晰。
主　题	节日课程的实施方案操作性强,活动主题鲜明。
内　容	1. 课程实施不流于形式,实施形式丰富多彩,有利于提高学生的兴趣。和学生生活充分结合,具有一定的教育意义。 2. 活动总结全面,宣传维度大。

五、推行"诗乐之旅",落实研学旅行课程

(一)"诗乐之旅"的课程设计(见表 8-28)

表 8-28 南昌市向荣小学"诗乐之旅"的课程设计表

向 日 葵 之 旅	内　容
游学	春秋游、研学
	毕业课程
三原色整合	红色(讲革命故事)
	绿色(环保我先行)
	古色(古诗词之旅)
专项整合活动	红领巾志愿者

此外,还可整合学校、社区、家长等资源,开展好"爱心天使慈善行"、"红领巾志愿者"等社会实践活动。

(二)"诗乐之旅"的评价要求(见表 8-29)

表 8-29 南昌市向荣小学"诗乐之旅"评价表

评价指标	评 价 内 容
目　标	构建以校为本的课程体系,让教师成为课程领导者。
主　题	优化各个学科的内容,确立学科目标,实施主题课程教学,探究教学模式,改变学习方式、教学方式。

续　表

评价指标	评　价　内　容
内　容	1. 加强对学生探究性学习的指导,建设主题课程资源包。 2. 有效整合课程,提高教师的课程意识、课程实施能力和课程领导力,提高课程实施质量。

六、创设"诗蕴文化",落实校园环境课程

(一)"诗蕴文化"的课程设计

"诗蕴文化"是学校校园环境的组成部分,包括空间文化及活动文化,旨在通过校园环境的营造发挥育人作用。(见表8-30)

表8-30　南昌市向荣小学"诗蕴文化"课程维度与实施表

诗蕴文化课程	内　容
空间文化	廊道文化:廊道空间有功能
	教室文化:班级文化有特色
	广场文化:学校比赛有展示
活动文化	值周生自主管理
	社团及节日活动的开展
	诗蕴礼仪

(二)"诗蕴文化"的评价要求(见表8-31)

表8-31　南昌市向荣小学"诗蕴文化"评价表

评　价　指　标	关　注　重　点
班级文化评选	1. 教室整洁,地面亮净,墙面干净,黑板科学合理利用,物品摆放有序。 2. 桌椅干净,摆放整齐。 3. 班训(班风、班级口号)、班规上墙,内容健康、励志、积极向上。 4. 师生衣着干净、整洁、得体,精神面貌好。 5. 有信息栏(张贴课程表、作息时间表、班级花名册等表册)。

续　表

评 价 指 标	关 注 重 点
	6. 自行创作设计,富有人文性,彰显班级特色和学生个性。自行创作设计,如学习园地、书画摄影作品、警句名言、班级荣誉角、才艺展示台、阅读角、盆景插花等,整体美观,富有创意。教室整体布置方案体现班级的特色和学生的个性,营造出温馨的感觉。
"值周生自主管理"的评价	1. 在担任值周生当天穿校服。讲文明,有礼貌,待人真诚,尊敬老师,友爱同学。 2. 对待值周工作积极、认真、负责,能自觉主动地去检查。 3. 对于违纪的同学能够认真友善地提醒,不粗暴,不偏激,做到公平公正。 4. 每天能够按要求向值周教师反映值周中出现的问题,记录认真,文字规范。 5. 能热情、主动地接受和完成学校下发的各项任务,并能帮助他人解决困难。主动做好人好事,乐于助人。 6. 在值周期间立正站好,佩戴值周标志,按时到岗,不随意迟到、早退,做好值周记录。以身作则,大胆管理,公正无私,吃苦耐劳,起到表率作用。
评选"诗蕴之星"	1. 在校能够积极使用礼貌用语,举止文明大方,见到师长和客人能主动问好。 2. 不在走廊、楼梯间追打、游戏,上下楼梯不拥挤,不溜扶手,课间玩耍文明。 3. 服装整洁,红领巾佩戴整齐,讲究个人卫生,能认真做好值日工作。 4. 爱护学校公物,不乱写,不乱画。 5. 在校不随意攀爬栏杆,不带危险物品到校。 6. 热爱阅读,是班级有名的小书虫,善于表达,经典诗词积累较多。

七、做实"诗美聚焦",落实专题教育课程

诗歌有丰富的感情、生动的语言、动听的声韵、深刻的内容。"诗美聚焦"专题教育课程将诗歌与学校德育相结合,将诗歌教学融入学校丰富多彩的校园文化活动中,通过情美、言美、声美、义美的诗歌,滋养学生的心灵,培养学生的爱国主义情操和优秀的品质。

(一) "诗美聚焦"的专题设计(见表 8-32)

表 8-32　南昌市向荣小学"诗美聚焦"课程实施方案表

时　间	主　题	活　　动
三月	学雷锋,树新风	1. 开展"学雷锋,树新风"主题课程。 2. 各班学习朗诵关于雷锋的诗歌,如《歌咏雷锋同志》《满江红·雷锋》《雷锋颂》等。
四月	缅怀革命先烈,弘扬民族精神	1. 利用晨会开展爱国主义教育,缅怀革命先烈,弘扬民族精神。 2. 各班开展"革命传统教育"主题班会。 3. 读一本革命故事书,如《长征》《二万五千里》等;诵一首红色革命诗歌。
六月	吟诵经典,迎接端午	举行端午诗歌吟诵会,吟诵屈原的爱国主义诗句,传承民俗文化,抒发爱国情怀。
九月	诗歌颂师恩	1. 举行简单而隆重的"教师节"主题升旗仪式; 2. 各班开展"诗歌颂师恩"活动。
十月	美诗颂祖国,我为你骄傲	1. 国旗下讲话,大队委朗诵爱国诗歌。 2. 各班开展"美诗颂祖国,我为你骄傲"诗歌朗诵活动。

(二) "诗美聚焦"的评价要求(见表 8-33)

表 8-33　南昌市向荣小学"诗美聚焦"课程实施评价表

评价指标	关　注　重　点
主　题	1. 主题鲜明,立意新颖,寓意深刻。 2. 主题具有时代性、科学性、针对性、实效性、教育性。 3. 根据学生的身心发展和成长中遇到的共性问题确定主题。
目　标	1. 目标明确,有明确的导向和时代性。 2. 达到学生情感态度价值观的转变。 3. 学生有认识,有感悟,自我教育能力得到增强;能促进学生身心健康发展。
内　容	1. 贴近社会现实,贴近学生实际生活,贴近学生身心发展规律。 2. 紧扣主题,准确定位。 3. 分出层次,突出重点。

续 表

评价指标	关 注 重 点
方　式	1. 新颖、独特、多样,让学生充分展示自我。 2. 注重学生的感悟和体验。 3. 重视活动的群体性,引导学生合作学习。 4. 能创设生动、活泼、有效的课堂氛围。

八、聚焦"诗竹之乐",落实特色项目课程

(一)"诗竹之乐"特色课程设计

学校活动场地较小,限制了体育活动的开展。为落实"阳光体育运动"以及"体育艺术2+1"项目,学校选择空竹来作为体育活动的主打项目,开展了空竹特色项目,让学生在空竹运动中学会交往合作,体验与伙伴共娱乐、共运动、共学习的历程。(见表8-34)

表8-34　南昌市向荣小学"诗竹之乐"特色课程表

年　级	内　　容
一	起势、调铃
二	起势、调铃、加速
三	起势、调铃、加速、猴子上树
四	起势、调铃、加速、猴子上树、走钢丝
五	起势、调铃、加速、猴子上树、走钢丝、击天鼓
六	起势、调铃、加速、猴子上树、走钢丝、击天鼓、抛接

(二)"诗竹之乐"评价要求(见表8-35)

表8-35　南昌市向荣小学"诗竹之乐"评价表

评价指标	关 注 重 点
体　能	根据学生的身体素质,确定体能测试指标,评价学生的体能水平。
知识与技能	评价学生掌握空竹知识和技能的程度。

续　表

评 价 指 标	关　注　重　点
态度与参与	对学生空竹课堂的出勤率、课堂表现、学习兴趣进行评价。
情意与合作	对学生在空竹课堂中的情感表现、意志品质、人际交往与合作行为进行评价。

综上所述,学校将继续坚持"诗蕴教育"这一哲学,秉持"一切以学生发展为本"的育人思想,通过课程实施为学生成长提供多样化、可选择的平台,从而以课程目标的落实来促进办学质量的提升。

后 记

　　近年来,国家层面的课程政策不断出台。2014 年,《教育部关于全面深化课程改革落实立德树人根本任务的意见》第一次正式提出"核心素养体系"的概念,深入回答了"培养什么人,怎样培养人"的问题。2019 年,《中共中央国务院关于深化教育教学改革全面提高义务教育质量的意见》提出的"五育并举",是深化教育改革、提高教育质量的重大举措。这些课程教学改革政策如何落地? 学校到底应如何整合性地推进课程改革? 如何将核心素养切实地融入到课程变革场域中,以充分展现其教育性意蕴? 基于以上考量,以核心素养为中心进行课程深度变革就成了我们的选择。

　　2018 年,南昌市东湖区教科体局推出提升课程品质项目,标志着具有"东湖味"的区域课程变革的政策设计与深度实施拉开序幕。我们以"最美好的愿景与最切近的行动"为指导思想,根据"迈向 3.0 课程"改革方案,围绕"品质课程",率先进行了有关学校文化建设与课程变革的实践探索。基于"回到课程现场去"的思想,我们通过"走进田野"的研究方法厘清了文化和课程的关系,并运用"首要课程原理"对本校的课程发展现状与文化建设格局进行充分论证与学理研判,以不负韶华、只争朝夕的热情参与到项目实践当中。

　　经过 3 年的探索,我们取得了可喜的成绩:每一所学校都有了自己的教育哲学(包含学校办学理念、发展愿景、育人目标、教育信条等),每一所学校都研制了自己的整体课程规划(包含课程情境、课程哲学、课程目标、课程体系、课程实施、课程评价与管理等),每一所学校都形成了自己稳定的学校文化品牌,如城北学校的"煜文化"和"满天星"课程,让孩子们在这里遇见最闪亮的自己;阳明学校的"致良知文化"和"致良知"课程,让孩子们在这里致良知,得秀气,秉精要;滨江学校的"尚水文化"和"润之韵"课程,让生命充满爱与智慧;青桥学校的"启悟文化"和"立交桥"课

程,让孩子们"纵情学海启心智,陶冶性灵悟生长";右营街小学的"新生态文化"和
"新生态"课程,把绿色种子播撒到孩子们的心灵;育新学校的"尚品文化"和"尚品"
课程,让孩子们向有品位的人生迈进;爱国路小学的"微笑文化"和"SMILE"课程,让
每一个微笑都灿烂;向荣小学的"诗蕴文化"和"涓流式"课程,在孩子们的心田里作
诗……这些个性、丰富而多元的文化定位和课程品牌不仅传递和表达了现代教育
课程的价值观,充分彰显了办学特色,同时也为学校课程发展与内涵提升奠定基
础,最终促使学生核心素养的全面提升。

　　"品质课程"给我们的启发是深刻的:学校的课程变革绝不能离开文化场域而
独立成篇,应当高度注重文化与课程之间的关系,并通过有效的方式来实现课程变
革与学校文化建设之间的深度共鸣和积极互动,只有这样才能使课程永葆青春,充
满活力,更好地完成立德树人的教育根本任务。

　　当然,我们也清楚地认识到,基于学校文化的课程改革将是一个长期的过程,
不是在短时间内可以完成的,需要我们在课程变革实践中不断反思自己的课程行
为,逐渐提升自己的课程能力和文化反思力,久久为功,为东湖区课程改革不懈
努力!

　　在《学校文化与课程变革》成书之际,衷心感谢上海市教育科学研究院杨四耕
教授品质课程联盟团队的悉心指导;感谢为本书提供研究实例的八所学校,它们为
本书的研究内容提供了坚实的实践根基,付出了辛勤的努力与探索!这份成果也
许并不完美,却见证了我们的成长!

舒小红
2020 年 7 月 10 日

教师专业发展的理论与实务	978 - 7 - 5760 - 0721 - 3	42.00	2021 年 1 月
课堂教学的 30 个微技术	978 - 7 - 5760 - 1043 - 5	52.00	2020 年 12 月
教学诠释学	978 - 7 - 5760 - 0394 - 9	42.00	2020 年 9 月
原点教学：提升区域育人质量的策略研究			
	978 - 7 - 5760 - 0212 - 6	56.00	2020 年 8 月
聚焦学科核心素养的课堂教学	978 - 7 - 5675 - 8455 - 6	36.00	2018 年 11 月
指向学科核心素养的课堂教学范式	978 - 7 - 5675 - 8671 - 0	54.00	2019 年 6 月

学校课程发展丛书

数学学科课程群	978 - 7 - 5675 - 9445 - 6	58.00	2019 年 8 月
科学学科课程群	978 - 7 - 5675 - 9593 - 4	34.00	2019 年 9 月
核心素养与课程设计	978 - 7 - 5675 - 9462 - 3	46.00	2019 年 9 月
语文学科课程群	978 - 7 - 5675 - 9441 - 8	56.00	2019 年 9 月
品牌培育与学校课程	978 - 7 - 5675 - 9372 - 5	39.00	2019 年 9 月
英语学科课程群	978 - 7 - 5675 - 9575 - 0	39.00	2019 年 10 月
体艺学科课程群	978 - 7 - 5675 - 9594 - 1	34.00	2019 年 10 月
跨学科课程的 20 个创意设计	978 - 7 - 5675 - 9576 - 7	34.00	2019 年 10 月
学校课程与文化变革	978 - 7 - 5675 - 9343 - 5	52.00	2019 年 10 月

品质课程实验研究丛书

学校课程框架的建构：HOME 课程的旨趣与架构			
	978 - 7 - 5675 - 9167 - 7	36.00	2019 年 9 月
聚焦育人目标的课程设计：红棉花季课程的愿景与追求			
	978 - 7 - 5675 - 9233 - 9	39.00	2019 年 10 月

核心素养导向的课程设计：花园式课程的文化与聚焦

　　　　　　　　978 - 7 - 5675 - 9037 - 3　　48.00　　2019 年 10 月

学校课程文化的实践脉络：百步梯课程的逻辑与架构

　　　　　　　　978 - 7 - 5675 - 9140 - 0　　48.00　　2019 年 11 月

学校课程发展策略：SMILE 课程的逻辑与深度

　　　　　　　　978 - 7 - 5675 - 9302 - 2　　46.00　　2019 年 12 月

聚焦内涵发展的课程探究：芳香式课程的理念与实施

　　　　　　　　978 - 7 - 5675 - 9509 - 5　　48.00　　2020 年 1 月

以儿童为中心的课程：欢乐谷课程的旨趣与维度

　　　　　　　　978 - 7 - 5675 - 9489 - 0　　45.00　　2020 年 1 月

学校课程体系的建构："小螺号课程"的架构与创生

　　　　　　　　978 - 7 - 5760 - 0445 - 8　　45.00　　2020 年 9 月

特色学校聚焦丛书

每一个孩子都是一棵树　　978 - 7 - 5675 - 6978 - 2　　28.00　　2018 年 1 月

教育不是一个人的事："众教育"36 条

　　　　　　　　978 - 7 - 5675 - 7649 - 0　　32.00　　2018 年 8 月

不一样的生命，一样的精彩　　978 - 7 - 5675 - 8675 - 8　　34.00　　2019 年 3 月

童味正醇：特色学校的文化图谱　　978 - 7 - 5675 - 8944 - 5　　39.00　　2019 年 8 月

特色普通高中课程建设探索　　978 - 7 - 5675 - 9574 - 3　　34.00　　2019 年 10 月

儿童是天生的探索者：360°科学启蒙教育

　　　　　　　　978 - 7 - 5675 - 9273 - 5　　36.00　　2020 年 2 月

做精神灿烂的教师：教师自我成长的 5 个密码

　　　　　　　　978 - 7 - 5760 - 0367 - 3　　34.00　　2020 年 7 月

让教育温暖而芬芳　　978 - 7 - 5760 - 0537 - 0　　36.00　　2020 年 9 月

快乐教育与内涵生长　　978 - 7 - 5760 - 0517 - 2　　46.00　　2020 年 12 月

故事教育与儿童发展　　　　　　978 - 7 - 5760 - 0671 - 1　39.00　2021 年 1 月

跨学科课程丛书

大情境课程：主题设计与创意评价

　　　　　　　　　　　　978 - 7 - 5760 - 0210 - 2　44.00　2020 年 5 月

社会参与素养的培育模型与干预机制

　　　　　　　　　　　　978 - 7 - 5760 - 0211 - 9　36.00　2020 年 5 月

大概念课程：幼儿园特色主题活动设计

　　　　　　　　　　　　978 - 7 - 5760 - 0656 - 8　52.00　2020 年 8 月

核心素养导向的课堂教学丛书

漾着诗性智慧的课堂教学　　978 - 7 - 5675 - 9308 - 4　39.00　2019 年 7 月

转识成智的课堂教学：核心素养导向的历史教学

　　　　　　　　　　　　978 - 7 - 5760 - 0164 - 8　40.00　2020 年 5 月

学导式教学：学会学习的教学范式

　　　　　　　　　　　　978 - 7 - 5760 - 0278 - 2　42.00　2020 年 7 月

高阶思维教学的关键技术　　978 - 7 - 5760 - 0526 - 4　42.00　2021 年 1 月

特色课程建设丛书

教师，生长的课程　　　　　　978 - 7 - 5760 - 0609 - 4　34.00　2020 年 12 月

学校课程发展的实践范式　　978 - 7 - 5760 - 0717 - 6　46.00　2020 年 12 月

丰富学习经历：如歌式课程的愿景与深度

　　　　　　　　　　　　978 - 7 - 5760 - 0785 - 5　42.00　2020 年 12 月